Das Wirtschaftsleben der Türkei
Beiträge zur Weltwirtschaft und Staatenkunde
Herausgegeben im Auftrage der Deutschen Vorderasien-Gesellschaft von
Privatdozent Dr. jur. et phil. Hugo Grothe
Band I

Die Grundlagen türkischer Wirtschaftsverjüngung

von

F. Frech
Professor, Geh. Bergrat

A. Hänig
Privatdozent, Ingenieur

A. Sack
dipl. agr., Saatzucht-Inspektor

Berlin 1916
Druck und Verlag von Georg Reimer

Inhalt.

Zur Einführung.

Die herrschenden Ideen dieser Kriegsjahre sind die der Organisation. Sie haben tief in unser Staats- und Volksleben eingegriffen, und ihr Erfolg wird dazu führen, daß ihnen auch in anderen Landen, namentlich in denen der befreundeten Nationen, ein günstiges und gebührliches Arbeitsfeld beschieden ist.

Die Aufgaben deutscher Organisation werden sich außerhalb unserer Grenzen vor allem in der Türkei erfüllen müssen. Nach Südosten zu, quer über die Balkanhalbinsel nach Kleinasien und Mesopotamien, haben wir neben den uns künftig wieder freiwerdenden Straßen über das Weltmeer einen sicheren Landweg zu bauen, der frei bleibt von der Willkürherrschaft Englands, die auf seine bevorzugte Seemachtstellung sich stützt. Nach Südosten zu hat sich mehr denn bisher der Blick unserer Volkswirtschaft zu richten, um bisher unerschlossene Quellen für unseren Bedarf an Nährmitteln und Rohstoffen in Fluß zu bringen, produktive Werte dort zu schaffen und damit zugleich unseren Bundesgenossen, die Türkei, in ihrer wirtschaftlichen und staatlichen Kraft zu stärken, ohne daß dabei eine übertriebene Einschätzung der gegenwärtigen Stellung der Türkei in der Weltwirtschaft sich einzunisten braucht und unsere Kräfte die Märkte der Überseegebiete zu vernachlässigen haben.

Nicht nur unsere regierenden Organe fühlen sich vor solche Aufgaben gestellt, auch der einzelne. Der Bankier, der Industrielle, der Kaufmann, der Landwirtschaftler, der Vertreter technischer Berufe wie der Maschinen-, Bahn-, Straßen- und

Bergbauingenieur, sie alle fühlen den Trieb des Mitschaffens in sich.

Wo aber, so fragen sie sich, sollen wir bei dieser neuen Organisationsarbeit die Hebel ansetzen, wie sollen wir uns über Vergangenheit, Gegenwart und Entwicklungsmöglichkeiten der türkischen Wirtschaft unterrichten, welche Rolle kann die Türkei mit ihren vielfältigen und reichen Erzeugnissen in Zukunft in der Weltwirtschaft spielen?

Eine Antwort dafür zu finden, ist heute schwer. Von der Forschungsliteratur sind die in Betracht kommenden Gesichtspunkte mannigfach gestreift, aber niemals systematisch behandelt worden. Die verwertbaren Betrachtungen und Angaben sind daher verstreut. Zudem steckt die Statistik in der Türkei noch in den Kinderschuhen. Manches belehrende Material ist auf Grund von Erhebungen und Aufstellungen der Ottomanischen Staatsschuldenverwaltung, des türkischen Finanzministeriums, der Konsulatsberichte, der Konstantinopler Handelskammern der verschiedenen Nationen — eine deutsche fehlt! — wohl vorhanden. Aber es ist erreichbar und zugänglich nur dem, der über eine intime Kenntnis der türkischen Verhältnisse und über zahlreiche persönliche Berührungen verfügt.

So stellt es sich als ein notwendiges Bedürfnis heraus, in Gestalt einer Studienreihe „Das Wirtschaftsleben der Türkei" die empfindliche Lücke nach Möglichkeit auszufüllen [1]).

Eine Vereinigung wie die „Deutsche Vorderasien-Gesellschaft" (Hauptgeschäftsstelle Leipzig-Gohlis, Halberstädterstr. 4), die, anläßlich der von Seiner Majestät dem Kaiser aus dem Kaiserlichen Dispositionsfonds unterstützten achtzehnmonatigen Vorderasien-Expedition 1905 begründet, heute nahezu 1000 Mitglieder zählt und durch ihre Anregungen auf kulturpolitischem Gebiete und im Wege stiller ernster Arbeit, wie durch

[1]) Ein Rundschreiben zur Anlage dieser Sammlung fand schon im Herbst 1915 Veröffentlichung und Versendung. Der Plan wurde also gefaßt, ehe andere ähnliche Unternehmungen geschahen oder bekannt wurden. Die Ausgabe dieses ersten Bandes erlitt infolge mißlicher, durch den Krieg verursachter Umstände eine Verzögerung.

ihr Vorderasien-Institut und schätzenswerte Veröffentlichungen — so „Beiträge zur Kenntnis des Orients“ Band I—XII, „Länder und Völker der Türkei“ Heft 1 bis 12, II, 1—4, „Der neue Orient, Abhandlungen zur Geographie, Kultur und Wirtschaft der Länder des Ostens“, ausgegeben Heft 1—12, „Deutsches Vorderasien- und Balkanarchiv, Blätter zum Verständnis und zur Erkundung des neuen Orients“ (Beihefte zur Zeitschrift „Deutsche Kultur in der Welt“) — verdientermaßen die Aufmerksamkeit auf sich gezogen hat, darf berufen sein, an die Herausgabe einer derartigen Sammlung heranzutreten.

Vieles, was über die Türkei heute geredet und geschrieben wird, namentlich über ihre wirtschaftlichen Kräfte, ist von Sachkenntnis und Gründlichkeit fern. Den federgewandten Bearbeitern dieser Fragen fehlt oft die nötige Vertrautheit mit Land und Menschen, der erforderliche Einblick in die Natur jener Wirtschaftsgebiete, in die Psyche der Bevölkerungen.

Eine Sammlung des Titels „Das Wirtschaftsleben der Türkei“ entspricht also dem Bedürfnis der großen Allgemeinheit. Sie dient zugleich dazu, die anerkannten Grundsätze deutscher Wissenschaftlichkeit zu vertreten, die hier mit dem politischen Leben und der kaufmännischen Praxis ihre Berührungen zu suchen haben. So sollen die Abhandlungen und Untersuchungen nicht derartig geschrieben sein, daß sie sich nur an den engen Kreis der Fachgenossen wenden. Doch wird ihr Charakter im wesentlichen ein wissenschaftlicher sein.

Was die einzelnen Arbeiten erstreben, ist eine Zusammenstellung und kritische Untersuchung alles dessen, was über die einzelnen Zweige des türkischen Wirtschaftslebens bisher in der Buchliteratur und in wenig bekannten Berichten unübersichtlich und ohne zusammenfassende Grundgedanken niedergelegt ist. An der Hand solcher Festellungen wird sich auch erst die zukünftige Perspektive noch im einzelnen zu leistender wissenschaftlicher und praktischer Ergänzungsarbeit ermessen lassen. Ein Werk des genannten Planes darf denn unserer Überzeugung nach einer günstigen Aufnahme durch den Politiker, den Gelehrten, den Vertreter aller Ingenieurfächer und durch alle Glieder praktischer deutscher Pioniertätigkeit sicher sein. Wir dürfen zahlreiche Kreise daher um wohlwollende und nachdrückliche Unterstützung unserer Sammlung bitten, die den Mitgliedern unserer Vereinigung durch die Geschäftsstelle zu Vorzugspreisen zugänglich ist.

Liebe für den Stoff und die Überzeugung von dem Zukunftswerte der Untersuchungen sollen wohl bei den einzelnen Veröffentlichungen führend sein, aber dieselben wollen nicht nur auf den Dithyrambus frisch-fröhlichen Optimismus gestimmt sein, sondern sich auch der nüchternen und sachlichen Kritik befleißigen, die der Wahrheit und den nackten Tatsachen offen ins Gesicht sieht. Dies umso mehr, als wir als Deutsche am künftigen Wohlergehen der Türkei als eines durch Bundesgenossenschaft uns angeschlossenen Staates lebhaft und aufrichtig interessiert sind. Nichts dürfte unseren Vorbereitungen für die im Orient zu erfüllenden kulturellen und wirtschaftlichen Aufgaben schädlicher sein als Schönfärberei.

Was wir gegenwärtig im ersten Bande unserer Studienreihe vorlegen, sind die Arbeiten „Ackerbau und Viehzucht" von A. Sack, „Mineralschätze und Bergbau in der asiatischen Türkei" von Geh. Bergrat Prof. Dr. Frech und eine letztere Studie ergänzende Aufstellung von Privatdozent Ingenieur Hänig. Die Sacksche Arbeit entstand unter Heranziehung und Verwertung der Bücherei und der sonstigen Materialien (Wirtschaftsarchiv) des Vorderasien-Instituts unserer DVAG. Die hier vorliegenden Studien bewegen sich auf Gebieten, auf denen die Angriffnahme einer die Türkei verjüngenden Arbeit von besonderer Dringlichkeit ist und für die gerade die deutsche Unternehmerkraft und die Hilfstätigkeit des deutschen Lehrmeisters zuerst — und zum Teil noch während dieses Krieges — in Erscheinung zu treten vermag [1]). Daher dürfte der die drei Arbeiten zusammenfassende Titel dieses Bandes: „Grundlagen türkischer Wirtschaftsverjüngung" nicht unberechtigt sein.

---

[1]) Midhat Schükri Bey, der Präsident des Jungtürkischen Komitees, äußerte sich in klarer Erkenntnis der notwendigen Leitlinien des neuen wirtschaftlichen Programms der Türkei „Wir müssen unverzüglich ans Werk gehen".

Was die Türkei zur Stärkung ihrer ökonomischen Stellung ohne Säumnis ins Werk zu setzen hat, ist die agrarwirtschaftliche und hüttenmännische Erschließung ihres weiten Länderbesitzes. Mit der Steigerung des landwirtschaftlichen und des bergbaulichen Ertrages wird sie Schritt für Schritt die Mittel gewinnen, um die Grundlagen für eine moderne Wirtschaftsära aufzubauen. Und für solche Maßnahmen wird die Hilfe des fremden Kapitals nicht zu entbehren sein.

Es ist nicht zu leugnen, daß die verantwortlichen Regierungsstellen in Konstantinopel die ernste Absicht bekunden, ein neues Wirtschaftsprogramm zu entwerfen und zur Durchführung zu bringen. Und ihre lebhafteste Aufmerksamkeit gehört der Hebung der Landwirtschaft, die, in einem Ackerbaustaate wie der Türkei die Hauptnährader für eine zunehmende Gesundung von Staat und Volk, aus schwerer Stagnation zu lösen ist. Ohne eine Kräftigung des bäuerlichen Elements wird sich weder eine politische noch eine wirtschaftliche Machtstellung des osmanischen Reiches erfüllen können.

Insbesondere der gegenwärtige Minister für Handel und Ackerbau Nessimi Bey, ein geborener Kreter, hat nach den Mitteilungen der neu erschienenen türkischen „Wirtschaftlichen Zeitschrift" sein Augenwerk auf wichtige Neuerungen und Umformungen gerichtet. Bisher ungenutzte Ländereien sollen der Bebauung und Bewässerung zugeführt werden, noch ungepflegte Kulturen wie Kartoffeln, Zuckerrüben, Baumwolle, Reis sollen ausgedehnt, die Nutzung des türkischen Brotkorns durch modernen Mühlenbau gefördert werden, damit der Mehlbedarf nicht wie bisher zum größten Teile aus dem Auslande gedeckt zu werden braucht. Des weiteren besteht der Plan, den Schädlingen der Landwirtschaft, wie der Heuschrecke, durch umsichtige Maßnahmen zu Leibe zu gehen. Auch will das Ministerium einen Wirtschaftsrat bilden und Wirtschaftsdirektoren in die einzelnen Wilajets senden, die sich der Beratung der Bevölkerung bei Anbau und Ausnutzung landwirtschaftlicher Erzeugnisse zu widmen haben. Die Landwirtschaftsbanken haben künftig auch die landwirtschaftlichen Produkte zu beleihen, landwirtschaftliche Schulen sollen erstehen, dazu Musterfabriken für landwirtschaftliche Maschinen und eine Landwirtschaftsausstellung in Konstantinopel ein Bild von der Leistungskraft und den Wegen der nötigen landwirtschaftlichen Verjüngungsarbeit eröffnen. Die mit der Landwirtschaft in enger Fühlung stehende Forstwirtschaft ist Gegenstand von Reformplänen. Deutsche Kräfte sind zu diesen Aufgaben schon gewonnen oder in Aussicht genommen. So dürfte die Berufung des Geh. Oberfinanzrat Kautz, bisherigen Mitgliedes des Direktoriums der Preußischen Zentralgenossenschaftskasse in Berlin, zum Leiter der Türkischen Landwirtschaftlichen Bank manchen Neuerungen die Möglichkeit der Verwirklichung bieten. Die am 27. September d. J. in Kraft tretenden neuen türkischen Zollbestimmungen tragen mit ihrem Gewichts- und Stückzolltarif ebenfalls dazu bei, die Eigenerzeugung des Landes zu fördern und ihre Werte zu heben.

Ob alle diese Maßnahmen nicht überwiegend den Charakter von Palliativmitteln haben und zu sehr an der Peripherie der Umbildung des Wirtschaftslebens bleiben, vermag man heute noch nicht zu beurteilen; denn man ist nur ungenügend unterrichtet, inwieweit die notwendigen großen tiefgreifenden Reformen gehen werden, die die türkische Landwirtschaft und ihre Träger, den Bauern, aus dem Zustand patriarchalischer Wirtschaft heben, als da sind: gerechte und gleichmäßige Besteuerung des Bodenbebauers an Stelle der Zehntpachtung, Beschneidung des vielfachen unfruchtbaren Großgrundbesitzes, bessere Ausnutzung der Güter der „toten Hand" (waquf) und der großen Regierungslatifundien, die seit Einziehung des Domänenbesitzes des Sultans Abdul Hamid recht erheblich sind, Regelung des Grundeigentumschutzes in entsprechender Ausführung des jungen Katastergesetzes, vor allem aber auch Erziehung der Bauern zum Begriff vom Werte einer über das Eigenbedürfnis hinausgehenden Tätigkeit und als wichtigstes Glied in der Kette der Reformen: Beschaffung geeigneter Arbeitskräfte, an denen schon heute fühlbarer Mangel herrscht. Ohne entsprechendes Menschenmaterial, das die Nationalisten, die Anhänger eines neuen großen „turanischen" Reiches, in Kaukasien und Zentralasien suchen, wird bei den vollendetsten Maschinen, den stärksten und flüssigsten Kapitalien und den besten

Gesetzen — so auch das in Aussicht genommene neue Bergbaugesetz — die Verjüngung der Türkei nicht zum großen Endziele sich führen lassen. Volksvermehrung ist für Türkisch-Asien das A und O einer ersehnten Wiederbelebung, wie dies auch klarsehende türkische Staatsmänner und Gelehrte selbst zu erfassen beginnen (vgl. darüber meine Schrift „Türkisch-Asien und seine Wirtschaftswerte", Frankfurt a. M. 1916).

Weniger Besorgnis brauchen die Stimmen von pessimistisch gestimmten Kennern der Türkei zu erwecken, die den schönen Botschaften wohl nicht den Glauben verwehren, aber doch auf die dort gemachten Erfahrungen hinweisen, daß zwischen Wollen und Vollbringen — namentlich im Orient — ein unmeßbarer Spielraum liege. Mag dem zum Teil so sein. Auf das Verstreichen von Jahrzehnten bis zu dem Tage, da der Saat die Frucht zu folgen vermag, wird sich auch der gefaßt machen müssen, der, wie ich selbst (siehe meine zwei Jahre vor dem gegenwärtigen Kriege geschriebene Schrift „Die asiatische Türkei und die deutschen Interessen. Gedanken zur inneren Umgestaltung des osmanischen Reiches und zu den Zielen der deutschen Kulturpolitik") der Überzeugung anhängt, daß bei nachdrücklicher Hilfe und regem Ansporn deutscherseits eine Verjüngung der Türkei kein leeres Hirngespinst ist. Aber was ist ein Menschenalter in der Geschichte eines Volkes und was in der Zukunftsentwicklung wirtschaftlicher Werte!

Leipzig, im Juni 1916. **Hugo Grothe.**

* * *

Über den weiteren Ausbau unserer Sammlung können im Augenblick genaue und verbindliche Anzeigen noch nicht gemacht werden. Jedenfalls wird möglichst jeder wichtige Zweig der türkischen Wirtschaft durch einen geeigneten Bearbeiter die erwünschte Darstellung erfahren.

Für die nächsten beiden Bände vermögen wir die nachstehenden Stoffe und Autoren bekannt zu geben: Privatdozent Dr. Hugo Grothe, „Die Land- und Seewege zum nahen Orient, insbes. der Türkei"; Dr. Richard Hennig-Berlin, „Verkehrswege und Verkehrsverhältnisse in Türkisch-Vorderasien (Schiffahrt, Bahnen und Straßen)"; Gustav Herlt-Konstantinopel, „Die Industrialisierung der Türkei"; Otto Keßler-Konstantinopel, „Die Dette publique und die Neuorganisation der türkischen Finanzwirtschaft"; Prof. Dr. E. Obst-Konstantinopel, „Eine meteorologische Zentralstation in Konstantinopel als Grundlage wirtschaftlicher Arbeit in der Türkei"; Hofrat Prof. Dr. Stern-Wien, „Währungsverhältnisse und Bankwesen im vorderen Orient"; Prof. Dr. Wimmer-Karlsruhe, „Die Waldungen der Türkei (Verbreitung und Nutzung)".

Für jederlei Hinweis und jegliche Beratung in wissenschaftlich-literarischer wie in praktischer Hinsicht sind wir sehr verbunden, wie wir unsererseits auch den Interessenten mit den Materialien unseres Wirtschaftsarchivs als einer Abteilung des 1914 eingerichteten Vorderasieninstituts zu Auskünften gern bereit stehen.

Deutsche Vorderasien-Gesellschaft.

(Hauptgeschäftsstelle Leipzig-Gohlis, Halberstädter Str. 4.)

Mineralschätze und Bergbau in der asiatischen Türkei

Von

Geh. Bergrat Prof. Dr. Frech.

Inhalt.

Mineralschätze und Bergbau in der asiatischen Türkei.

Einleitung.

Anatolien gilt seit dem persisch-griechischen Altertum und seit noch früherer Vorzeit als ein mit unterirdischen Schätzen reich gesegnetes Land. Die Erinnerung an den Reichtum des Krösus, das Goldene Vließ und die Argonautenfahrt scheint noch immer die Vorstellung auch neuzeitlicher Unternehmungen zu beherrschen; denn die geologische Unterlage, auf die hin amerikanische Bauunternehmer eine Nord—Südbahn ohne Kilometergewährleistung planten, ist nicht viel zuverlässiger als die Sagen des Altertums. Die Bewohner Kleinasiens sind geneigt, an jedes Glimmerblättchen oder an jeden Schwefelkiesbrocken die Hoffnung auf Silber- und Goldfunde zu knüpfen. Der kleine Maadendschi, d. h. der auf dem Übergang zum Schatzgräber stehende einheimische Bergwerksausbeuter, ist eine bekannte Erscheinung in den anatolischen Städten und Dörfern. Er pflegt dem europäischen Effendi mit allen Anzeichen tiefsten Geheimnisses irgendein Erz- oder Glimmerbröckchen zu zeigen, das er umständlich aus dem Zipfel seines Schnupftuches herausknüpft, und beantwortet sehr häufig die Frage nach dem Ort des Vorkommens durch das entschiedene Verlangen vorhergehender Bezahlung von so und so viel Goldstücken.

Aber wenn auch viele Funde keinen Wert besitzen, so sind doch auch in der Neuzeit mehrfach ergiebige Bergwerke erschlossen worden; es sei nur an Balia Maadén in Mysien, an die Zinnobergrube bei Konia, das Kupfervorkommen von Arghana und den Steinkohlenbezirk von Heraklea (Songuldak-Eregli) erinnert. Überall stehen allerdings die ungenügenden geologischen Einzelaufnahmen und die fehlenden oder mangelhaften Verkehrsmittel der Ausbeutung auch der aussichtsreicheren binnenländischen Vorkommen entgegen. Welche Reichtümer in Anatolien noch zu heben sind, hat wohl zuerst der Scharfblick Moltkes erkannt:

„Wieviel Naturkräfte sind hier noch ungenützt, wieviel Bäche brausen dahin, welche Mühlen und Werke treiben könnten, welche endlosen Wälder stehen unangerührt aus Mangel an Straßen, wieviel Baumaterial liegt hier umhergestreut, welche mineralischen Schätze verschließen diese Berge, wieviel derselben liegt offen zutage und wartet nur der Ausbeutung!"

In Anatolien ist in den letzten Jahren im Auftrage europäischer und türkischer Interessenten mannigfach geschürft und nach Erzen gesucht worden. Wenn die Ergebnisse der Gutachter auch nur zum kleinen Teile an die Öffentlichkeit gelangt sind, so ist die Literatur doch umfangreicher als über die Geologie benachbarter Gegenden.

Nach der wertvollen Zusammenstellung von Schmeißer [1]) und einer zwei Jahre vorher erschienenen Übersicht von B. Simmersbach [2]) sind ausführlichere oder kürzere Notizen von Ralli [3]), Berg [4]), Koßmat [5]), Naumann [6]), Krusch [7]) u. a. veröffentlicht worden. Zahlreiche wichtige Angaben enthält Philippsons [8]) Darstellung seiner „Reisen und Forschungen im westlichen Kleinasien".

Im folgenden habe ich sämtliche bekannt gewordenen Vorkommen des zentralen und westlichen Anatolien berücksichtigt, die zuweilen mit den Worten der Erforscher geschildert werden. Zuerst werden die Erzvorkommen — mit besonderer Berücksichtigung des östlichen, von mir in erster Linie untersuchten Erzbezirks —, sodann die Edelsteine und sonstigen nutzbaren Mine-

[1]) Bodenschätze und Bergbau Kleinasiens. Z. f. prakt. Geol. 1906, S. 186.

[2]) Die nutzbaren mineralischen Bodenschätze in der kleinasiatischen Türkei. Z. f. d. Berg-, Hütten- und Salinenw. 1904, S. 515.

[3]) Le bassin houiller d'Heraclée. Ann. soc. géol. de Belgique Bd. 23, S. 151.

[4]) Geologische Beobachtungen in Kleinasien. Z. d. Deutsch. Geol. Ges. 1910, S. 462.

[5]) Geologische Untersuchungen in den Erzdistrikten des Wilajets Trapezunt, Kleinasien. Mitt. Geol. Ges. Wien 1910, S. 214.

[6]) Vom Goldenen Horn zu den Quellen des Euphrat. München 1893.

[7]) Vgl. Beyschlag, Krusch und Vogt: Die Lagerstätten der nutzbaren Mineralien und Gesteine.

[8]) Teil I—V. Siehe Petermanns Mitt. 1911—1914, Erg. H. 167, 172, 177, 180 und 183.

ralien, wie Meerschaum, Pandermit usw., zum Schluß die Erdöl-[1]) und Kohlenvorkommen behandelt. Die Fundstellen sind nach Möglichkeit in die dieser Studie beigegebenen Übersichtskarte eingetragen worden.

Bergbauvorschriften.

Nach der türkischen Berggesetzgebung, der im wesentlichen die österreichischen Vorschriften zugrunde liegen, wird zunächst ein vorläufiger Freischurf (durch das Teskeré, den Freischurfschein) belegt, dem erst nach ein bis zwei Jahren die endgültige Verleihung durch ein kaiserliches Iradé folgt.

Vor allem ist bei dem Gouverneur des betreffenden Wilajets um die Genehmigung nachzusuchen, daß Bohrungen oder Schürfungen vorgenommen werden dürfen. Nach einer kurzen Prüfung der persönlichen Eigenschaften des Antragstellers und seiner Vermögensverhältnisse wird von dem Bezirksingenieur der Bergwerke des Wilajets und einem Mitgliede der Ortsverwaltung ein Bericht an das Ministerium für Ackerbau, Bergwesen und Forsten eingereicht. Dieses erteilt dann den Erlaubnisschein (Teskeré), innerhalb eines Jahres bis zu 100 t des gemuteten Minerals abzubauen, wofür an Gebühren 5 bis 15 türkische Pfund (je 18,40 M.) zu zahlen sind. Um diese vorläufige Berechtigung in eine endgültige umzuwandeln, zahlt man je nach der Bedeutung der Grube 50 bis 200 Pfd. türkisch und erreicht dadurch ein Iradé und das Recht, bis zu 2000 t Erz oder Kohle gewinnen zu dürfen. Ein dauernder, regelmäßiger Bergbaubetrieb kann nur auf Grund eines solchen Iradés stattfinden. Genaueres über die Bergbauvorschrift S. 77 ff.

[1]) Vgl. Frech, Hettners Geograph. Zeitschrift, 1915, und Glückauf, Berg- u. Hüttenmännische Zeitschrift, 1915, Heft 16—19.

Erdgeschichte und Gebirgsbau Anatoliens,

eine kurze, die Mineralvorkommen berücksichtigende Übersicht.

Kleinasien ist ein allseitig von Gebirgsketten umschlossenes Hochland, dessen mittlere Erhebung etwa 1200 m beträgt; das Tafelland selbst liegt durchschnittlich 1000 m hoch und senkt sich nur nach dem durch Einbrüche erniedrigten und mannigfach gegliederten Westen bis auf 900 m und darunter. Auch das Innere wird von einzelnen Gebirgszügen überragt und in verschiedene, zum Teil als abflußlose Steppen oder Wüsten ausgebildete Abschnitte zerlegt. Die Grenzen zwischen Hoch- und Tiefland sind meist infolge von Bewegungen der Erdkruste in geologisch junger Zeit entstanden. Die Kenntnis der geologischen Grundlinien gestattet daher unmittelbare Schlüsse auf den Verlauf der Verkehrswege und die Formen der Siedlungen.

Die Höhe und der Aufbau der Randgebirge zeigt die größten Verschiedenheiten. Am mächtigsten ist das vielfach zur Hochgebirgshöhe emporsteigende taurische System, das an Länge (mit 1700 km) sogar die der Alpen um 400 km übertrifft. Wenngleich Gletscher jetzt fehlen, dauern doch Schneeflecken das ganze Jahr aus, und Spuren örtlicher eiszeitlicher Gletscher sind am Bulgar Dagh vorhanden.

Von den übrigen Randgebirgen ragt nur der mysische Olymp, der ebenfalls Spuren eiszeitlicher Vergletscherung zeigt, mit 2500 m über Mittelgebirgshöhe empor.

Über den mannigfaltigen Aufbau der Gebirge bestehen nur ungleichmäßige Kenntnisse. Zusammenhängende Aufnahmen sind dank der Reisen Philippsons (s. o) für den Westen und Nordwesten vorhanden. Für den Tauros und seine östliche Fortsetzung liegen, abgesehen von der genau untersuchten Bahnstrecke, auch einige Einzelaufnahmen vor; jedoch ist der Zusammenhang mit dem westlichen Gebirge noch nicht hergestellt. Am wenigsten ist über die nördlichen und die östlichen Bergländer bekannt; die wertvollen Aufnahmen von R. Leonhard [1]) betreffen ein bergmännisch wenig in Betracht kommendes Gebiet.

Erdgeschichte.

Die verschiedenen Gebirgsglieder des im wesentlichen aus Urgestein bestehenden Grundgebirges, dessen Verbreitung im allgemeinen den Westen Anatoliens kennzeichnet, sind für das Vorkommen nutzbarer Mineralien ungleich wichtig. Abgesehen von verschiedenen Erzvorkommen, gehören vor allem die Zinnobervorkommen von Konia und Smyrna sowie die Schmirgellinsen dem älteren Glimmerschiefer an. Der gewaltige Zeitraum der paläozoischen und mesozoischen Formationen war für die Entstehung von Erzen ohne Bedeutung. Wichtig sind aus dieser Zeit nur fossile Brennstoffe und Phosphate. Das einzige Steinkohlenvorkommen Anatoliens, das von Heraklea am Pontus, steht im Alter den europäischen Steinkohlen gleich.

Dem Schichtbereich der Oberkreide sind die Asphalt- und Phosphatvorkommen von Syrien zuzurechnen.

Die Grenzen des Eozän entsprechen, vielleicht abgesehen von dem unmittelbar darauf (im Oligozän) trockengelegten Tauros, einer weithin ausgedehnten Meeresüberflutung, die für weite Strecken von Nordanatolien die letzte war. In dem nordanatolischen, von der deutschen Bahn in der Sakaria-Enge durchschnittenen Faltengebirge sind z. B. Nummulitenkalke und Flyschschiefer als Reste dieses Meeres entwickelt. Schon im Oligozän hatte sich das Meer fast überall wieder zurückgezogen, wie z. B. die kontinentalen Mergel mit wenig mächtigen Braunkohlenflözen in der Tekir-Senke und am Südabhang des Tauros beweisen.

Unmittelbar nach dem Eozän oder noch in seinem letzten Abschnitt erfolgte in fast allen Teilen Anatoliens ein Empordrängen mächtiger Tiefengesteine, die meist in der umgewandelten Form der Serpentine erhalten sind. Es liegt nahe, den ausgedehnten Meeresrückzug in Beziehung zu diesem Ereignis zu setzen, das jedenfalls eine Aufwärtsbewegung ausgedehnter Länder-

[1]) Paphlagonia, Reisen und Forschungen im nördlichen Kleinasien, Berlin 1915.

massen zur Folge haben mußte. In Nordanatolien und Mittelgriechenland, im Tauros und ganz besonders im Amanos sind diese Serpentine weit verbreitet und übertreffen vielfach an Masse die Kreide- und Nummulitenkalke. Die Grenze zwischen den taurischen Ketten und dem Schollenlande Syrien entspricht der Verbreitung des Gabbros und Serpentins.

In Nord- und Westanatolien wird der Serpentin dadurch interessant und technisch wichtig, daß in ihm Chromeisenstein als magmatische Ausscheidung und — bei Eskischehir — Meerschaum als eigenartiges chemisches Umwandlungserzeugnis auftreten.

Der mittlere Tertiärabschnitt ist im Gegensatz zu diesen weitverbreiteten Serpentinbildungen durch einen bedeutsamen Gegensatz zwischen dem Süden einerseits und der Mitte sowie dem Norden anderseits ausgezeichnet. Zwischen den damals zuerst emporgewölbten Ketten des Tauros und Amanos drang ein Ausläufer des untermiozänen Mittelmeeres ziemlich weit nach Osten vor und lagerte mächtige Korallenkalke, Austernbänke, Mergel, Konglomerate und Sandsteine ab. Dagegen waren die Mitte, der Norden und ganz besonders der Nordosten Anatoliens sowie das angrenzende Transkaukasien im Mitteltertiär der Schauplatz gewaltiger Massenausbrüche, deren Mächtigkeit Hunderte von Metern, stellenweise noch erheblich mehr, beträgt. Das Material ist Andesit und vielfach auch quarzreicher Liparit, das Muttergestein der wertvollen Feueropale von Simav, südwestlich von Kiutahia. Noch bedeutungsvoller ist die Erzführung, die von Balia-Maden in Mysien an bis zum Wilajet Trapezunt (Ordu, Kerasunt) sowie in dem angrenzenden russischen Gebiet an die jungen Eruptivgesteine geknüpft ist.

Etwa gleichzeitig mit dieser gewaltigen Entwicklung des mächtigen Taurosgebirges und den nordanatolischen Feuerfluten entstanden in der zweiten Hälfte des Tertiärs im Westen des bis Griechenland reichenden großanatolischen Kontinents ausgedehnte Süßwasserseen (so an den Ufern des Marmarameeres) mit zahlreichen Schaltieren und gelegentlichen Braunkohlen (abgebaut bei Kumi auf Euboea sowie in der Umgebung von Konstantinopel).

Auch die Entstehung der im Westen Anatoliens hier und da vorkommenden jüngeren Braunkohlen fällt in die zweite Hälfte des Tertiärs (pontische Stufe, Grenze von Miozän und Pliozän). Nach Philippson ist z. B. südlich von Smyrna ein ziemlich mächtiges, allerdings durch Schwefelkiesgehalt entwertetes Braunkohlenflöz in Angriff genommen worden. Verbreiteter sind im Innern des Landes die roten Sandsteine und Kalkmergel mit Gips und Steinsalz. Schon seit langer Zeit bestanden demnach hier abflußlose Becken, deren Ausdehnung jedoch die der heutigen weit übertraf.

Am Ende des Quartärs brachen die Schollen im ganzen Umkreis von Anatolien an gewaltigen Brüchen in die Tiefe; der Pontus und die Propontis, das Ägäische Meer, die Meerengen zwischen Zypern und dem im Norden und Osten benachbarten Festland, weiterhin die Küsten Syriens bildeten sich um diese Zeit. So entstanden die heutigen Grenzen von Land und Meer.

Die westlichen Gebirge.

Die Zertrümmerung des westlichen Kleinasiens [1]) durch tiefe Einbrüche und die starke Zerlappung der Küste ist eine Folge derselben Einbrüche, verbunden mit allgemeiner Senkung des Landes in junger geologischer Vergangenheit und bildet eine gemeinschaftliche Eigentümlichkeit des westlichen Kleinasiens und Griechenlands, die ein einheitliches Naturgebiet, die Ägäis, darstellen. Die jungpaläozoischen und triadischen Kalke der südlichen Sporaden unterlagen einer Rahmenfaltung zwischen dem kykladischen Urgebirge, den Gneiszügen Kariens und der bis Lesbos fortsetzenden Urgebirgsmasse der Troas, woraus sich der mannigfache Wechsel ihrer Streichrichtungen erklärt.

Der eigentliche Tauros ist die Vereinigungszone der armenisch-kappadokischen Falten paläozoischen Alters mit den Oberkreidekalken der südiranischen Gebirge. Diese vom Untersilur bis zum Kohlenkalk reichenden Sedimente entsenden keinerlei Ausläufer bis auf die Westküste Kleinasiens und die Sporaden. Hier

[1]) Philippson a. a. O. I und II.

im Westen Anatoliens und auf den vorgelagerten Inseln herrscht in der Schichtenfolge ebenso wie in der Zusammensetzung der Bevölkerung das europäische Element unbedingt vor.

Gliederung der westlichen Gebirge.

Eine ausgedehnte Masse alter kristalliner Gesteine (Gneise, Granite, Glimmerschiefer im Innern, Marmore und halbkristalline Kalke am West- und Südrande) erstreckt sich im Norden vom keramischen Golf im Süden durch Karien und Lydien bis zum Temnosgebirge, im Osten landeinwärts bis etwa zur Westgrenze Phrygiens. Im Westen berührt das alte Gebirge die Küsten des Ägäischen Meeres von Halikarnaß bis Ephesos, weicht dann aber nordwärts hinter den Sipylos zurück. Im südlichsten Karien und in Lykien schließt sich an diese lydisch-karische Masse ein wildes, mesozoisch-alttertiäres Sedimentgebirge, dessen Faltenzüge von Griechenland herüberkommen. Ein ähnliches, nur weniger geschlossenes und hohes Faltengebirge von paläozoischen, mesozoischen und alttertiären Sedimenten, hier und da auch mit Massiven kristalliner Schiefer und alter Eruptivgesteine, zieht mit einer im allgemeinen nordnordöstlichen Streichrichtung von der Halbinsel von Erythrai und der Insel Chios her über den Sipylos am Westrande der lydischen Masse entlang, dann weiter durch das westliche Mysien bis zum Marmarameer. Philippson hat es das ostägäische Faltengebirge genannt.

Am Makestosflusse trifft es mit andern Faltenzügen zusammen, die teils von SO, vom taurischen Gebirgsbogen, teils von O, von den pontischen Gebirgen zu der Südküste des Schwarzen Meeres entlang herankommen.

Der Tauros.

Von Norden nach Süden zeigt der eigentliche Tauros drei bedeutsame Erhebungszonen (I—III), die durch Senken (1, 2) getrennt sind oder durch Glacis (3) begrenzt werden. Jenseits der kilikischen Ebene erhebt sich mit parallelem Streichen der Amanos (V—VI), dessen Faltenzüge nach Zypern fortsetzen.

I. Die innere Zone der jungen lykaonischen Vulkane erstreckt sich vom Kara-Dagh (zwischen Konia und Eregli), dem

Karandja-Dagh und Hassan-Dagh bis zum Argäos (Erdjias 3850 m) bei Kaisarié.

(1.) Die lykaonische Hochfläche mit ihren Salzsteppen und anbaufähigen Ebenen umgibt die jungen Vulkane.

II. Die kappadokische oder Zentralzone des Tauros umfaßt eine im wesentlichen silurische, aus grauen und bunten Schiefern, aus Porphyriten, Schalsteintuffen und Diabasen bestehende Unterzone des Kisiltepe (IIa).

(IIb.) Die Haupterhebung des Aidost (über 3600 m) bei Eregli und des Bulgar-Dagh ist aus Kohlenkalken mit dem Erzvorkommen von Bulgar-Maden zusammengesetzt. Visékalke mit Davisiella comoides und Spirifer bisulcatus finden sich bei Belemedik.

Regelmäßige, sehr steil aufgerichtete Sättel und Mulden sind für den Aufbau der Kohlenkalkkette bezeichnend, in der untergeordnete Schieferzüge auftreten. Von großer Bedeutung ist das Vorkommen eingefalteter Nummulitenkalke bei Bulgar-Maden. Die geologische (und orographische) Fortsetzung der kappadokischen Tauros-Zone im Osten ist das noch wenig bekannte kappadokische Devon- und Karbongebirge bei Hadjin mit Höhen bis zu 2400 m.

(2.) Es folgt die zum Teil von Braunkohle führenden oligozänen Mergeln erfüllte Senke der kilikischen Tore (Tekir-Senke), ein scharf ausgeprägter tektonischer Graben, durch den in NNO-Richtung der uralte Saumweg nach Kaisarié führt.

III. Die kilikische Zone des Tauros (Hadjin-Dagh — Ak-Dagh — Ala-Dagh) besteht aus massigen oder wohlgeschichteten Kalken der Oberkreide, die im Ala-Dagh an Höhe der Zentralzone nahekommen. Mit NO-Streichen sind am Kerkun- und Yoksun-Tschai mächtige, mit roten und grauen Schiefern verbundene Serpentin- und Hypersthenit-Massen entwickelt. In beiden treten Kalksteineinlagerungen, weiter südlich auch Chromeisensteinvorkommen auf. Die wichtige Tschakit-Schlucht, der die Trasse der Bagdadbahn folgt, ist in die mächtigen Kreidekalke eingeschnitten, während der Paß von Gülek-Boghas (die alten Pylae Ciliciae) — ebenso wie die kleine Tschakitschlucht an ihrer Sohle — in grauem Kohlenkalk liegt. Die gewaltige Kalkmasse des Ala-Dagh besteht, wie die Südtiroler Dolomiten oder die Kiona in Griechenland, aus flachlagernden Kalken.

(3.) Das zuerst sanft und dann steiler ansteigende Vorland des Tauros besteht im wesentlichen aus untermiozänen marinen Kalken, die besonders in der kilikischen Tracheotis entwickelt sind; diese jungen Gebilde steigen nach Schaffer [1]) bis 2300 m an und senken sich in flacher Neigung zur Küstenebene; die Kalke wechseln mit Tonen und Mergeln.

IV. Der Antitauros und die paläozoische kilikische Klippenregion besteht aus Bruchstücken verschiedener von NO nach SW streichender erzarmer Gebirgszüge, die zum Teil unter den miozänen Kalken des Tauros-Vorlandes sichtbar sind, zum Teil aber aus der Küstenebene emportauchen. Der Antitauros bildet die gefaltete Fortsetzung des Devon und des Kohlenkalkes, der hier wie in dem gleichartigen kilikischen Tauros von Oberkreide überlagert wird (nach Broili) [2]). Im südlichen kilikischen Tauros bei Yerköprü, d. h. an der natürlichen Brücke des Tschakit, konnte ich in sandigen Kalkschiefern die reiche Fauna der Stufe des Spirifer tornacensis nachweisen, die von mächtigen unterkarbonischen Dolomiten überlagert und von Oberdevonkalk mit Spirifer Archiaci und Korallen unterteuft wird. Weiter nördlich fand sich bei Belemedik in reinen, bläulichen Kalken die Tierwelt der Viséstufe mit Davisiella comoides sowie Spirifer bisulcatus und rotundatus.

Der kappadokische Tauros streicht ebenso wie die paläozoische Unterlage des kilikischen Tauros, des Amanos (V.) und des Antitauros (IV.) in nordöstlicher Richtung aber über den Osten der Halbinsel bis zu den Araxes-Ketten, wo ich dieselben Formationen wie im Tauros feststellen konnte.

V. Der Amanos oder Giaur-Dagh erhebt sich im Süden der kilikischen Ebene bis über 2300 m und besteht in seinem Kern ebenfalls aus paläozoischen Schichten. Die mächtigen Schiefer, die der 5 km lange Tunnel von Bagtsché durchbohrt, umschließen

---

[1]) Cilicia, Petermanns Mitt. 1903. Erg.-H. 141. Schaffer, Grundzüge des geologischen Baues von Türkisch-Armenien und des östlichen Anatoliens. Petermanns Mitt. 1907, Bd. 53, S. 145.

[2]) Vgl. Hugo Grothe, Meine Vorderasien-Expedition 1906/07, Bd. I.

quarzitische Züge, aus denen ich einen Trilobiten (Acaste sp.) sowie die bezeichnenden Kriechspuren des untersilurischen armorikanischen Sandsteins von Nord- und Südfrankreich bestimmen konnte (Cruziana oder Fraena).

(4.) Die Grenze zwischen dem Giaur-Dagh und dem Kurdengebirge (Kurd-Dagh) bildet der Nord—Süd streichende Graben des Ghâb, der die Fortsetzung des großen syrischen Grabens, der Bekâa, darstellt. Der Boden der Senke ist fast ganz mit Eruptivgesteinen erfüllt, deren älteste zwischen Islayé und Karababa aus jungtertiären oder quartären Vulkanruinen bestehen. Es erscheint möglich, daß die dem Bahnbau ungünstige Versumpfung und Fiebergefahr im Tal des Karasu, des alten Melas, auf die Aufstauung des Wassers durch die jüngsten, der geologischen Gegenwart angehörenden Lavaausbrüche zurückzuführen ist.

VI. Das Kurdengebirge (Kurd-Dagh) besteht wie die jüngeren Teile des Giaur-Dagh aus Kalken und eingelagerten Mergeln der Oberkreide mit Roteisensteinlagern als Deckgebilde sowie aus Serpentinmassen. Die in der Nähe des Ghâb noch ausgeprägte Faltung nimmt nach Süden immer mehr ab, so daß die Grenze der taurischen Falten und des indo-afrikanischen Schollengebietes wenig scharf ausgeprägt ist.

Eine vergleichende Übersicht über den Norden und den Süden der Halbinsel gibt die folgende Zusammenstellung:

<table>
<tr><th>Nordanatolien:</th><th>Südanatolien:</th></tr>
<tr><td>Westpontische Faltungszone, Bithynische Halbinsel, Paphlagonien [Kastamuni], Gegend von Angora.</td><td>Tauros, Amanos, Kurdengebirge, Kilikische Ebene.</td></tr>
<tr><td>Starke Erdbeben an den Küsten und den Grabenbrüchen des Festlandes.</td><td>Erdbeben, von der Region des syrischen Grabens ausstrahlend.</td></tr>
<tr><td colspan="2">Quartär: Pluvialperiode durch Terrassenschotter am Bosporus und Amanos angedeutet. Rote Tekir-Nagelfluh des Tauros, Terrassenschotter im Amanos über 120 m mächtig.</td></tr>
<tr><td colspan="2">Grenze von Tertiär bis zum Ober-Quartär: Begrenzung der anatolischen Halbinsel durch Abbrüche an den heutigen Küsten.</td></tr>
<tr><td>Miocän: Massenausbrüche von Andesit und Liparit in der Mitte von N und NO.</td><td>Unter-mittelmiocäne Transgression in der Kilikischen Ebene.</td></tr>
<tr><td>Mitte des Tertiärs:
Oligocän — Pliocän.
Kalk und Mergel mit Gips und Steinsalz.
Braunkohlenschichten.
Trockenlegung und Lücke.</td><td>Oligocäne Mergel mit Kohlen- und Landpflanzen in der Tekir-Senke.
Trockenlegung.</td></tr>
</table>

Tiefengesteine: Serpentin mit Meerschaum (Eski schehir). Marines Eocän: Flysch und Nummulitenkalk in den westpont. Ketten.	Tiefengesteine: Hypersthenite des Kisil-Dagh usw. Nummulitenkalk in Bulgar-Dagh, Amanos, bei Kaisarié, Alveolinenkalk bei Gülek-Boghas.
Darüber senone Kreide mit Gryph. vesicularis in weiter Verbreitung. Marine Oberkreide (Radiolitenkalke)	Kalk und Inoceramus balticus (= Crippsi) Senoner Pläner mit Gryph. vesicularis, Clypeaster, Riffkorallen im Amanos und Tauros, Radiolitenkalk in großer Mächtigkeit überall. Marine Oberkreide, Mergel mit Hemiaster. Quadersandstein und Basalkonglomerate } Tauros.
Untere marine Kreide am Pontus (Songuldak). Oberer mariner Jura in Galatien (Dogger nicht nachgewiesen). Lias marin in weiterer Verbreitung. Trias marin: untere, mittlere bei Ismid; obere bei Balia Maden. Rotliegendes (kontinental) bei Mersifun. Produktives Oberkarbon (flözreich) bei Eregli, Songuldak bis Amastra.	Große Lücke im Tauros.
Kohlenkalk bei Songuldak in gleicher Entwicklung wie:	Kohlenkalk (Untere und Obere Stufe) im ganzen Tauros und wahrscheinlich in Kilikien.
Marines Devon in allen Abteilungen vom Bosporus bis Aba Basar. Obersilur angedeutet.	Oberdevon im Tauros (Hatschkiri) und Antitaurus (Hadjin und Felke). Obersilur nicht nachgewiesen. Untersilur im Amanos (Bagtsché) und im sogenannten Antitaurus (Quarzitlager im Tonschiefer).

Von großer Bedeutung für die Auffassung des anatolischen Gebirgssystems und seine Stellung in den Faltenzonen Europas und Asiens ist eine Vergleichung mit den Gebirgszügen im Norden der anatolischen Masse.

Es besteht zunächst ein Unterschied zwischen den pontischen Gebirgen östlich und westlich des Halys (Kisil Irmak). Westlich herrscht überall, auch im Innern, Bruchbildung, die sich z. B. in den vom Ägäischen Meer ausgehenden Grabentälern ausprägt; im Osten ist nur der große pontische Randbruch sichtbar, das Innere wird von mitteltertiären Eruptivmassen bedeckt.

In dem sogenannten ostpontischen Bogen, der tatsächlich eine Bruchscholle darstellt, sind im Gegensatz zu den Grabentälern nur reine Erosionstäler vorhanden; sie stehen genau senkrecht auf der regelmäßig verlaufenden Bruchküste und täuschen durch ihren besonders zwischen Trapezunt und Ordu ausgeprägten Gleichlauf das Vorhandensein einer Faltungskette vor, von welcher der Gebirgsbau keine Spur aufweist. Im Osten des Halys führen die oft über 1000 m mächtigen tertiären Vulkandecken wertvolle Erzgänge, besonders zwischen Sinope und Trapezunt sowie auch östlich der türkischen Grenze. Westlich von Halys sind die Eruptivdecken weniger ausgedehnt [1]) und, wie es scheint, erzfrei oder wenigstens erzarm.

Erzvorkommen im westlichen und mittleren Kleinasien.

Chromit.

Das wichtigste Erz Kleinasiens ist der stets linsen- oder lagerförmig im Serpentin auftretende Chromit oder Chromeisenstein. Der Vorrat ist nach Schmeißer [2]) so bedeutend, daß Anatolien den Bedarf der Welt auf absehbare Zeiten decken könnte.

Die bis jetzt bekannten Chromitvorkommen Kleinasiens liegen in drei Gebieten:

1. in der nordwestlichen Serpentinzone des Wilajets Brussa in der Umgebung des Olymps,
2. im Südwesten (Karien) in der Gegend von Denisly und Makry,
3. im Südosten um den Golf von Alexandrette (Kilikien).

Die beiden letztgenannten Bergbaugebiete gehören den alttertiären Serpentinen an, welche die Zone des kilikischen Taurus kennzeichnen.

1. In der westlichen, südlichen und südöstlichen Nachbarschaft des Olymps bis nach Eskischehir und in das Pursak-Tal

[1]) Nur nördlich von Angora liegt ein großes mitteltertiäres Eruptivzentrum.
[2]) a. a. O. S. 186.

hinein durchsetzen die als flache Linsen und Schläuche ausgebildeten Lagerstätten, mehrfach von Verwerfungen gestört, den Serpentin. Angeblich sind mehr als 120 einzelne Vorkommen vorhanden; unter ihnen ist das schlauch- oder sackförmig gestaltete Lager bei Dagardi, 20 km südlich von Tschardy, das bedeutendste. Diese Lagerstätte, deren Erzvorrat (mit 51—55% Cr_2O_3) auf rund 10 Mill. Tonnen geschätzt wird, soll die größte und reichhaltigste der Welt sein. Sie lieferte im Regierungsbetrieb bis zum Anfang des Jahrhunderts jährlich 12000 bis 15000 t Erz im Werte von etwa 1 Mill. M. Die Gesamtförderung Kleinasiens betrug im Jahre 1907 28 860 t.

Genaueres über diese Chromitgrube von Dagardi (Alabarda) berichtet Philippson [1]). Sie liegt im einsamen, dürftigen Kiefernwald (712 m) und wird nur im Sommer bearbeitet. Die Grube von Dagardi besteht aus drei benachbarten Tagebauen. Der erste Tagebau, an den sich einige kleine Stollen und Schächte anschließen, fördert aus einer im Mittel 15 m mächtigen Chromitlinse von 50 × 60 m Ausdehnung, der zweite aus einer etwas kleineren Linse. Diese Grube bietet die besten Aufschlüsse. Der Chromit liegt als bläulich-schwarze Masse im Serpentin, in den Adern des Chromits abzweigen, während sich andrerseits kleine Adern und Knötchen von Serpentin im Chromit finden. Der Serpentin ist stark gequetscht.

Eine Grube bei Bozbelen (Bezirk Inegöl) fördert im Jahre etwa 1500 t. Bei Ateran, Cozlondjia und Miram im Bezirk Brussa liegen drei Chromerzgruben, die ihre Jahresförderung von 6000 bis 7000 t nach England und den Vereinigten Staaten zum Preise von 45 M/t ab Genlik verschiffen. Analysen dieses Erzes ergaben einen Gehalt von 52,70 bis 54% Cr_2O_3.

2. Zu der südwestlichen Gruppe sind die Lagerstätten Denisly und Makri zu rechnen, aus denen 6 Bergwerke Erz mit rund 55% Cr_2O_3 fördern.

3. Die südöstliche Gruppe gehört zu dem Serpentingebiet des kilikischen Tauros und des Amanos und beginnt mit einem Vorkommen bei Guara im Lamasbezirk (mit 53% Cr_2O_3). Sie

[1]) Philippson, Kleinasien, III, S. 32/33.

umfaßt ferner das Chromitbergwerk bei Lamas, 8 St. westlich von Mersina (Erz mit 50% Cr_2O_3), die Lagerstätten im Alvanli-Bezirk (z. B. am Tommak-Fluß zwischen Ilamin und Elbisik, Erz mit rund 53% Cr_2O_3), im Ala-Dagh, Bezirk von Beilan, im Amanos oder Giaur-Dagh, nordöstlich von Alexandrette, und bei Catana in der Nähe von Damaskus. Eine weitere Grube liegt oberhalb von Mersina zwischen den Dorfschaften Gösneh und Mussali.

Über die Gewinnungskosten macht B. Simmersbach (a. a. O. S. 515) folgende, zum Teil auf Schätzung beruhende Angaben: Bei Annahme einer Entfernung der Grube von ungefähr fünf Wegstunden bis zur Meeresküste erfordern:

Arbeitslöhne und Gewinnung	7	M/t.
Beförderung zur Küste	13	„
Verladung an Bord	4	„
Ausfuhrzoll	1	„

Dazu kommt noch die Regierungsgebühr in Höhe von 5% des geförderten Erzwertes. Man würde also frei an Bord mit etwa 25 M/t ohne die Regierungsabgabe rechnen können.

Für Makri-Erze stellen sich die Gewinnungsselbstkosten an der Küste auf etwa 37 M., für Brussa-Erze auf 49 bis 50 M.

Die Produktion und der Förderungswert des Chromeisenerzes übertrifft in ruhigen — allerdings in der Türkei seltenen — Jahren wie in 1908 die aller übrigen Länder, zeigt aber je nach den politischen Verhältnissen die größten Schwankungen:

	1907		1908		1909	
	Förderung t	Wert Mk.	Förderung t	Wert Mk.	Förderung t	Wert Mk.
Türkei ...	[1])	810 030	28 860 [2])	1 818 447	11 546 [3])	623 100

Nach Mitteilung von John Brandes (Dammer und O. Tietze, Nutzbare Mineralien, I., 1913, S. 334) wird Chromeisenerz loco Hamburg folgendermaßen bewertet:

[1]) Zahlen nicht erhältlich.
[2]) Für das Jahr von März 1907 bis März 1908.
[3]) Für das Jahr von März 1908 bis März 1909.

1. hochprozentiges Erz mit mindestens 50% Cr_2O_3 56—60 Mk. pro Tonne mit einem Aufschlag von 2,50 Mk. für jedes weitere Prozent Cr_2O_3;

2. geringes Erz mit 40—43% Cr_2O_3 43—45 Mk. pro Tonne.

Von der Produktion wird der weitaus überwiegende Teil von der chemischen Industrie und als Ofenfutter verbraucht, während demgegenüber die für Chromlegierungen benutzten Mengen erheblich zurücktreten. Nach Mitteilung der Firma John Brandes ist dieses Verhältnis ungefähr wie 10 : 3.

Eisenerze.

Verschiedene Eisenerze, vor allem Roteisenstein, Pyrit und Brauneisenstein, sind weit verbreitet; da aber Abbau und Verfrachtung nur ausnahmsweise in wirtschaftlicher Weise stattfinden können, stehen nur wenige Lagerstätten in Förderung.

Im Wilajet Smyrna im Besch-Parmak-Gebirge wird jedoch das Eisenerzbergwerk Sakar-Kaya (60% Eisengehalt des Erzes), im Wilajet Konia die Alaya- und Sylinti-Grube mit Erz von sehr reiner Beschaffenheit im Hauptlager (64% Fe) betrieben; daneben kommt Hämatit mit 50—54% Fe vor.

Die am günstigsten gelegenen, aber zurzeit nicht in Abbau stehenden Vorkommen im Wilajet Brussa sind die der Kreise Pasar-Köi und Gemlik [1]). Von dem Hafen Gemlik sind sie nur etwa 3—5 Wegstunden entfernt; in der Luftlinie ist die Entfernung um ein Drittel kürzer. Die Beschaffenheit der Erze ist nach den bekannt gewordenen Analysen nicht erstklassig. Danach handelt es sich um siliziöse und sehr barytische Roteisensteine, ein Drittel Roteisenstein und zwei Drittel Schwerspat. Die Abmessungen eines einen Hügel bildenden Ausbisses betragen etwa 80 m in der Länge und 40 m in der Breite. Die vielen Schlacken in der Nähe des Armenierdorfes Sölos und in allen andern Teilen der Provinz zeugen von einem umfangreichen, auf die Römer zurückgeführten Bergbau.

In der Nähe von Trianda, einer Station der Eisenbahn Smyrna—Aidin, liegt bei dem Orte Turbali (Wilajet Aidin) in

[1]) Rottmeyer, Die Eisenerzvorräte der Türkei. Iron ore resources of the world, Stockholm 1910 Bd. I, S. 354.

einem Abstand von etwa 3—4 km von der Bahn die Eisensteingrube Fortuna. Der nächste Hafen, Smyrna, ist von Trianda ungefähr 45 km Bahnlänge entfernt. Bis jetzt sind 10 zwischen Glimmerschiefern und kristallinischen Kalken eingebettete Lager bekannt geworden, deren Mächtigkeit von 4—25 m und mehr schwanken soll. Der Ingenieur Hadkinson [1]) berechnet die bis zu 100 m Teufe anstehende Erzmenge auf rund 10 Mill. t, wobei er für die 10 Lager eine Gesamtmächtigkeit von 118 m annimmt. Die Lager sind teils manganfrei, teils manganhaltig.

Die vorliegenden Analysen weisen folgende Zahlen auf:

		%
1.	Fe_2O_3	93,60 (Fe 65,52)
	Mn_2O_3	0,00
	P_2O_5	0,02 (P 0,0087)
	SiO_2 / Al_2O_3	3,60
	Glühverlust	2,60
2.	Fe_2O_3	86,00 (Fe 60,20)
	Mn_2O_3	2,80
	P_2O_5	0,05 (P 0,022)
	SiO_2 / Al_2O_3	0,80
	Glühverlust	10,30.

Die Erze sind mehr oder weniger arsenhaltig, einzelne Proben sollen 0,32—2,05% As ergeben haben.

Die Vorkommen des Beyrut-Dagh im Wilajet Aleppo, etwa 6—7 St. [2]) nördlich von Zeitun, haben wegen ihrer Unzugänglichkeit und ihrer großen Entfernung vom Meer (rund 45 Kamelstunden) wenig wirtschaftlichen Wert. Die Regierung gestattet jedoch der Bevölkerung von Zeitun und Umgegend den abgabefreien Abbau der Erze und ihren Verkauf in den benachbarten Städten Aintab und Marasch sowie an die eine Tagereise entfernten Eisenschmelzen von Chermejendj.

Auch im Libanon sollen zahlreiche Eisenerzvorkommen von guter Beschaffenheit vorhanden sein, besonders am Djebel-Akra, im Tale Nahr-el-Kelb, südwestlich von Antiochia (Antakie), beim Dorfe Meruba oder Merdjeba, wo sie mit bescheidenen Hilfs-

[1]) The iron ore resources of the world, S. 355.

[2]) Nach andern Angaben 4 St.

mitteln ausgebeutet werden, und im Beit-Schebab. Das bekannteste, von Russeger [1]) beschriebene Eisenerzvorkommen von Merdjiba im Tal des Wâdi-Sannia, des Südarms des Nahr-el-Kelb, liegt im Glandarienkalk des Oberjuras. Mehrere linsenförmige Erzkörper gehören zu einem Zuge, der den Kalkschichten folgend von NW nach SO streicht. Das ursprüngliche, jetzt nur noch in kleineren Vorkommen erhaltene reiche Erz ist Spateisenstein, der vorwiegend in ockriges Brauneisen umgewandelt ist. Das Libanoneisenerz hat geschichtliche Bedeutung. Die Phönizier gewannen hier bis zur Zeit des Diokletian einen Teil ihres Eisens, und vor allem lieferte im Mittelalter unter den Arabern der Libanon Eisenerz und aus seinen damaligen Zedernwäldern die Holzkohle für die Stahlbereitung von Damaskus. Im Djebel-Akkar oberhalb von Tarabulus (Tripoli in Syrien) soll Eisenerz in großen Mengen vorkommen; ferner findet sich Eisen bei Meschgara in der Bekâa (rund 35 km von Muallaka an der Beirut-Damaskus-Bahn) sowie bei Medschdel-esch-Schems (50 km südwestlich von Damaskus und ebensoweit von Sidon) und Biudan (etwa 45 km nordwestlich von Damaskus), an einer Stelle, die von der Beirut-Damaskus-Bahn nur etwa 5 km und von dem nächsten Hafen Beirut ungefähr 100 km entfernt ist. In dieser Gegend liegen auch die Erzvorkommen von Hasbeja, im Norden des Hermon. Der Bergbau wird hier durch die am gleichen Ort vorkommende lignitische Kohle erleichtert.

Im Wilajet Erzerum sind bei Kighi, im Wilajet Siwas zwischen Zara und Karahissar Eisenerzlagerstätten nachgewiesen. Die Eisenwaren der Grobschmiede und Siebmacher von Kaisarié und Umgebung sollen wegen ihrer besonderen Güte geschätzt werden. Moltke berichtet über Eisenerze bei Sivan-Maden an den Quellen des Tigris, wo Hafis Pascha einen Hochofen erbaute.

Recht günstige Aussichten für die Gewinnung von Roteisenstein eröffnen sich im Bereich der Bagdadbahn zwischen Alexandrette und Bagtsché. Hier entspricht der Verbreitung des Kreidekalks das Vorkommen eines stark eisenhaltigen Roteisen-

[1]) Reisen in Europa, Asien und Afrika, 1841—48. Vgl. besonders M. Blanckenhorn, Syrien, Arabien und Mesopotamien. Handb. d. regionalen Geologie, 1914, Bd. 5 Abt. 4, S. 138.

steins, des Dolinenerzes, in dem Gebiet des Giaur- und Kurd-Dagh. Zahlreiche Gerölle von Dolinenerzen beobachtete ich zwischen den Klöstern Ekbes und Scheckly sowie zwischen Karababa und Missaka. Da auch weiter nördlich bei Harackly dieselben sehr eisenreichen Erze in großer Ausdehnung innerhalb der Schuttkegel der Ebene vorkommen, würde eine genauere Untersuchung dieser Erze auf ihre Bauwürdigkeit aussichtsvoll sein.

Eine Bestätigung und Erweiterung fanden meine Beobachtungen durch freundliche Mitteilungen meines Kollegen Professor O. Simmersbach, der z. B. bei Pajas an der Eisenbahnstrecke nach Alexandrette Eisenerzvorkommen mit einem auf höchstens 10 Mill. t geschätzten Vorrat begutachtet hat. Das bessere Vorkommen enthält 60%, das geringere 45% metallisches Eisen. Dieses Vorkommen an der Meeresküste stimmt mit meinen im Binnenland in der Gegend von Islajé usw. gemachten Funden gut überein. Auch das aus Kreidekalk bestehende geologische Grundgerüst des Amanos erstreckt sich in einheitlicher Entwicklung aus der Gegend von Keller (an der Bagdadbahn) bis an die Meeresküste. Aller Wahrscheinlichkeit nach stehen somit die Vorkommen von Islajé und Pajas in ungestörtem oder wenig unterbrochenem Zusammenhang. Der Amanos ist bisher in seinen Einzelheiten der unbekannteste Gebirgszug Vorderasiens; daher wäre es nur einer eingehenden geologischen Aufnahme möglich, die auf Grund zweier Beobachtungen an Ort und Stelle sowie der Landschaftsform geäußerte Vermutung zu bestätigen.

O. Simmersbach ermittelte in der Gegend von Alexandrette folgende Erzmengen:

		Mill. t Eisenerz	
1. Vorkommen	Artybere-Gusgundere	1—1,5	
	Sarpdam-Fundukli	2—3	
			3—4,5
2. Vorkommen	Patsch-Airesse-Nevkessi	1—2	
			4—6,5

Danach kann man also mit einer Mindestmenge von 4 Mill. t rechnen, jedoch dürfte die Höchstmenge 8 bis 10 Mill. t erreichen; eine genaue Feststellung darüber war bei der Besichtigung der Vorkommen nicht möglich.

In physikalischer Hinsicht sind zwei Sorten von Erz zu unterscheiden. Sorte 1 sieht dunkelschwärzlich aus, ist außerordentlich hart und größtenteils stückig. Sorte 2 sieht rot aus, ist weniger hart und enthält einen ziemlichen Prozentsatz an feinem Erz.

In chemischer Hinsicht hat das erste Erz rund 60% Eisen und etwa 5% Kieselsäure, während Sorte 2 rund 54% Eisen und 15% Kieselsäure enthält. Der Eisengehalt erniedrigt sich aber bei der letzteren Sorte dadurch, daß mit etwa 5% Glühverlust zu rechnen ist, der bei der ersten Sorte fortfällt. Beide Erze sind frei von Verunreinigungen, von Arsen, Chrom und Kupfer. Schwefel ist ebenfalls nur in ganz geringer Menge vorhanden, so daß das Material als reines Eisenerz angesprochen werden kann. Der Phosphorgehalt wechselt zwischen 0,3—0,6%, und zwar hat die erste Sorte meist den höheren Phosphorgehalt.

Für die Erzsorte 1 kommen besonders die Vorkommen Aryderessi, Sary-deressi, Kisil-Bunar, Kisil-Haschill, Fundukli-deré, Passa-Ayressi, Demir-Oluk-deressi in Betracht, ebenso Fundukli Nevkessi, wenn auch nicht alle dort gewonnenen Proben 60% aufwiesen; einerseits stammen die Proben meistenteils vom Ausgehenden und sind nach der Tiefe zu besser, andrerseits sind bei der Durchschnittsprobe der Vorsicht halber nicht nur gute, sondern auch minderwertige Stücke gewählt worden.

Vom metallurgisch-technischen Standpunkt aus läßt sich das Erz sehr gut im Hochofen verhütten, zumal der Kalkstein sehr rein ist und gleichzeitig mit dem Erz gefördert werden kann.

Die Roteisensteinerze von Pajas zeigen dieselbe Zusammensetzung wie die Vorkommen von Islahjé, Scheckly, Eckbes und Hery-deré.

Ein Zusammenhang zwischen ihnen ist bei der ganz gleichartigen geologischen Beschaffenheit des Amanos mehr als wahrscheinlich. Unter dieser Voraussetzung würden die Erzvorräte dieses Gebirgszuges viele Millionen Tonnen umfassen und daher dem Frachtverkehr der Eisenbahn günstige Aussichten eröffnen.

Die bisher geringe Bedeutung der türkischen Eisenerzeugung

findet in der Weltstatistik ihren Ausdruck. So war in den Angaben über die Weltförderung des Jahres 1905, die 112 Mill. t Eisenerz aufwies, das türkische Reich überhaupt noch nicht genannt. Für das Jahr 1909 wurde für die Türkei eine Förderung von rund 10 000 t, für 1910 von rund 50—60 000 t angenommen, für 1911 eine Menge von 100 000 t erhofft [1]). Der Grund für die Unerheblichkeit der Produktion ist der niedrige Preis (8—9 M/t), der nur die Ausbeutung von Lagerstätten in unmittelbarer Nähe der Küste gestattet.

Manganerze.

Manganerze, deren Bedeutung für den Eisenhüttenbetrieb immer mehr wächst, sind in Kleinasien verbreitet und besonders in den Bezirken Smyrna und Makri bekannt. Nach Angaben B. Simmersbachs waren bei Smyrna im Jahre 1904 allein für 38 Manganvorkommen Freischürfe belegt. Die Förderung hatte bei den Gruben Hassan Tschauschler (45% Mn) Yenidjé-köi, Kardja (51% Mn) und Ak Scheh (50% Mn) Anfang des Jahrhunderts je 1000—1500 t betragen, wurde aber unregelmäßig betrieben.

Von der Grube Mendos in der Nähe des Hafens Makri, im westlichen Lykien sowie aus der Nähe einer Pattersonschen Chromitgrube waren um das Jahr 1900 Probeverschiffungen eines 50% Mn haltenden Erzes erfolgt. Da der mittlere Mangangehalt bei brasilianischen Erzen 54% und bei der bekannten Grube Tschaturi in Kaukasien 52% beträgt, ist die Qualität jedenfalls nicht ungünstig zu nennen.

Ferner kommt Mangan bei Mersina im Alvanli-Bezirk zusammen mit Chromit (s. o.) vor. Im Osten Anatoliens war am Anfang des Jahrhunderts die Manganerzgrube Per Asis bei Kerassund mit einer Produktion von 400 t in der Aufschließung begriffen.

Endlich finden sich Manganerze in der Nähe der Küste des Marmarameeres, in der Gegend von Sabandja, bei Sätschköi, 15 km südöstlich Gemlik und endlich bei Balia Madén.

[1]) Ettore Coulant, Sur les gisements de fer de la Turquie. Iron ore resources. Turkey II. Stockholm 1910, S. 359.

Bestimmte Zahlen über die Gesamtförderung Kleinasiens an Manganerz liegen in zuverläßlicher Form nur für 1908 [1]) vor: danach betrug die Förderung dieses Jahres 14 131 t.

Gold (und Silber).

Die Goldseifen, welche die sagenhaften Reichtümer des Krösus lieferten, lagen am Paktolos, dem heutigen Kara-su am Fuße des Tmolos (Bos-Dagh) und sollen bis in das 4. Jahrhundert n. Chr. betrieben worden sein. Die bedeutenden Goldschätze, die in Mykene in den Atridengräbern gefunden worden sind, stammten wahrscheinlich auch aus Kleinasien, möglicherweise auch vom Strymon oder der Insel Thasos. Zurzeit wird Gold nur in ganz geringen Mengen aus anatolischem Arsenkies gewonnen.

Im Bezirk Smyrna liegen ferner die angeblich schon im Altertum betriebenen Gold- und Silbererzbergwerke von Arab Yusu und Tschilek-Dagh; trotz erheblicher Aufwendungen sind hier keine Ergebnisse in der Goldgewinnung erzielt worden. Auch ist die gesammte Goldproduktion (nach The mineral industry 1902) minimal.

Ebensowenig werden eigentliche Silbererze ausgebeutet. Das gewonnene Silber im Werte von rund 1 Mill. M. stammt im wesentlichen aus dem Bleiglanz [2]). Ein Silbererzfund soll allerdings bei Fundajak, 6 Stunden südwestlich von Marasch, gemacht worden sein; doch fehlen sichere Angaben darüber.

Die Silbererzvorkommen von Gümüsch-Chane (Gümüsch = Silber) zwischen Trapezunt und Erserum werden nicht mehr ausgebeutet, nachdem die zur Herstellung der Holzkohle erforderlichen Wälder niedergeschlagen worden waren.

Arsenerz.

Weniger des Arsens als vielmehr des Goldgehalts halber hat der Arsenkies eine gewisse Bedeutung. Auch er kommt vorwiegend im Wilajet Aidin-Smyrna, südlich von Tire, vor, und zwar setzen im Gneis Quarzlinsen und -gänge mit Arsenkies auf.

[1]) Mineral resources of the United States. 1911, I, S. 196.

[2]) Es wird zusammen mit diesem behandelt.

Von Tire aus sind nach Philippson die Arsen- und Schmirgelgruben von Aladjali zu erreichen. Am Westende der Stadt bestehen die Vorhügel des Gebirges aus Augengneis. Darin ist etwa fünf Jahre lang, bis ein Jahr vor Philippsons Besuch, eine Grube auf Arsenkies betrieben worden. Der Gneis streicht S 10° W bis S 25° W und fällt nach Westen ein. Ein Quarzgang mit Nestern des genannten Erzes ist an der Oberfläche zu sehen, Str. W 15° S, nach S fallend. Mehrere Stollen sind von einem Tal aus angesetzt. Die Grube heißt Beiler-bagtsche [1]).

Bei Ödemisch soll der Goldgehalt zwischen 8 g bis 190 g pro Tonne Erz betragen. Die Omur-Baba-Arsenikgrube I hat 20—160 g Goldgehalt, die der Omur-Baba-Arsenikgrube II 10—120 g Goldgehalt, auf der Tschina-Arsenikgrube sollen angeblich sogar 1,24—1,55 kg Gold auf 1 t Erz bei 35—42% Arsen enthalten sein.

Quecksilber.

Das erzreiche Wilajet Smyrna führt auch Quecksilber. Etwa 65 km südöstlich Smyrna, und zwar 1—1½ km östlich des Dorfes Habibler, befindet sich ein 15—25 m mächtiger Gang, der Zinnober in Schiefer und Quarz führt; ferner zeigt sich Quecksilber auf zahlreichen benachbarten Klüften als Anflug oder in Krusten bis zu 10 mm Dicke. Untersuchungsarbeiten ließen den Bergbau dort bisher nicht lohnend erscheinen.

Etwa 110 km ostsüdöstlich Smyrna bei dem Dorf Haliköi treten im Glimmer und Tonschiefer Gänge auf, die ebenfalls Zinnober führen. Ferner werden die Bergwerke Karaklisseh und Tschamköi genannt. Die über diese Vorkommen vorliegenden ungenauen Angaben, die von 1—18% Quecksilber berichten, würden auf außerordentlich reiche Erze hindeuten; jedoch waren die Gruben nur kurze Zeit im Betrieb.

Das Zinnobervorkommen bei Tscheschmé westlich von Smyrna beschreibt A. Philippson. Unter dem Dorf Monastir und in das Tal hinab zieht ein breiter Zug von Tonschiefer, nach NW streichend, der deutlich als Sattel unter dem Kalk des Bos-Dagh hervortritt; östlich folgt darauf wieder eine Mulde im Kalk.

[1]) Vgl. Philippson, Kleinasien, II (1911) S. 82.

Auf diesem Schieferzug liegt, fast unten an der Talsohle, ein Zinnoberbergwerk, das ein schwarzes, von Quecksilbersulfit durchtränktes Eruptivgestein abbaut; in einer angrenzenden Quarzmasse findet sich ebenfalls etwas Zinnober.

Die Kara-Burnu-Grube [1]) liegt etwa 32 km von Smyrna und gewinnt im Tagebau ein mit Zinnober imprägniertes Quarzgestein mit durchschnittlich 0,75% Metall. Die untere Bauwürdigkeitsgrenze soll hier bei 0,25% liegen. Die Produktion 1906/07 betrug etwa 3000 Flaschen.

Die Erze der Konia-Grube [2]) treten im Kalk auf, an dessen verkieselte oder verquarzte Partien sie derart gebunden sind, daß Kieselsäure und Zinnober gemeinsamer Entstehung sein dürften. Diese Masse wird von wenig mächtigen Zinnobertrümmern durchsetzt. Das bauwürdige Erz enthält 1—2½% Quecksilber; eine größere, mit Antimonglanz vergesellschaftete Partie wies sogar 8% auf. Nach F. P. Monaci waren vor einigen Jahren annähernd 13 000 t Erz von 1% Quecksilbergehalt fertig zum Abbau aufgeschlossen.

Kupfererze.

Für die Kupfererze kommt vor allem ein Bezirk im Südosten Kleinasiens in Betracht. Seit langem bekannt ist das Bergwerk von Arghana Madén, das zwischen Kharput und Diarbekir, unweit vom Göljik, dem Quellsee des Tigris, liegt. Die Gruben haben dort trotz ihrer sehr ungünstigen Lage schon erhebliche Metallmengen auf den Markt gebracht. Anfang des Jahrhunderts wurden gegen 1500 t Kupfererz jährlich gefördert und über Alexandrette nach England ausgeführt [3]). Da gleichzeitig, nach der allerdings unzuverlässigen Statistik, die Gesamtförderung der Türkei zwischen 1600 und 2400 t Kupfererz schwankte, ist die Bedeutung des Vorkommens ohne weiteres zu erkennen. Naumann berichtet über Arghana:

„Das Erzlager ist von riesigen Dimensionen und hat die

[1]) Beyschlag, Krusch und Vogt, Die Lagerstätten der nutzbaren Mineralien und Gesteine. 1914. Bd. I, S. 551.

[2]) Ebenda S. 551.

[3]) V. Simmersbach a. a. O. S. 529.

Form einer flachen, oben und unten mit vielen Aus- und Einbuchtungen versehenen Scheibe, deren horizontale Begrenzung man nicht kennt. Die Durchmesser dieser Scheibe betragen 200 und 120 m; die durchschnittliche Mächtigkeit läßt sich auf mindestens 15 m veranschlagen."

„Neuerdings ist man durch einen etwa 12 m unter der tiefsten bekannten Sohle des Erzlagers ansetzenden Stollen wieder auf Erz gestoßen. Stellenweise ist jedenfalls die vertikale Mächtigkeit sehr bedeutend. Trotzdem kann die Lagerstätte nach den bis jetzt vorliegenden Tatsachen nicht als ein Stock angesehen werden, sondern entspricht der Kontaktfläche zwischen dem liegenden Serpentin und den hangenden roten Kalken."

Der Kupferkies von Arghana ist sehr reich und enthält nach Naumann durchschnittlich 13—14%, nach B. Simmersbach sogar 30% Kupfer (und 40% Eisen). In Arghana ward nur Schwarzkupfer hergestellt, das, wie Naumann angibt, zurzeit 400 km weit auf Kamelen nach Tokat gebracht und dort raffiniert wurde.

Die Lagerstätten von Arghana gehören der Regierung; sie hat aber die Ausbeutung Unternehmern überlassen, die im Kleinbetrieb bei möglichst geringem Kapitalaufwand rücksichtslosen Raubbau treiben. Infolge Abholzung der Wälder ging auch hier die für die vorläufige Verhüttung notwendige Holzkohle zu Ende, und damit ist der Bergbau — vorläufig — zum Erliegen gekommen.

Inwieweit die Angaben [1]) glaubwürdig sind, daß noch im Jahre 1912 ein Reinertrag von 478 000 M. erzielt wurde und daß ein Vorrat von 700 000 t Kupfererz vorhanden war, vermochte ich leider nicht nachzuprüfen.

Im westlichen Kleinasien, und zwar im Wilajet Smyrna, liegen die Gruben von Bulbuderé und Assarli; sie wurden schon im Altertum betrieben, jedoch war die Förderung

[1]) G. Goldberg, Prometheus 1916 p. 387. In der Jahreszahl 1912 hat sich möglicherweise ein Druckfehler eingeschlichen; eine Photographie bei E. Banse (Türkei) zeigt die infolge der Entwaldung gänzlich stillgelegten Werke. Die Vorratsberechnung macht einen glaubhafteren Eindruck.

zu Anfang des Jahrhunderts nur gering, trotzdem die Gruben kaum eine Stunde von der Bahnstation Hadji Ellas entfernt sind.

Ferner finden sich Kupfererze mit angeblich 20% Cu in 4 St. Entfernung von dem Hafenort Adalia. Abbau wird hier ebensowenig wie auf den Kupfererzfund von Scheich Mohsin-Dagh in geringer Entfernung von Aleppo getrieben.

K. E. Weiß [1]) gibt an, daß 3 km westlich des Dorfes Hairié (45 km ostsüdöstlich von Brussa) ein 10 m mächtiges Schwefelkieslager mit reichlichem Kupferkiesgehalt anstehe.

Über angeblich reiche Kupfererzvorkommen bei Tokat, Siwas und Yildis, endlich zwischen Zara und dem östlichen Kara-hissar finden sich nur allgemein gehaltene Mitteilungen B. Simmersbachs [2]).

Zinkerze.

Bei Balia Madén, bei Menteschdere (s. u.), bei Kirasli-jaila, zwischen Isnik (Nikäa) und Jenischehir, endlich 10 km nördlich Berghama (Pergamon) treten Zinkerze, an den erst- und letztgenannten Orten als Galmei, auf. Eine enge Verbindung mit den Bleierzen ist vielfach vorhanden.

Bleierze.

Auch für Kleinasien gilt die bekannte Regel, daß nur Bleierze mit Silbergehalt einen lohnenden Abbau gestatten. Die gangartigen Bleierze sind mit Zink- und Antimon- oder Kupfererzen verbunden. Weniger verbreitet, aber durch besonderen Reichtum ausgezeichnet sind die Kontaktlagerstätten, über die sich Naumann wie folgt äußert:

„Dort, wo die emporgedrungenen vulkanischen Massen die angrenzenden Sedimentärgebilde berühren, erfolgen Durchsetzungen, Durchtränkungen, nieren-, putzen- und nestförmige Ablagerungen des Erzes."

Schmeißer unterscheidet nach geographischen Gesichtspunkten einen östlichen, weniger in Betracht kommenden Bezirk im Wilajet Siwas, einen westlichen und einen südlichen Blei-

[1]) Zeitschrift für praktische Geologie 1901, S. 80.

[2]) a. a. O. S. 532.

erzbezirk. Zu dem westlichen Gebiet gehören die Gruben der Laurion-Gesellschaft von Balia-Madén (Hodja-Gümüsch und Kara-Aidin) und von Menteschdere, ferner im Wilajet Smyrna die Werke bei Gumuldur [1]), Baŋndŋr, Yulas und Karalar [2]), endlich die Cambria-Grube, 8 St. von der kleinen Stadt Scio.

In dem südlichen oder taurischen Bezirk liegen die Lagerstätten zwischen Anamur und Chelindreh (bei Adana), ferner solche nördlich von Adalia [2]) und die seit alters her betriebenen Staatswerke am Südhange des Bulgar-Dagh im Wilajet Konia. Am Madén Tepessi (dem Erzberg), einem Vorsprung des Ala Tépé (des Gottesberges) brechen Bleierze, für die sich Schmelzhütten in Gülek befinden, zutage. Der Bleiglanz tritt in weiten, mit Eisenmineralien ausgefüllten, nestartigen Räumen des dichten Kohlenkalkes neben den Grünsteinen, namentlich auf der Nordseite des Gebirges, auf.

Bleiglanz- und Galmeivorkommen von Balia-Madén.

In der Gegend von Balia-Madén tritt, nach Philippson, dessen Ausführungen das Folgende entnommen ist, unter dem im Westen allgemein verbreiteten Augitandesit jungpaläozoischer Kalk hervor, der sich von hier aus weiter nach O und N erstreckt. Die Grenze verläuft sehr unregelmäßig, im allgemeinen südnördlich; der Andesit durchbricht und überlagert das Paläozoikum und sendet Apophysen in den Kalk.

Das der unteren Dyas entsprechende Paläozoikum besteht aus dichtem, festem, meist dickbankigem, zuweilen auch dünnplattigem Kalk, der hellgrau, hellblau und schwarz gefärbt ist und in der Tiefe der Bergwerke kristallin wird. Dem Kalk sind gleichalte Tonschiefer und Sandsteine in unregelmäßigen Partien eingelagert. Das Paläozoikum ist sehr stark gefaltet und zeigt wechselnde Streichrichtung, vorwiegend wohl NNO.

[1]) Das Erz enthält 10—45% Blei, 15—52% Zink und 1,5—2 kg Silber in der Tonne Rohblei.

[2]) Die Vorkommen bei Adalia, 7 km von der Küste, scheinen sowohl wegen der geringen Entfernung als auch wegen des reichen Erzgehalts (77% Blei und 974 g Silber in der Tonne Blei) günstige Aussichten zu eröffnen. Hier ist (nach B. Simmersbach) der Bleigehalt beträchtlich, der Silbergehalt gering. Anfang des Jahrhunderts fand eine Jahresförderung von 300 t aus der 5 Stunden von der Küste entfernten Grube statt.

Der „Rote Hügel“ (Kisiltepé, 362 m) trennt das Tal von Ari von dem östlich benachbarten Tal von Memisch-oglu. Das letztere ist in ein vereinzeltes Vorkommen oberer, steil nach W fallender Trias eingeschnitten. Diese bildet eine nordnordöstlich streichende Faltenmulde und zeigt am Westhügel, am Ostabhang des Kisiltepé, deutlich die diskordante Auflagerung auf Dyaskalk. An die Dyas lagert sich zunächst mächtiges, aus Geröllen der Dyas aufgebautes Kalksteinkonglomerat. In diesem Konglomerat finden sich Einlagerungen von Sandstein. Eine etwa 70 m unter dem Gipfel liegende Sandsteinschicht ist reich an Brachiopoden (Fauna der Spirigera Manzavinii Bittn.). Nach dem Innern der Mulde folgen gelbliche Sande und Konglomerate und als jüngstes Glied eine breite Masse schwärzlicher, bröckliger Tonschiefer mit Halobia. Östlich des Tales ist der Ostflügel der Triasmulde überschoben.

Die reichen Adern silberhaltigen Bleiglanzes, die bei Balia zu einem bedeutenden Abbau Veranlassung geben, erscheinen im Kontakt der Andesitgänge mit dem dyadischen Kalkstein und setzen sich zuweilen in den Andesit fort. Die beiden Gruben befinden sich an der Grenze beider Gesteine. Das Erz enthält nach B. Simmersbach 82% Blei und 1,25—4% Silber. Der Abbau lohnt, obwohl die Beförderung der Erze bis zur Küste 20 Fr/t kostet. 1903 sollen rund 60 000 t silberhaltigen Bleiglanzes bei einer Belegschaft von 500—600 Mann gefördert worden sein. An der Südseite des Kisiltepé wird außerdem an verschiedenen Stellen an der Oberfläche Galmei, bei Hadji-Velioglu Manganerz gewonnen.

Die Erze von Balia wurden schon im Altertum, wenigstens schon von den pergamenischen Königen, abgebaut; der Hauptbetrieb scheint von 133 v. Chr. bis in die Zeit Augustus' umgegangen zu sein. Alte Schlackenhalden und Stollen sind Zeugnisse dieser Tätigkeit, besonders alte Stollen und Tagebauten an der Südseite des Kisiltepé bei der großen Höhle Melissa, die selbst wohl ein alter Abbau ist. Erst 1840 wurde der Abbau wieder eröffnet, nahm aber erst in der Mitte der 80er Jahre größeren Umfang an, als die griechische Laurion-Gesellschaft die Gruben erwarb. Jetzt führt eine gute Straße etwa 60 km weit bis zu der geschützten Reede von Ak-tschai bei Edremid (Adramyttion).

Die jährliche Förderung der Société de Balia-Karaidin soll etwa 60000 t stark silberhaltigen Bleiglanzes betragen. Die Ausbeute in den ersten vier Monaten des Jahres 1914 betrug etwa 4128 t Blei und 1154 t Bleiabfall gegen 4286 t Blei und 1798 t Bleiabfall im gleichen Zeitraume des Jahres 1913. Auf das Jahr umgerechnet ergibt das eine Produktion von 12—13000 t Blei, die nach der Londoner Notierung für Blei vom 6. Juli 1913 (24 £) einen Wert von rund 300 000 £ oder 6 000 000 Mk. repräsentierte, ungerechnet die bedeutende Silberausbeute, welche bei einer Erzförderung von 60 000 t und einem Silbergehalte von rund $1^1/_2$ kg pro Tonne Erz etwa 75 000 kg betragen würde.

Der Betrieb des Unternehmens ist sehr lohnend, wie dies auch aus dem Kurse der Balia-Karaidin-Aktien hervorgeht. Dieser betrug an der Pariser Börse Ende März 1914 508, ist allerdings in den folgenden Monaten allmählich zurückgegangen: Ende April 497, Mai 474—484, Juni 452, Juli 340. 1913 war das Erträgnis 190 000 £.

Der Karadja-Dagh bei Smyrna, ausgezeichnet durch die Unzugänglichkeit der Kalkfelswände, enthält an seinem Westfuß die Zink-Bleierzgruben von Kimituria [1]). Der jüngere Kalk ist der Hauptträger der Erzlager; besonders in der Ecke des Kalkgebietes zwischen Schiefer und Andesit, wo sich die aufsteigenden Lösungen gestaut haben, ist der Erzreichtum groß. Man findet hier stockförmige Massen von teils schaumigem, teils erdigem Kieselgalmei mit eingesprengtem Bleiglanz und fein verteilten braunen Eisen- oder schwarzen Manganoxyden. Die langgestreckte Form und der häufige Gleichlauf der Erzkörper zeigen, daß sie metasomatisch an Gangspalten entstanden sind. Dicht am Schiefer bewirken die Erze eine allgemeine Durchtrümmerung und Verdrängung des Kalkes. Nach Westen zu werden die Erzmassen spärlicher, geringmächtiger und regelmäßiger, damit nähern sie sich in der Ausbildung mehr und mehr den eigentlichen Gängen und zeigen bei südwestlichem Streichen und nördlichem Fallen (70°—80°) eine mittlere Mächtigkeit von etwa $1\frac{1}{2}$ m.

---

[1]) Georg Berg, Geologische Beobachtungen in Kleinasien. (Mit 6 Tafeln und 6 Textfiguren.) Zeitschr. d. Deutschen Geologischen Gesellschaft Bd. 62, S. 462—515, bes. S. 465.

Bemerkenswerterweise setzen auch im Andesit einige schmale Bleizinkerzgänge auf, die aber neben Bleiglanz nicht Galmei, sondern Zinkblende führen. Sie verdanken ihre Entstehung denselben Lösungen, die im Kalk durch metasomatischen Austausch Zink-Karbonat (statt -Sulfid) absetzten.

Die Erzgänge, die den Tscham-Dagh nordöstlich von Adabasar in größerer Zahl durchziehen, sind nach Berg [1]) arme silberhaltige Bleizink- oder Bleikupfergänge. Man muß sie wohl als die Außenposten des weiter nördlich liegenden Erzbezirks von Karassu ansehen. Am reichlichsten findet man sie am Kontakt des kretazeischen sowohl als des devonischen Kalkes gegen die Schiefer und verquarzten Arkosen. Im Kreidekalk werden die Bleierze oft von metasomatischen Galmeibildungen begleitet, im Devon bilden sie Trümmerzonen mit kleinen Bleiglanzaugen. Die Alten haben diese Erze nicht nur wegen ihres Kupfer- und Bleigehaltes, sondern auch wegen ihres Silbers gewonnen.

Gänge von Bleiglanz, Zinkblende und Pyrit bei Awdschilar unweit von Edremid.

Das Hinterland von Edremid ist durch die Kontaktlagerstätte von Bleiglanz bei Balia-Madén (S. 28) seit Jahren berühmt. Aber auch die nähere Umgebung von Edremid zeigt im Urgebirge — nicht in den jüngeren Eruptivgesteinen — einen großen, aber noch ungenügend erforschten Reichtum an den bei Balia-Madén gefundenen Erzen, Bleiglanz, Zinkblende und Pyrit, mit gelegentlichen Beimischungen von Kupferkies. Das Muttergestein ist jedoch (westlich von Edremid am Südabhang des Idagebirges) Glimmerschiefer mit Marmorlagern und linsenförmigem Vorkommen von Serpentin sowie Quarzporphyrtuff. In diesen Urgebirgsgesteinen finden sich nach meinen Beobachtungen von N nach S streichende Gänge mit Quarz als Gangart, Bleiglanz (vorwiegend), Pyrit, Blende und Kupferkies in derben, seltener kristallisierten Massen.

Der Hauptgang von Awdschilar weist schon durch seinen Namen Boghas-Dagh (boghas = Schlucht, dagh = Berg) auf ein bergartiges Hervortreten der 10—12 m mächtigen, aus dem weichen Nebengestein herauswitternder Quarzmassen hin, das einigermaßen an den Quarzgang des „Pfahls“ im Bayrischen Wald erinnert. Dies Hervorragen gestattet eine Verfolgung des Ganges über mehrere Kilometer und die Voraussage eines Anhaltens seiner Erzführung. Außerdem wurde in 2 km Entfernung von dem gleich zu erwähnenden Stollen ein aus Brauneisenstein bestehender eiserner Hut in großer Mächtigkeit am Wege nach dem Dorf Awdschilar nachgewiesen.

Das Erz ist unweit von dem geschützten Ankerplatz Boghas-Dagh durch einen 14 m langen, 2—2½ m breiten, mit den einfachsten Mitteln hergestellten Stollen aufgeschlossen. Die Mächtigkeit des vor allem aus derbem Bleiglanz und Pyrit bestehenden Erzganges schwankt zwischen 2,20 und 2,50 m. Die Abbauwürdigkeit unterliegt also keinem Zweifel. Die Verfrachtung ist sehr einfach zu gestalten, denn unmittelbar neben dem Stollenmundloch beginnt der ausgedehnte, ganz flach geneigte Schuttkegel des Karakasan-Deré (deré = Fluß), über den ohne jede Geländeschwierigkeit der geschützte Ankerplatz Boghas-Dagh zu erreichen ist.

Ein zweiter, ungefähr parallel verlaufender Gang ist in einem Nebenbach des Karakasan-Deré im Kontakt mit einem Marmorlager aufgeschlossen. Die Mächtigkeit des derben Bleiglanzes und Pyrits ist wesentlich geringer (25—40 cm). Jedoch deutet der Gleichlauf der beiden Gänge auf einen genetischen Zusammenhang hin.

Die mitgebrachten Proben von Awdschilar ergaben nach den von Herrn Dozent A. Blickle im metallhüttenmännischen Institut der Technischen Hochschule zu Breslau ausgeführten Analysen folgendes:

Hauptgang-Probe	g Pb	g CuO	mg Ag	% Pb	% Cu	g Ag/T
Awdschilar 4 g Erz Nr. a	0,307	0,007	1,5	7,7	0,14	375
„ b	1,100	0,021	1,25	27,5	0,42	310
„ c	2,252	0,036	1,25	56,3	0,72	310

Als Hauptergebnis meiner Untersuchung erwies sich der durch den erwähnten Stollen aufgeschlossene Hauptgang als bauwürdig. Er ist sehr reich an silberhaltigem Bleiglanz, der in einer derben Mächtigkeit von 2,20—2,50 m nachgewiesen worden ist. Eine gelegentliche Anreicherung an Pyrit ist angesichts der Mächtigkeit des eisernen Hutes wahrscheinlich.

Die Gegend ist dicht mit Türken und Griechen bevölkert, wohl angebaut und friedlich. Trotzdem haben die unsicheren politischen Verhältnisse seit 1909 eine Ausbeutung verhindert.

Antimonerz.

Antimonerze stehen in den Wilajets Brussa, Smyrna und Siwas an und werden teilweise abgebaut; jedoch sind die statistischen Angaben außerordentlich unzuverlässig.

Im Wilajet Brussa, 24 km östlich von Gedis am südwestlichen Abhang des Kisil-Dagh, baut das Antimonerz-Bergwerk Gömetschiftlik-Antimon-Madén, der Zivilliste des Sultans gehörig, auf reichen Gängen und Nestern von 0,1—2 m Mächtigkeit. Die Jahresförderung hat zeitweilig bei 100 Mann Belegschaft 500 t Erz betragen. In derselben Provinz werden Bergwerke unmittelbar südlich von Demirkapu bei Irvindi (beide mit einer Jahresförderung von je rund 200 t Erz) und bei Sülukköi betrieben.

Im Wilajet Smyrna, 20 km südöstlich Ödemisch, 100 km ostsüdöstlich von Smyrna, am Nordwesthang des Baliamboli-Dagh, baut das Antimonbergwerk Tschinlikaja auf einem Doppelgange, dessen Ausgehendes auf 2 km Länge zu verfolgen ist. Die beiden Gänge scharen sich zuweilen; ihre Mächtigkeit wechselt zwischen einigen Zentimetern und mehreren Metern. Die Jahresförderung soll angeblich 2—3000 t Erz betragen. Auch die Gruben von Allkhar (unweit Aidin) haben Anfang des Jahrhunderts 260 t Erz nach Smyrna zur Ausfuhr geliefert. Andere Gruben, wie die Cordelia- und Keramosgrube, fördern weniger oder sind stillgelegt. Die Ausfuhrmengen des Hafens von Smyrna zeigen für Antimonerze große Schwankungen (1899: 848 t, 1901: 224 t).

Die pontischen Erzvorkommen.

Das ausgedehnte Gebiet der pontischen Masseneruptionen ist nach Koßmat [1]) durch zahlreiche Lagerstätten sulfidischer Erze ausgezeichnet, die in älterer Zeit Gegenstand eines lebhaften Abbaues gewesen sind, wie die große Zahl alter Bergwerksspuren und Bergwerksorte beweist. Auch heute noch bieten einige Bezirke günstige Aussichten, jedoch waren die Gewinnungsarbeiten in neuerer Zeit außerordentlich gering im Verhältnis zur Zahl der Vorkommen. Leider fehlen chemische Untersuchungen des Erzgehaltes fast ganz, so daß die vorliegende geologisch interessante Veröffentlichung Koßmats [1]) dem Bergmann keinerlei Auskunft gibt.

In den von Koßmat besuchten Gegenden sind folgende Gruppen vertreten:

Sulfidische Lagerstätten.

1. Echte Erzgänge mit silberhaltigem Bleiglanz, Kupferkies, Zinkblende und Schwefelkies; als Gangart ist Quarz weitaus vorherrschend. Baryt nicht allgemein verbreitet.

Das Nebengestein der von Koßmat untersuchten Vorkommen bildet ein in der Regel propylitischer Augitandesit, der in der unmittelbaren Nachbarschaft der Gangspalten fast immer kaolinisiert, verkieselt und schwach mit Pyrit imprägniert ist. Diese Lagerstättenart, die man als eine in jungvulkanischen Gesteinen auftretende Abart der Freiberger kiesigen Bleiformation und quarzigen Kupferformation bezeichnen kann, ist in zahlreichen Andesitgebieten Ungarns, der Balkanhalbinsel, des westlichen Nordamerikas usw. bekannt. Sehr häufig, besonders in Gebieten mittelbasischer bis saurer Eruptivgesteine, geht sie in die goldführenden Lagerstätten nach dem Typus Schemnitz, Nagybanya usw. über. In den Eruptivgebieten des Wilajets Trapezunt scheint aber diese letztere Gruppe ebensowenig vertreten zu sein wie z. B. in Mexiko.

Bezeichnende Beispiele sind das Ganggebiet von Fol-Madén, südwestlich von Trapezunt, mit sieben gut ausgesprochenen Haupt-

[1]) Geologische Untersuchungen in den Erzdistrikten des Wilajets Trapezunt, Kleinasien. Mitt. d. Geol. Ges. Wien 1910, S. 246 ff.

gängen, ferner Yakadjak, südlich von Ordu, mit zahlreichen, aber nicht auf längere Erstreckung festgestellten Gangausbissen, endlich nach meinen Untersuchungen die nähere Umgebung im Westen und die weitere im Osten von Kerasunt (Seraidjik-Osmanié).

Ähnlich ist nach Angaben Koßmats der Charakter zahlreicher, bereits im Wilajet Siwas gelegener Lagerstätten des Hinterlandes von Kerasunt; hierher gehören Sis-Orta am Oberlauf des Aksu und die zahlreichen Gänge der Umgebung von Kara-Hissar (Lidjessi, Subach, Catiralan).

2. Sulfidische Imprägnationslager in vulkanischen Tuffen. Beispiele sind die Kupferkies führenden Pyritlager von Esseli, Sade-Kure, Ak-Köi. Sie enthalten mitunter konkretionäre, dichte Gemische von Bleiglanz, Zinkblende und Kupferkies und führen Gold in geringem Maße.

In diese Gruppe gehören vermutlich auch die kupferführenden Kiesvorkommen von Erseil, zwischen Esseli und dem Karschutfluß, sowie die Pyritlagerstätten im Hinterlande der Esbiebucht westlich von Tripoli.

3. Sulfidische Kontaktlagerstätten in einigen von Eruptivgesteinen umschlossenen und veränderten kretazeischen Kalkschollen. Beispiele sind die Kupferlagerstätten von Karaburk und Tschödjen-Madén bei Esseli. Hierher ist nach den vorhandenen Angaben auch das bekannte Gümüsch-Chane (zwischen Trapezunt und Erzerum) im oberen Karschuttal zu rechnen, wo jedoch auch silberhaltiger Bleiglanz auftritt.

Oxydische Lagerstätten.

4. Schmale, wenig anhaltende Adern von Kuprit, Chrysokoll und gediegenem Kupfer in Klüften des Andesits am Usun-Deré, südlich von Hajar-Kale, sind wahrscheinlich durch Tagewässer aus örtlichen Kupfererzimprägnationen ausgelaugt und konzentriert.

Unregelmäßige Schnüre und Schmitzen von oxydischen Manganerzen (meist Pyrolusit) treten in stark zersetzten Eruptivgesteinen auf; sie sind in den verschiedensten Gegenden der Provinz Trapezunt verbreitet, haben aber keine praktische Bedeutung.

Bemerkenswert ist die große Einheitlichkeit in der Erzführung der pontischen Lagerstätten innerhalb eines weit ausgedehnten Verbreitungsgebietes. Wenn man diese Erscheinung zusammenhält mit dem Vorherrschen bestimmter Arten von Eruptivgesteinen, nämlich von Augitandesiten, so gelangt man zu der auch durch zahlreiche andere Fälle bestätigten Anschauung, daß der Metallgehalt dem betreffenden Magma entstammt.

Allerdings ist dabei nicht an Lateralsekretion im engeren Sinne zu denken; denn die sulfidischen Erze gelangten hier zweifellos noch während des langen vulkanischen Zeitabschnitts durch Thermalwirkung zur Abscheidung.

Für die Kontaktlagerstätten ergibt sich diese Schlußfolgerung von selbst, und für die in Form von Gangausfüllungen oder von Imprägnationen abgelagerten Vorkommen liefert die Übereinstimmung ihrer Erzführung mit derjenigen der Kontaktbildungen den Hinweis auf ähnliche Absatzbedingungen. Dabei soll aber nicht ein gleiches Alter der verschiedenen Sulfidlagerstätten des Gebietes angenommen werden, denn auch die Eruptionen erstreckten sich über einen langen Zeitraum. Dementsprechend sind z. B. die an vortertiäre Eruptivgesteine geknüpften Kontaktlager von Karaburk zweifellos älter als gewisse Kieslager der Küstenzone.

Die oxydischen Manganerzlager dagegen sind ihrer Entstehung nach auf Verwitterungsvorgänge zurückzuführen und ebenso wie die allenthalben vorkommenden Ausscheidungen von Limonitschnüren als echte Erzeugnisse der Lateralsekretion aufzufassen. Die Augitandesite bilden überall das herrschende Gestein.

Bei Samsun konnte ich beobachten, daß in den gewaltigen alten Schuttkegeln und Terrassen der Umgebung Eruptivgerölle von basischer Zusammensetzung durchaus vorwiegen. Die Küstenfahrt zeigte in der Nähe von Samsun, dann wiederum zwischen Kap Jason und Kerasunt fast ausschließlich dunkle Eruptivgesteine; das gleiche ist auch von Trapezunt bekannt. Einen mittelbaren Hinweis auf das Vorkommen basischer Eruptivmassen bildet die Verbreitung der leicht erkennbaren, aber wenig mächtigen Magneteisensande an der Meeresküste, die durch die Wellenwirkung aus den basischen Eruptivgesteinen ausgewaschen werden. Die geologische Karte Rußlands läßt mit größerer Sicherheit die Verbreitung der Masseneruptionen mitteltertiären Alters in Transkaukasien erkennen.

Im pontischen Erzbezirk sind die Vorkommen, wie erwähnt, an die jüngeren Eruptivgesteine geknüpft. Die Zusammensetzung der erzführenden Eruptivgesteine bei Ordu und Kerasunt wurde von L. Milch genauer untersucht. Danach liegen vornehmlich Andesite verschiedener Zusammensetzung, besonders Augitandesite, vor, die in und östlich von Kerasunt schon am Meeresgestade anstehen und ähnlich noch in Höhe von 1400 m (Ai-Tepessi) angetroffen worden sind. Auch der erste deutliche, ostwestlich streichende Gang, d. h. einer der Spaltenergüsse, aus denen die gewaltigen Decken stammen, zeigt bei Kadinjuk die Zusammensetzung des Augit-Hypersthenandesits. Sehr saure Eruptivdecken (Dazit oder Quarztrachyt) bauen dagegen im Westen von Kerasunt das Gebirge in einer Mächtigkeit von 300—400 m auf und enthalten am Balikli-Deré-Su (Bezirk Bos-Teke) reiche Gänge von silberhaltigem Bleiglanz, Zinkblende und Eisenkies.

Vereinzelt treten Gänge von Quarztrachyt mit großen Feldspat- und Quarzeinsprenglingen auf der Höhe der aus Andesitdecken bestehenden Hochflächen zwischen Ai-Tepessi und Orta-Dagh (in einer Höhe von 1300—1400 m) auf. Während Augitandesite, wie es scheint, die Masse dieser Eruptivdecken aufbauen, zeigen die jüngsten, nicht erzführenden Gänge und Eruptivschlote eine etwas abweichende Zusammensetzung.

Im Hinterland, westlich von Kerasunt, liegt ein von mir beobachtetes reiches gangartiges Vorkommen von silberhaltigem Bleiglanz, Blende und Pyrit. Deckenförmige, saure Eruptivgesteine (Dazit und Quarztrachyt) bilden das Grundgerüst des Gebirges, in dem die von NNW nach SSO streichenden Gänge aufsetzen. Das Tal des Balikli-Deré-Su (des Fischflusses), in dem das Erzvorkommen liegt, ist gleichbedeutend mit dem Boz-Teke-Su der Kiepertschen Karte.

Das erste Vorkommen liegt in der Tiefe eines Nebenbaches des Balikli-Deré-Su. Das Hangende bildet eine 10 m mächtige Quarztrachyt-Breccie mit Pyritausfüllung. Der Gang besteht aus Quarz als Gangart, Blende, etwas Pyrit und eingesprengtem, hauptsächlich aber in größeren derben Massen vorkommendem Bleiglanz. Die Richtung N 30° W—S 30° O entspricht dem Verlauf der derben Bleiglanzschmitzen; die Grenze zwischen dem

2 m mächtigen Bleierzgang und der im O angrenzenden 10 m mächtigen Pyritbreccie verläuft von N nach S. Der gesamte Bleiglanzgehalt ist mindestens auf ein Viertel bis ein Fünftel des Ganges, d. h. auf 40—50 cm derbes Erz zu veranschlagen.

Der zweite Aufschluß liegt in einer Höhe von etwa 310 m über dem Meere. Ein schlecht aufgeschlossener, mit mächtigem Kaolinhut umgebener Gang besteht ebenfalls aus Bleiglanz, Zinkblende, Pyrit und etwas Kupferkies nebst wenig Quarz als Gangmasse. Die aus dem oberflächlichen Schürfloch geförderten Erzklumpen enthielten wenig Quarz und viel reines, derbes Erz, das etwa zu zwei Dritteln aus Bleiglanz und zu einem Drittel aus Blende bestand.

Die Kupfer-, Blei- und Zinkgänge von Seraidjik-Osmanié bei Ordu, Wilajet Trapezunt. Im Tal des Durna-Su und des Melet-Irmak wird die Basis des Gebirges von Kreide, die Höhe von Augitandesit gebildet, und zwar reicht am Melet- wie am Durnafluß die Kreide noch etwa 120 m am Hang aufwärts.

Der etwas unterhalb von Seradjik-Osmanié im Altertum abgebaute Gang streicht N 50° W und fällt nach NO unter 55° ein. Der an Malachit reiche eiserne Hut ist 1,55 m mächtig, die herausgenommene Masse war 60—70 cm breit. Das alte Stollenmundloch liegt rund 500 m hoch, die Kreidegrenze mindestens 200 m tiefer. Die Richtung eines 50 m weiter südlich gut zugänglichen Schurfes zeigt dieselbe Streichrichtung NW—SO bei steilem nordöstlichen Einfallen.

Der Suleimangang (½ St. unterhalb von Seraidjik-Osmanié in 450 m Höhe) streicht N 60° W und fällt unter 63—70° nach SSW ein. Der Gang enthält 16 cm reines Erz. Der Aufschluß zeigt ein quarziges Salband, dann folgt beiderseits eine Lage Kupferkies, während die Mitte aus Blende besteht.

Die bei Kerasunt und Ordu gesammelten Erze enthalten nach der von Dr. Blickle im metallhüttenmännischen Institut der Technischen Hochschule zu Breslau vorgenommenen Analyse Blei, Kupfer und Silber. Ferner ergibt schon der Augenschein, daß eine Erzprobe (8) eine sehr gute und ziemlich eisenfreie Blende darstellt. Die Farbe dieser Blende in Spaltstücken ist ja häufig ein reines Gelb. Auch eine zweite Erzprobe (4) scheint eine sehr gute Blende zu sein.

	Probe	Pb g	Cu O g	Ag mg	Pb %	Cu %	Ag mg
Boz-Teke-Gang I	4	0,325	0,199	0,4	8,1	3,98	100
	5	0,870	0,032	0,5	21,7	0,64	125
Seraidjik-Osmanié	6	Spur	0,251	0,25	—	5,02	255
	7	0,611	0,363	0,75	15,3	7,26	175
Boz-Teke-Gang II......	8	Spur	0,022	—	—	0,44	—
	9	0,983	0,019	4,25	24,6	0,38	1050

Nichterze verschiedener Art.

Anatolien enthält einige zur Gruppe der Nichterze gehörende, in der Welt einzig dastehende Vorkommen, vor allem von Meerschaum, Schmirgel und Kalziumborat (Pandermit); ferner einen erst in der Aufschließung begriffenen Opalfund.

Ähnlich wie die Erze sind auch diese Mineralien an das Urgestein (Schmirgel), an die eigentümlichen anatolischen Serpentine (Meerschaum) und endlich an die jüngeren vulkanischen Gesteine (Opal und Pandermit) gebunden. Das Steinsalz wird auf ursprünglicher Lagerstätte in den jungtertiären roten Sandsteinen oder als Absatz der abflußlosen Binnenseen gewonnen.

Schmirgel.

Das Vorkommen von Schmirgel in der anatolischen Türkei ist seit langem bekannt und wichtiger geworden als das Vorkommen von Naxos. Die Fundstätten sind Tire, Baltipik, Assisie, Kosbunar, Kulluk, Söke, Aladjaly und Hassan-Tschauschler, ferner der Gümüsch-Dagh in den Kreisen (Kazas) Sokia und Inkabad und endlich die Inseln Nikaria und Chios. Von den zahlreichen Lagerstätten wird dem Bedarf entsprechend nur eine verhältnismäßig geringe Anzahl bergmännisch ausgebeutet.

Wie Weiß [1]) angibt, findet sich nur an einem Ort eine kalkige Schmirgelbreccie als durchschnittlich 1,5 m mächtiges Flöz zwischen

[1]) Z. f. prakt. Geol. 1901, S. 252/3. Ausführlichere Angaben über den Schmirgel bei Smyrna finden sich bei Philippson, Kleinarmenien II, S. 82/83.

liegendem Kalkstein, der wieder auf Glimmerschiefer lagert, und hangendem, mildem, erdigem, eisenschüssigem Kalkstein, während der Schmirgel sonst stets auf sekundärer Lagerstätte vorkommen soll.

Bei Abadjaly [1]) (unweit von Tire) liegt am Bergabhang eine Reihe von Gruben, die in anstehendem Gestein kleine Tagebauten in Höhlenform betreiben. In der ersten Grube steht unten Glimmerschiefer an, darüber Marmor, der eine große Linse von Schmirgel enthält. In der zweiten Grube ist ein östlich einfallendes, etwa 5 m mächtiges Lager zwischen Schiefer und Marmor aufgeschlossen und besteht aus Linsen von Schmirgel (bis zur Größe eines Kubikmeters), umgeben von Bändern und Adern von Eisenspat, Kalkspat und großblättrigem, gelbem Glimmer.

Am Abhang über dem Dorfe Kalrani-Deré liegen weitere Gruben im Marmorgebirge. Der Schmirgel bildet hier große, unregelmäßige Linsen, die sich aus eckigen, zum Teil recht großen Blöcken zusammensetzen und von Glimmeradern durchzogen werden. Die Linsen sind in Streifen angeordnet, die ungefähr dem Streichen folgen.

Der Wechsel von Marmor und stark gefaltetem Schiefer ist zwischen dem unteren Mäander und dem Kayster so unregelmäßig und häufig, daß sich eine genauere Darstellung auf Philippsons geologischer Karte als unmöglich erwies. Das Streichen ist überwiegend ostnordöstlich. Die Grünsteine, die nicht nur als Schiefer, sondern auch massig vorkommen, gehen zum Teil (bei Assisié) in Serpentin (Bronzitserpentin) über. Der Marmor ist nach Philippson der Träger des Reichtums an Schmirgellinsen, die das Land zwischen Kayster und Mäander zum Mittelpunkt der Schmirgelförderung Kleinasiens gemacht haben.

Der Saumweg nach den Gruben des Gümüsch-Dagh (des „Silberberges") führt, allmählich absteigend, nach SO, zuerst an der Eisenbahn entlang, dann zu den ersten Vorhügeln des Gümüsch, die aus steil aufgerichteten, östlich streichenden, grünlichen Schiefern bestehen. Am Ursprung des Deirmen-Deré (Mühlenbaches) erreicht man den Marmor. Dort befindet sich die Grube Pirejol. Da der Schmirgel fast nur in kleineren Linsen vorkommt und der

[1]) Krämer, Kleinasiatische Schmirgelvorkommnisse. Diss. 1907, S. 35.

Abbau daher oft den Ort wechselt, lohnen sich kostspielige Einrichtungen nicht. In Pirejol handelt es sich um eine Linse von etwa 1 m Mächtigkeit, die dem Marmor im Streichen (O 28° N) und Fallen (NNW) eingeschaltet ist, also bergwärts ansteigt.

Man unterscheidet nach der Reinheit drei Sorten Schmirgel, von denen die zweite die „qualité en général" ist. Der Korundgehalt beträgt zwischen 40 und 57% und ist nur bei dem Vorkommen von Kulluk geringer (37%). Der Preis schwankt zwischen 6 und 8,5 Mk. ab Smyrna. Der jährlich von dort und von Kulluk aus versandte Schmirgel hat etwa 1,3 Mill. Mk. Gesamtwert. Die Ausbeute beträgt etwa 17000—20000 t im Jahr, schwankt aber sehr stark.

Die überwiegende Bedeutung der kleinasiatischen Schmirgelförderung erhellt am besten aus einer Übersicht der Weltproduktion (Dammer und O. Tietze, Nutzbare Mineralien I, 1913, S. 259), die allerdings auch den Einfluß der politischen Verhältnisse erkennen läßt.

Produktion von Schmirgel:

Jahr	Griechenland Export von Syra		Türkei Export von Smyrna		Verein. Staaten von Nordamerika	
	t	Mk.	t	Mk.	t	Mk.
1901	5 691	461 784	16 300	1 065 863	3907	613 368
1902	4 727	402 740	14 673	904 822	3856	439 341
1903	5 586	475 927	14 291	935 434	2306	269 228
1904	6 182	526 679	13 103	644 245	1738	239 337
1905	6 972	593 989	13 182	—	1929	258 149
1906	7 565	647 783	17 565	—	1052	182 870
1907	10 589	906 691	28 559	—	970	50 732
1908	7 471	634 597	20 304	—	607	36 100
1909	8 193	686 355	18 215	—	1433	75 053
1910	12 939	1 057 215	—	—	933	63 323
1911	—	—	—	—	698	37 002

Edelsteine.

Über die Opale von Simav im nördlichen Anatolien berichtet M. Bauer[1]) folgendes: „Neuerer Zeit kommen Opale in den Handel,

[1]) Zentralbl. f. Min. usw. 1912, S. 511.

die große Ähnlichkeit mit den bekannten mexikanischen zeigen. Sie stammen aus Lydien (Wilajet Brussa), und zwar aus der Grube Karamandja, nahe dem Städtchen und dem See Simav, 2½ Wegstunden von der Stadt entfernt, 80 km westsüdwestlich von Kutahia, einer Station der anatolischen Eisenbahn, sehr nahe unter dem 30. Grade östlich von Greenwich. Die Gegend besteht aus jungtertiären Vulkandecken, und das Muttergestein der Opale, die nach ihrem Fundort als Simav-Steine (fälschlich auch als Simoa-Steine) bezeichnet werden, ist ein sehr hell gefärbter, feinkörniger bis dichter, poröser Liparit mit einer trüben, mikrosphärolithischen Grundmasse und mit vereinzelten Ausscheidungen von Sanidin und stark korrodiertem Quarz. Der Opal erfüllt darin rundliche Hohlräume von verschiedenem Umfang, so daß er Knollen von entsprechender Form bis zu Walnußgröße, selten darüber, bildet. Er ist öfters fast farblos, meist aber mehr oder weniger intensiv gefärbt, gelblich, rötlich bis tief und feurig braunrot. Es sind dieselben Farben wie bei dem Feueropal von Zimapan, und dieselbe Bezeichnung ist auch hier am Platze. Viele Steine sind getrübt, nicht wenige aber auch sehr stark durchscheinend bis durchsichtig. Einzelne zeigen, meist auf hellem, seltener auch auf dunklerem, braunrotem Hintergrund das lebhafte irisierende Farbenspiel des Edelopals, teilweise ebenso schön wie bei andern edlen Opalen. Es wird vermutet, daß die Grube schon im Altertum im Betrieb war. Später, vor etwa 500 Jahren, sollen die Genuesen[1]) darin gearbeitet haben, so daß sie bei den Bewohnern noch heute die genuesische Grube heißt. Vor etwa 30 Jahren wurde die Grube von neuem entdeckt; 1896 kam sie in den Besitz eines türkischen Großkaufmanns und später durch Kauf an die österreichische Firma R. Kaul in Konstantinopel. Von dieser wird sie für Rechnung der Deutschen Minengesellschaft „Lydia" in Mainz betrieben. Der größte bisher gewonnene rohe Stein wiegt 192, der größte geschliffene 12 Karat. Die nicht farbenspielenden geschliffenen Steine kosten bis 1½ Karat 6—8 M., bis 3 Karat 12—18 M., bis 5 Karat 20—28 M., größere 30—40 M., alles pro Karat in Partien;

[1]) Die Genuesen spielen als Schatzgräber und Händler in der Vorstellung der Orientalen dieselbe Rolle wie die „Venediger-Männlein" in den Alpen.

helle, farbenspielende Steine werden mit 12—40 M., dunkle mit 30—120 M. berechnet, je nach Größe und Qualität. Die nicht farbenspielenden Opale von Simav werden im Handel speziell „Simav-Steine“ oder auch „King Crœsus Stones“, die farbenspielenden einfach Opale genannt. In chemischer Hinsicht wird angegeben, daß der Eisenoxydulgehalt geringer sei als bei den mexikanischen Opalen, und daß die von Simav 0,00012% Pt, 0,00007% Au und 0,003 Ag enthalten. Eisen, Kupfer, Silber, Gold und Platin enthaltende Quarzadern sind in der Umgebung bekannt.

Meerschaum.

Der Meerschaum im Wilajet Brussa, ein Begleiter der Serpentine, ist wie sein Muttergestein wasserhaltige, kieselsaure Magnesia, nur reicher an Kieselsäure als jenes. Während Chromit und Magnesit, die verbreiteteren Begleiter des Serpentins, in anstehendem Gestein vorkommen, erscheint der Meerschaum nur im Serpentinkonglomerat[1]), d. h. eingebacken in Schwemmgebilde, die den Fuß der Serpentinhöhen umgeben. Der Meerschaum ist wahrscheinlich aus dem Magnesit, d. h. aus kohlensaurer Magnesia, hervorgegangen. Die Umsetzung des kohlensäurehaltigen Minerals in ein kieselsaures läßt sich durch das Aufdringen kieselsäurehaltiger Wässer erklären. Die Lagerungsverhältnisse weisen auf diese Art der Entstehung hin. Auch die Magnesitdurchtränkung des Serpentins beruht auf dem früheren Empordringen mineralhaltiger Wässer.

Die Gruben bei Eskischehir (Sepedji, Kemikli und Sarisu-Odjak) reichen bis zu verschiedener Tiefe, da sich die meerschaumführende Schicht, ein mildes, tuffartiges, graues bis rötlichbraunes Brecciengestein, in geneigter Lage befindet. Die Lagerstätte geht in der Nähe des Pursak bis zu 71 m; gegen die Berge zu verringert sich jedoch die Tiefe, und die Schicht keilt sich allmählich aus.

Der ausschließlich nach Wien gehende Meerschaum hat, dem Wechsel der Mode entsprechend, stark an Bedeutung verloren. Von 1901—1903 ist die Ausfuhr fast auf die Hälfte (von 6200 auf 3200 Kisten) gesunken.

[1]) Philippson a. a. O. III, S. 91.

Die Entstehung des anatolischen Meerschaums geht auf Serpentinmassen des Olymps zurück, die von einem weißen Geäder durchtränkt erscheinen. In den Seitenschluchten des Pursaktales sieht man diese Durchtränkungen nicht selten in Form dichter, netzartiger Zeichnungen auf den dunkelgrünen Steilwänden. Das Mineral, das dieses Netz weißer Adern und Gänge bildet, ist Magnesit, hier und da mit Absätzen mehr oder weniger reiner Kieselsäure verbunden oder verunreinigt. Überall, wo Magnesit in dieser Form auftritt, zeichnet er sich durch blendendweiße Farbe aus und ist nicht selten mit dem Pandermit verwechselt worden, der wie der Meerschaum zu der Reihe der Kleinasien eigentümlichen Mineralien gehört.

Pandermit.

Der Pandermit[1]) ist ein Kalziumtetraborat und nahe verwandt mit Brom-Natriumborat (Borax). Er hat seinen Namen von dem Hafenorte Panderma am Marmarameer erhalten. 70 km südlich der Küste und 30 km nordöstlich von Balikesri liegt die bekannteste Lagerstätte bei Sultantschair am Susurlu-Su.

Der blendendweiße Pandermit kommt in Stücken von Nadelkopfgröße bis zu Blöcken von ½ t Gewicht, in einem bis zu 35 m mächtigen tertiären Tongipslager vor, das er in Form von Bändern, Knollen, Nestern und Linsen sehr reichlich durchsetzt. Die Art der Ablagerung deutet auf vulkanische Entstehung und Zuführung durch Quellen in ein ausgedehntes Seebecken hin.

Nach Entdeckung der Lagerstätte ergaben die Gruben bei einer täglichen Rohmaterialförderung von etwa 200 t 25—30% Pandermit. Jedoch wurden infolge des amerikanischen Wettbewerbs seit 1903 nur noch etwa 6000 t der Susurlu-Su-Gruben auf den Markt gebracht. Der Preis des Minerals ist dabei so gesunken, daß der Betrieb der Gruben von Sultantschair nur noch etwa 5% Gewinn abwirft.

Walkerde.

Die in den Wilajets Angora und Brussa in Lagern von mehr als 60 Meilen Erstreckung bekannte Walkerde wird zum Ent-

[1]) Schmeißer a. a. O. S. 186.

fetten der Schafwolle benutzt. Die Lager von Kilmaden (Wilajet Angora) sind für rund 14 000 Pfd. türkisch jährlich verpachtet.

Seifenstein.

Auch Seifenstein wird verschiedentlich gewonnen, so bei Aleppo, und teils unmittelbar als Seife, teils als Beschwerungsmittel bei der Seifenherstellung verwendet. Der Ursprung des Aleppiner Vorkommens ist ein völlig zersetztes junges Eruptivgestein.

Marmor.

Im Westen Kleinasiens stehen umfangreiche Gebirgszüge von Kalkstein an, der bei Basarköi, in der Nähe vom Hafen Gemlik und 2—3 km nördlich des Dorfes Maletjiköi, 65 km südwestlich Smyrna, als Marmor entwickelt ist; auch die Insel Chios ist reich an Lagern von gutem Marmor, der im Altertum vielfach Verwendung gefunden hat.

Lithographischer Schiefer.

Lithographischer Schiefer ist im Nordwesten Kleinasiens in der Nähe des Marmarameeres in nutzbarer Beschaffenheit reichlich vorhanden. Man kennt ihn bei Kranlarköi und Aktsche Köjanköi nördlich von Miklalitsch (Wilajet Brussa), im Gebirge östlich von Kirmasti sowie bei Biledjik.

Schwefel.

Schwefellager sind bei Kale Sultanie an den Dardanellen und bei Allaktén im Wilajet Aidin nachgewiesen; ihre Ausbeutung ist aber unlohnend befunden worden.

Steinsalz.

Die dauernd während der trockenen Jahreszeit vor sich gehende Bildung des Steinsalzes in den abflußlosen Seen des inneren Anatoliens, in dem Tus-Tschöllü und andern ausgedehnten Salzpfannen, beruht auf dem Salzreichtum der weit verbreiteten jungtertiären roten Sandsteine. Der alte Name des Halys (= Salzach) deutet, wie bereits Strabo in der Beschreibung des Salzlagers von Ximene bemerkt, auf das Salzvorkommen, die türkische Bezeichnung Kisil-Irmak (roter Fluß) auf die Farbe des Muttergesteins hin. Nicht nur in dem Mündungslande des Halys, sondern auch bis hinauf in sein oberes Quellgebiet ist das Salz in Fülle verbreitet. In Siwas trinkt man, wie schon Otter [1]) bemerkt, das Wasser des Halys nicht wegen seines salzigen Geschmacks.

Für die Salzversorgung Kleinasiens waren früher, d. h. vom Altertum bis zum Beginn des 19. Jahrhunderts, die Steinsalzgruben des Halysgebietes von Wichtigkeit, während neuerdings die bequemere Gewinnung des Salzes in den gewaltigen natürlichen Salzpfannen der Binnenseen immer wichtiger wird. Die Kenntnis von den ursprünglichen jungtertiären Salzvorkommen beruht zum Teil noch auf der älteren, von Ritter [2]) übersichtlich zusammengestellten Reiseliteratur.

In Tus-Köi, dem „Salzdorf" bei Newschehir, liegen 12 m unter der Oberfläche mächtige Steinsalzlager; 80 Häuser sind dort angeblich aus Steinsalzfelsen herausgehauen worden. Die Förderung der Gruben soll seinerzeit jährlich 300—400 Kamelladungen, der Gewinn 1 Mill. Piaster betragen haben.

Bei Tschangry (Gangra, Germanikopolis) nördlich von Angora, bei Tepessidelik, 60 km nördlich von Hadji-Bektasch, und bei Sekilo, 50 km von Josgat am Delidje-Irmak, wird oder wurde aus derselben Formation Steinsalz gefördert.

Über Tus-Köi berichtete Ainsworth: „Nur eine Viertelstunde vom Dorf liegen die Steinsalzbrüche. In einer Grube von 500 Fuß Umfang und 200 Fuß Tiefe, deren Abhänge zu verschiedenen Stufen und Absätzen führten, liegen die Steinsalzbänke 40 Fuß unter der Oberfläche. Das Salz muß in Körben auf Treppenstufen heraufgebracht werden. Der oft lockere Mergelboden der Gruben stürzt bei Regenstürmen leicht ein. Das an Gipskristallen reiche Steinsalz liegt im Mergel und steifen, meist gelblich, zuweilen bläulich gefärbten Tonlagern."

Eine bedeutende Salzgrube liegt ferner im mittleren Halys-

[1]) Vgl. C. Ritter, Kleinasien, S. 241.
[2]) Vgl. Ritter a. a. O. S. 294 u. 354.

gebiet jenseits von Sary-Kamysch [1]). Weiterhin folgt hinter einer rauhen, zackigen Sandsteinkette der Ort Tschajan-Köi, am Delidje-Tschai südlich vom mittleren Halys, an dessen Norduser die Steinsalzgrube liegt. Die Neigung der Sandsteinschichten von NW nach SO wird nach zuerst mäßigem Fallen vollständig seiger. Die Steinsalzschichten in den senkrecht gestellten Sandsteinschichten liegen etwa 2,5 m unter der Oberfläche. Diese Steinsalzgruben auf der Ostseite des Halys sind um so bemerkenswerter, als ihre Ausbeutung schon von Strabo (XII, 561) aus dem Lande der Trokmi erwähnt wird. Der Halys strömt hier zwischen zwei Steinsalzgruben bei Ximene und Tschangry.

Diese salzführenden roten Sandsteinbänke, die unter dem Gips liegen und die große Masse des Tschangryberges auf dem Westufer des Halys bilden, sind hier wie bei Iskilib von Trachytmassen und vulkanischen Bildungen durchbrochen worden; dieselbe rote Sandsteinformation bedeckt auch das weite Gebiet im bergigen Galatien, das Hamilton [2]) zwischen Josgat und Akserai bis zum großen Salzsee beschrieben hat.

Auch gegenwärtig werden Steinsalzvorkommen unter Tage noch ausgebeutet. Nach den Angaben Naumanns und Kannenbergs zählen die Steinsalzwerke von Maghara (zu Balybagh bei Tschangry) und von Sekilo (50 km von Yozgat am Delidje Yrmak) zu den bedeutendsten Salzwerken der Dette Publique. In Seliko belief sich die Förderung im Jahre 1902/03 auf 1021 t und in Kangry (Tschangry) auf 2555 t [3]).

Einer neueren Publikation [4]) sind die nachstehenden Daten über die gegenwärtige Salzerzeugung in Kleinasien entnommen:. Orte, wo in Kleinasien derzeit Steinsalz gewonnen wird (nebst ihrer beiläufigen Jahresproduktion) sind: Tuz-Hissar im Kaza Kotschhissar, Tuzköj oder Hadschi-Bektasch nordöstlich von Newschehr (1850 t), Maragasch oder Maghara bei Tschangry (2500 t), Tepesidelik bei Kirschehr (700 t), Sekilo am Delidsche-Irmak (1000 t) und Tschajanköj bei Sungurlu

[1]) Vgl. Ritter a. a. O. S. 343.

[2]) Vgl. Ritter a. a. O. S. 259 u. 344.

[3]) Vgl. auch v. Buschman: Das Salz, dessen Vorkommen und Verwendung in sämtlichen Staaten der Erde. II. Bd. Leipzig 1906. S. 150/151.

[4]) Grunzel 1903, S. 83 f.

(250 t). Außerdem werden in der Nähe der genannten Steinsalzlager auch zahlreiche Solquellen, und zwar in den Wilajets Siwas (8000—10 000 t), Angora (2000 bis 2500 t) und Kastamuni (4000—5000 t), sowie vor allem die sich in den Salzseen der anatolischen Hochebene bildenden Salzkrusten zur Salzgewinnung ausgenutzt; so liefert der Salzsee von Kotschhissar allein 20 000 t Salz.

Von der gesamten Salzproduktion [1]) der Dette Publique, d. h. des Osmanischen Reiches überhaupt, entfielen

auf	in den Betriebsjahren					im Durchschnitt	
	1898/99	1899/00	1900/01	1901/02	1902/03	t	%
			Tonnen				
Asien (Stein-, Quell-, Seen- und Meersalz)..	252 216	210 924	245 347	258 773	280 178	249 488	89,7

Dabei umfaßte die gesamte Salzförderung des Osmanischen Reiches:

Betriebsjahre	Steinsalz		Quell- u. Seensalz		Meersalz		gesamte Salzerzeugung
1903/04	73 689 t	23,3 %	72 849 t	23,0 %	169 596 t	53,7 %	316 134 t
1904/05	75 902 „	22,3 „	78 041 „	22,9 „	186 996 „	54,8 „	340 939 „
1905/06	79 418 „	25,5 „	79 219 „	24,9 „	159 502 „	50,1 „	318 139 „
1906/07	75 696 „	28,5 „	72 075 „	27,2 „	117 343 „	44,3 „	265 114 „

Über die Art der Salzgewinnung aus dem großen Salzsee Tus-Tschöllü berichtet neuerdings Sarre [2]): „An vier Stellen des Sees, Tossum eingerechnet, wird das Salz von der Regie cointéressée der Dette publique (an welche die Ausnutzung dieser kolossalen Lager von der türkischen Regierung verpachtet ist) gewonnen und auf Kamelen verfrachtet. In jedem Jahre werden 5 Pyramiden aufgehäuft, deren Umfang an der Basis etwa 100 Schritt beträgt und die je 1 000 000 kg enthalten sollen. Unter Aufsicht des Aufsehers (Mudirs) wird jedesmal der älteste Salzberg abgebaut und das Kilo Salz loco Tossum für 15 Piaster verkauft. Das schneeweiße Gestein wird mit Hacken losgeschlagen, um hierauf gewogen und in Säcken auf Kamele verladen zu werden."

Kochsalz wird endlich im Wilajet Aleppo auf den Salinen von Giabul (oder Gabbula [3])) aus reichhaltiger Sole des Salz-

[1]) v. Buschman, Das Salz I S. 568.
[2]) Sarre, Reise in Kleinasien, S. 100.
[3]) Blanckenhorn a. a. O. S. 150.

sees Es-Sabsha hergestellt. Diese nordöstlich von Aleppo gelegene Saline soll 1901 der türkischen Regierung 3,8 Mill. Goldpiaster Steuer eingebracht haben. Auch die Einkünfte dieser Salzgewinnung fließen der Dette publique zu.

Phosphat.

In der Kreideformation Palästinas [1]) wird ein ziemlich beständiger, Phosphate (phosphorsauren Kalk) führender Horizont angetroffen, der zugleich die schon längst bekannten und technisch verwerteten Asphaltkalke liefert. Dieser Horizont, das mittlere Senon, ist gekennzeichnet durch die Leitformen Gryphaea vesicularis, Ostrea Villei, Trigonoarca multidentata, Leda perdita, Baculites syriacus, Hamites sp., Ptychoceras sp., Anisoceras sp. und häufige Fischreste. Es besteht also ein wesentlicher Unterschied gegenüber Tunis und Algerien, deren reiche Phosphatlagerstätten dem unteren Eozän angehören.

Die Phosphate dieser Kreidestufe in Palästina wurden im Jahre 1894 von Blanckenhorn entdeckt, bisher aber trotz ihres anscheinenden Reichtums nirgends ausgebeutet.

Die Schichten des mittleren Senons, mit denen hier die mächtigen Ablagerungen der Kreideformation abschließen, nehmen den größten Teil der Wüste Juda und die Hochebene des Ostjordanlandes ein. Die Unterlage des Senons, den Emscher Horizont, bildet an manchen Stellen der sogenannte Kakuhle, ein milder, gelblichweißer Kalkstein von muschligem Bruch, der sich am Ölberg bei Jerusalem durch seine Ammonitenführung (Schloenbachia quinquenodosa Redt und andere Schloenbachien) auszeichnet. Darüber lagern weiche, weiße, kreidige Mergelkalke mit Leda perdita Conr., vielen sonstigen kleinen Bivalven und Gastropoden, Baculiten und Fischzähnen.

Weiter aufwärts folgt eine ausgedehnte Schichtengruppe, die aus einem vielfachen Wechsel von gipsführenden, sehr buntfarbigen Mergeln, grauem Stinkkalk, schwarzen und braunen Asphaltkalken und dunklen Feuersteinlagen besteht.

---

[1]) M. Blanckenhorn, Über das Vorkommen von Phosphaten, Asphaltkalk, Asphalt und Petroleum in Palästina und Ägypten. Z. f. prakt. Geol. 1903, S. 294.

Diese bunte Schichtenabteilung dürfte die Aufmerksamkeit sowohl des Paläontologen als auch des praktischen Geologen erregen. Die dunkelfarbigen Kalke und Feuersteinbänke sind teilweise äußerst reich an organischen Resten (Foraminiferen, Mollusken und Fischen), aus deren Zersetzung einerseits das Bitumen der Bitumenkalke (s. u.), andererseits der Phosphorgehalt der Phosphate hervorgegangen ist. Von den an den verschiedensten Orten gesammelten und zu chemischer Untersuchung abgegebenen Gesteinsproben erwiesen sich 17 als mehr oder weniger phosphathaltig.

Ein hochprozentiges Phosphat des Ostjordanlandes [1]) (etwa 900 m über dem Meeresspiegel) zeigt z. B. die folgende Zusammensetzung:

	%
P_2O_5	36,00
CaO	53,00
Al_2O_3	0,48
Fe_2O_3	0,64
Fl_2Ca	9,80
SO_4Ca	1,86
unlöslich	0,46.

Bei der Entstehung der Phosphatlagerstätten ist zwischen den lagerförmigen Phosphaten der Hochfläche und der reicheren Phosphatzone zu unterscheiden. Da die ersteren in den meisten Fällen ein Trümmergestein darstellen, sind sie wahrscheinlich als Flachseebildungen zu betrachten. Die Entstehung der reicheren Phosphate ist auf folgende vier Vorgänge zurückzuführen: 1. Ausfüllung einer Spalte mit ziemlich reiner Apatitmasse. 2. Namentlich im Hangenden nicht ganz vollständige gleichzeitige Metasomatose des Kalkes zu einem kalkhaltigen Trikalziumphosphat. 3. Auslaugung des Kalziumbestandteils durch Tagewässer und Ausbildung des tuffähnlichen Charakters. 4. Streckung durch Schleppung an der Verwerfung infolge nachträglicher Gebirgsbewegung in westlicher Richtung.

Die Kreidephosphate Palästinas treten in der Wüste Juda in Wechsellagerung mit Bitumenkalken und bituminösen Mergeln

[1]) Krusch, Die Phosphatlagerstätten bei Es-Salt im Ostjordanlande. Z. f. prakt. Geol. 1911, S. 397 und Blanckenhorn, dieselbe Zeitschr. 1903 S. 295.

auf. Das Hauptvorkommen mit den vergleichsweise reichhaltigsten Proben liegt unmittelbar an einer Hauptverkehrsstraße nicht weit unterhalb von Jerusalem auf der tieferen Stufe der Hochebene. Dort finden sich nach Blanckenhorn innerhalb desselben Aufschlusses, und zwar in einer Schichtmächtigkeit von 7 m, drei den Abbau lohnende Bänke von 0,50, 1 und 0,15 m, also zusammen 1,65 m Mächtigkeit. Der Gehalt an dreibasischem Kalkphosphat beträgt hier 45,13—50,0%, der Gehalt an kohlensaurem Kalk 42,7%, an Eisenoxyd und Tonerde 2,51 % und an Kieselsäure 3,0 %.

Asphalt und Asphaltkalk.

In Verbindung mit den Kreidephosphaten treten in der Wüste Juda, wie bereits erwähnt, Bitumenkalke oder Asphaltkalke in unerschöpflicher Menge längs einer Zone parallel zu dem Toten Meer und dem Jordantal, besonders in der Gegend von Nebi Musa, auf. Der Bitumengehalt wechselt an den verschiedenen Stellen; er steigt bei Nebi Musa bis zu 25%, und das Lager ist dort bei einem Gehalt von 10—25% und bei gleichmäßiger Imprägnierung ziemlich ausgedehnt. Ein beträchtlicher Teil dieser Asphaltkalke wird sich künftig unmittelbar als Stampfasphalt zum Straßenpflastern verwenden lassen.

Der ungewöhnliche Reichtum des Toten Meeres und seiner östlichen, südlichen und westlichen Umgebung an reinem Asphalt oder Bitumen von besonderer Güte ist bekannt. Erinnert sei nur an die vielen „Pechbrunnen" oder „Asphaltgruben" [1]), welche nach Genesis 14,10 das Tal Siddim aufwies.

Engler, der bekannte hervorragende Fachmann in Petroleumfragen, zog „auf Grund seiner Forschungen und der an Ort und Stelle gemachten Beobachtungen den berechtigten Schluß, daß in der Richtung der Jordantalspalte mehrere Petroleumquellen vorhanden sein müssen" [2]). Was er aus theoretischen Gründen folgerte, das konnte von Blanckenhorn [3]) wirklich beobachtet werden.

[1]) Von Luther irrtümlich mit „Tongruben" übersetzt.

[2]) Jacunski, Untersuchung eines Erdöls am Roten Meer und eines Asphalts an der Küste des Toten Meeres. Diss. Freiburg (Schweiz). 1898, S. 36. Der Asphalt enthält nach der von ihm festgestellten Analyse 77—80% C, 9,4% S, 9—9,6% H, 2,1% N, 0—1% O und 0,5% Asche.

[3]) a. a. O. S. 141/5.

Den Zusammenhang zwischen Asphaltkalk, Asphalt- und Erdölvorkommen des Toten Meeres deutet Blanckenhorn [1]) folgendermaßen: Flüssige Kohlenwasserstoffe finden sich in den bituminösen Kalken der oberen Kreideformation (untere Dänische Stufe), die im Osten und Westen des Jordans sowie in der Grabensenke des Ghôr weit verbreitet sind. Auf den Randspalten des Grabens drangen die leicht beweglichen bituminösen Flüssigkeiten empor und verloren in dem trockenen Klima ihre flüchtigen Bestandteile, während die schweren Kohlenwasserstoffe einer Oxydation und Verdickung unterlagen. Auf dem Ostufer des Toten Meeres wurde noch 1874 von Rothe [2]) eine Erdpechquelle beobachtet, deren Ausfluß jetzt von dem um mehrere Meter gestiegenen Wasserspiegel bedeckt und wie folgt beschrieben ist: „Westlich von einer auffälligen Felsnadel (Bint-Schech-Lut) lag zehn Schritt vom Toten Meer im Sande des Ufers ein schwarzer Kreis vom Aussehen einer verlassenen Feuerstätte. In der Mitte der glänzend schwarzen Masse wurde eine kreisrunde Vertiefung (von 20 cm Tiefe und gleichem Durchmesser), angefüllt mit einer bräunlichen, öligen Flüssigkeit, sichtbar. Von Zeit zu Zeit flossen aus ihr Fettblasen ringsherum ab. Die ölige Flüssigkeit bildete eine Schicht von 5 cm Dicke, unter ihr stand schmutziggelbes Wasser. Die pechartige Flüssigkeit der von den Beduinen Ain-el-hommar genannten Quelle war Asphalt, die ölige Flüssigkeit Erdöl (in schon verdicktem Zustande)."

Der Asphalt des Toten Meeres, der noch heute einen hohen Marktwert besitzt (40—50 M. für 100 kg), tritt in drei Formen zutage: 1. in der Kreideformation, 2. im Quartär des Toten Meeres, 3. im Wasser des heutigen Sees.

1. Sowohl die Oberkreide-Dolomite des Westufers als auch die Unterkreide-Sandsteine des Ostufers sind mit Bitumen imprägniert, das auf den erwähnten Spalten emporgedrungen sein

[1]) Über das Vorkommen von Phosphaten, Asphaltkalk, Asphalt und Petroleum in Palästina und Ägypten. Z. f. prakt. Geol. 1903, S. 294; ferner: Naturwissenschaftliche Studien am Toten Meer und im Jordantal 1912, 1912; endlich: Syrien, Arabien und Mesopotamien, Handb. d. reg. Geol. 1914, Bd. 5, S. 141/4.

[2]) Eine Reise um das Tote Meer. Pommersche Blätter f. d. Schule und ihre Freunde, 1881/83.

dürfte. Im besonderen beobachtete Blanckenhorn im Wadi-Sebbeh Asphalt in den Höhlungen des Dolomits einer 90 m hohen Steilwand, d. h. an einer Verwerfungskluft, an der die westliche Plateauscholle gegen die stehengebliebene östliche Randscholle abgesunken war. Am Ostufer des Toten Meeres beobachtete Rothe über der beschriebenen Erdpechquelle eine Asphaltquelle an einer Sandsteinwand des Wadi-Modjib.

2. Zu beiden Seiten des Toten Meeres ist eine 3—10 m hohe, der quartären Pluvialperiode angehörende Mittelterrasse aus Asphaltkonglomerat, d. h. aus gerundeten Geröllen aufgebaut, die durch ein asphaltisches Bindemittel verkittet sind. Das Konglomerat, dessen Masse Blanckenhorn auf 20 000—22 000 cbm berechnet, enthält im Durchschnitt 18% Asphalt.

3. Für den Markt war von jeher das wichtigste Vorkommen der vom Grunde des Toten Meeres aufsteigende Asphalt; er türmt sich zu schwimmenden Inseln bis zu Haushöhe auf, wird von Wind und Wellen an das Ufer getrieben und hier von den Beduinen gesammelt. Allerdings werden die Mengen des so gewonnenen Gutes nur auf 2000 kg jährlich geschätzt.

Auch in Mittelsyrien wird, und zwar durch den einzigen lohnenden Bergbau des Landes, Asphalt gewonnen. In den Senonmergeln, die nach C. Diener [1]) durch einen Bruch von dem Cenoman getrennt sind, werden bis 380 t im Jahr abgebaut und über Beirut ausgeführt. Die Tonne gilt dort 50—57 Fr., das gesamte Jahresergebnis beträgt rund 170 000 Fr. Die Hauptgruben liegen bei Suk-el-Chan unweit von Hasbeja, andere Vorkommen in demselben Horizont am Ostabhang des Hauptlibanon unweit der Straße von Damaskus nach Homs bis Asal-el-Ward.

Auch im Antilibanon kommen nach Blanckenhorn [2]) Asphaltlager vor; ebenso ist ein Vorkommen bei Latakia (Nordsyrien) als erstklassige Qualität geschätzt.

Der Asphalt findet sich nach Dr. Vetters [3]) einen Tageritt

[1]) Libanon, Grundlinien der phys. Geographie und Geologie von Mittel-Syrien. 1886, S. 43/44.

[2]) Zitiert n. Hans Höfer, Das Erdöl. Geologie, Gewinnung und Transport. Leipzig 1909. S. 447.

[3]) Hans Höfer a. a. O. S. 448.

östlich von Latakia in der Gegend des Nahr el Kebir-Knies; er tritt in turonen Nerineenkalken und in senonen Mergeln auf. Aus steilen Klüften dringt reines Bitumen empor, welches die umgebenden Gesteinpartien durchtränkt. In Kfanch, dem nächsten Vorkommen, sind die Turonkalke in großer Mächtigkeit in Asphaltkalke umgewandelt, in dem sich die gleichen Versteinerungen (Nerineen, Ostreen) finden. An anderen Orten drang das Bitumen in schwebenden Klüften zwischen dem hellen Mergel weiter; bald sind die Schichtfugen bandartig injiziert, bald sind breitere mit Reibungsbreccien erfüllte Verwerfungen die Träger des Bitumens. — Ein anderes Vorkommen liegt bei Dahana und Sullas. In mächtigem, die Abhänge bedeckenden tertiären Schotter (bei Dahana vorwiegend aus Serpentin, bei Sullas aus Kreidemergeln bestehend), welcher lediglich durch Bitumen zu Konglomerat verfestigt ist, findet sich der Asphalt auf sekundärer Lagerstätte. Sowohl in qualitativer wie in quantitativer Hinsicht sind diese Vorkommen hochklassig.

Das Erdöl Mesopotamiens.

Die verkehrspolitische Bedeutung des Erdöls ist im Bereiche des unteren Tigris, des Schatt-el-Arab und des Karunflusses ungewöhnlich groß: die nördlich von Bagdad liegenden Vorkommen von Kerkuk, Kifri und Kasr-i-Schirin sind bestimmt, der Bagdadbahn und ihren persischen Zweiglinien die lebendige Kraft für den Betrieb zu liefern. Die chusischen Vorkommen von Achwas liegen an dem schiffbaren, nördlich des Schatt-el-Arab mündenden Karunflusses und besitzen demnach große Wichtigkeit als Betriebskraft für Ozeanschiffe und als Objekte der Ausfuhr. Die an die Suezkanalaktien erinnernde Millionenbeteiligung des englischen Staates an der Ausbeutung des chusischen Erdöls veranschaulicht die Wichtigkeit, welche unser Hauptgegner diesem Vorkommen beimißt. Für den Verlauf des Weltkrieges wichtig und von maßgebender Bedeutung für den Betrieb der Bagdadbahn ist der nach den bisherigen Nachrichten jedenfalls z. T. geglückte türkische Angriff auf zwei der wichtigsten persischen Erdölgebiete, auf

a) das südliche Gebiet von Achwas in Chusistan an dem südpersischen schiffbaren Flusse Karun und

b) das etwa in der Mitte der türkisch-persischen Grenze gelegene Revier von Kasr-i-Schirin an der großen Straße Bagdad — Chanikin — Landesgrenze — Kasr-i-Schirin — Kermanschah—Hamadan—Teheran. Es ist die alte Straße von Nieder-Mesopotamien oder Babylonien nach dem hochgelegenen Medien, dessen Hauptstadt Ekbatana (= Hamadan) war.

Eine geologische Übersicht der Erdölvorkommen in Mesopotamien hat H. Höfer [1]) entworfen.

Die wohl untermiozäne Gipsserie besteht in absteigender Folge aus:

1. feinem Schotter, übergehend in
2. zerreiblichen, roten, kalkigen Sandstein,
3. buntem Mergel, häufig salzig, mit großen Gipslagern und dünnen Bänken von unreinem Kalkstein. In diesem unteren Horizont sollen nach H. Höfers — noch nicht durch Bohrungen gestützter — Auffassung allein Erdöl und sonstige Bitumina zu erwarten sein.

Die Unterlage der Erdöl führenden Gipsserie ist das Nummuliteneozän; es besteht aus versteinerungsreichem Kalk, darunter aus rotem Sandstein und bituminösem Schieferton. Aus den Alluvionen des Euphrat und Tigris steigen einige Rücken der Gipsserie empor, so deren drei zwischen Bagdad und dem See Bahr-i-Bedjef (auch Haddal genannt), ferner westlich von Basra (beim Om Ger) in der Nähe der Tigrismündung. Auf fast allen diesen Inseln tritt wieder Erdöl auf.

Über die Erdölzone des Tigris von Kend-i-Schirin (persisch) und Kerkuk (türkisch) hat bezeichnenderweise schon vor etwa

[1]) Literatur: Captain F. R. Maunsell, The Mesopotamian petroleum field in Geograph. Journal, London, Mai 1897, S. 528. Wo im Texte bezüglich der Vorkommen keine Literaturquelle angegeben ist, ist fast ausnahmslos diese benutzt. — E. Tietze, Die Mineralreichtümer Persiens, in Jahrb. d. k. k. geol. Reichsamts, Wien 1879, S. 585. — Wil. Kennet Loftus, On the Geology of the Turko-Persian Frontier, in Quart. Journ., London 1855, S. 247. — E. Naumann, Vom Goldenen Horn zu den Quellen des Euphrats. 1893, S. 448.— Constable and H. J. Carter, Journal of the Asiatic Society of Bengal. 1860, S. 364. — H. Höfer, Das Erdöl und seine Verwandten. 2. Aufl., 1906 (daselbst sind die Quellen zitiert), S. 483 ff.

15 Jahren ein französischer Forschungsreisender J. de Morgan[1]) langjährige eingehende Untersuchungen gemacht — ein Beweis dafür, daß unseren Gegnern diese Gebiete seit langer Zeit wertvoll erschienen sind.

Nach de Morgan setzt die Antikline von Kend-i-Schirin nach Nordwesten fort; Kerkuk im türkischen Mesopotamien mit seinen Ölquellen bildet ihr nordwestliches Ende, und in der Nähe von Schah-Kuh liegt das andere Ende. Kend-i-Schirin (das Dorf hat 415 m, die Ölquellen liegen in 480 m Seehöhe) befindet sich etwa in der Mitte dieser Ölzone. Die Umgebung der Quelle ist beinahe flach; das Öl tritt dort heraus, wo der Fuß Tscham-i-Tschiasorkh die Antikline bis auf den bröckligen Mergel durchschneidet, der das Öl führt; dieser Mergel ist nur an diesem Durchrisse entblößt. In der Antiklinalachse sind die Schichten bis zu 75° aufgerichtet und verflachen stetig bis 18° in 1,5 km Entfernung von der Ölquelle; durch diese Antiklinale wird das Tertiärbecken zweigeteilt, das nördliche ist 5 km, das südliche 25 km breit. Am Fuße des Kend-i-Bözinan, eines Vorberges des Kend-i-Ahengeran, sind drei Verwerfungen, welche die unteren Schichten heraufbrachten und die Nummulitenkalke des Eozäns entblößten.

Am interessantesten ist der Nachweis des Erdöls in einer mindestens 160 km langen Zone miozäner Mergel und Kalke, in denen zwischen Kerkuk (türkisch Mesopotamien) und Kasr-i-Schirin (in Persien) überall Erdölvorkommen bekannt sind. Über den Zusammenhang zwischen den chusischen Erdölfunden und den Quellen nördlich von Bagdad ist nichts Sicheres bekannt, und über die Ergebnisse der technisch-geologischen Untersuchungen sind nur zerstreute Angaben in die Zeitungen gekommen. Die vollständigsten Beobachtungen findet man immer noch in C. Ritters „Westasien" vereinigt. Doch stimmen die älteren Schilderungen mit den neuen Notizen und einigen photographischen Aufnahmen, die ich Herrn Regierungsbaumeister Dr. Hinrichs verdanke, in bemerkenswerter Weise überein.

[1]) J. de Morgan, **Mission scientifique en Perse. (Études geologiques.)** Paris 1905. Ders., **Kend-é-Chirin. Annales des Mines.** Paris 1892. S. 227. Vgl. H. Höfer, Das Erdöl. II. 1909. S. 487.

Öllinien. Zwischen Kifri und Tuz-Charmati zieht sich von Südosten nach Nordwesten ein gipsführender Rücken, die letzte höhere Antikline, als vorderster Wall des parallelen Puschti-Kuh an der persischen Grenze. In Kifri und in Tuz-Charmati sowie an fünf oder sechs Punkten dazwischen entspringen Erdölquellen. Damit ist eine Öllinie unzweifelhaft festgelegt, die Höfer als jene von Kifri bezeichnet. Verlängert man sie gegen Nordwesten, so trifft sie genau auf die Ölquellen von Kiara, während in der südöstlichen Verlängerung das Ölvorkommen am Naphthaberge des Flusses Naphat bei Mendeli [1]) liegt. Die Kifri-Öllinie ist somit bisher in einer Erstreckung von etwa 320 km bekannt; ihr geradliniger Verlauf entspricht auch jenem der in gleicher Richtung gestreckten Gebirgsketten der Umgebung. Diese Regelmäßigkeit gibt auch jenen Verbindungslinien von Ölfunden, welche die Südost—Nordwestrichtung einhalten, einen gewissen Grad von Berechtigung, sie als Öllinien anzusehen; hierher gehört die Verbindung von Al-Hadhr mit El-Fatha, die Verbindung der Ölvorkommen Basra mit einigen des Persischen Golfs, während Hit mit Kueit und dem Vorkommen zwischen den Inseln Kubbar und Garu, annähernd auch mit dem bei der Insel Halul und mit Bahrein korrespondiert. Berücksichtigt man die Biegung der Gebirge in Persien und dementsprechend auch des Golfs, so würden diese beide Inseln ziemlich genau in die Verlängerung dieser Hit—Kueit-Linie fallen. Wie weit diese Konstruktionen H. Höfers praktischen Wert besitzen, können nur künftige Bohrungen entscheiden.

Bei Kasr-i-Schirin wird nach den Schilderungen des französischen Reisenden de Morgan Erdöl in zisternenartigen Brunnen von geringer, 5—8 cm betragender Tiefe gewonnen und in der Umgegend verbraucht. Bei Kerkuk findet sich auf türkischem Gebiet, nahe der persischen Grenze — nach den freundlichen Mitteilungen des Herrn Dr. Hinrichs, eines Mitgliedes der deutschen archäologischen Expedition — das Erdöl sogar in Form frei zutage ausgehender Quellen.

[1]) Bei Mendeli nahe der persischen Grenze waren 1892 etwa 30 Ölschächte im Betriebe; das Rohöl wurde früher in Häuten auf Kamelen nach Bagdad verfrachtet und daselbst zur Beleuchtung verwendet. Vgl. auch die Schilderungen Hugo Grothes über Mendeli in „Wanderungen in Persien", Berlin 1910, S. 8.

Das Vorkommen von Erdöl in Mesopotamien ist ebenso wie das von Asphalt seit dem Isdubar-Epos und der biblischen Sintflutüberlieferung bekannt. Ein Ziegelfragment aus der Bibliothek des Königs Asurbanipal zu Ninive — das Isdubar-Epos — erzählt von dem nordbabylonischen König Sargon I., daß ihn seine Mutter, eine Prinzessin, als Kind in ein Körbchen von Binsen legte, dieses mit Erdpech verschloß und dem Euphrat übergab; Akki, der Wasserträger, zog den Findling auf.

Noah verpichte die Fugen seiner Arche mit Asphalt[1]), dessen Ursprung ähnlich wie der der gesamten Überlieferung auf den Euphrat oder Tigris als Entstehungsgebiet hinweist. Neuere Untersuchungen haben mehrfach stattgefunden, über ihre Ergebnisse sind jedoch — abgesehen von den kurzen Notizen de Morgans — fast nur Zeitungsberichte [2]) in die Öffentlichkeit gelangt. Wesentlich hierauf, sowie auf der Darstellung H. Höfers[3]) beruhen die folgenden Mitteilungen.

Zahlreiche Petroleumquellen entspringen aus geringer Tiefe oder oberflächlich in der kontinentalen Tertiärformation in der Nähe der persischen Grenze, unweit von Mendeli und Tuz Charmati, bei Kerkuk und Tekrit am Tigris, ferner bei Nasrieh und Hit am Euphrat; alle lassen erkennen, daß nordöstlich von Bagdad am Tigris und ferner am unteren Euphrat im Bereich des alten Babylon umfangreiche Erdölgebiete liegen, die noch einer sorgfältigen Erschließung bedürfen. Über die Petroleumvorkommen wird der Korrespondenz Piper aus London berichtet[4]): „Die mesopotamischen Ölfelder sind geologisch ein Teil des südpersischen Faltungssystems. Untersuchungen des Öls bei Mendeli haben ergeben, daß es fast die gleiche chemische Zusammensetzung besitzt wie das Öl von Baku. Die Ölfelder, die in Frage kommen, gehören mit Ausnahme des von Tuz Charmati der türkischen Zivilliste und finden sich in dem Wilajet Mosul (am Tigris) und dem zum Euphrat hinüberreichenden Teile der Provinz Bagdad. Im Wilajet Mosul liegen die Öllager von Abjak, Baba

[1]) In derselben Art werden noch jetzt die kreisförmigen Schiffskörbe (Guffa) wasserdicht gemacht.

[2]) Berliner Tageblatt vom 17. April 1914.

[3]) Das Erdöl. II., 1909, S. 479 ff.

[4]) Berliner Tageblatt vom 17. April 1914.

Gurgur nördlich von Kerkuk, Gajara am Tigris, Guil südlich von Tschemtschemol, Nimrud, Kifri, Tuz Charmati und Zahru am Flusse Chabur. Im Wilajet Bagdad liegen die Vorkommen von Hit, Ramadi, Nafata und der Palmenoase Mendeli unmittelbar an der persischen Grenze. Am wichtigsten sind die Ölfelder von Gajara, Guil, Tuz Charmati, Zahru, Hit, Ramadi und Mendeli. Davon sind wiederum die Felder von Mendeli die reichsten. Über ein Dutzend Quellen ergießen mit großer Gewalt ein Erdöl, das von ausgezeichneter Beschaffenheit ist. Der letzte Sachverständigenbericht über die mesopotamischen Ölfelder resümiert wie folgt: „Wenn man bedenkt, daß das Petroleumgebiet sich über 400 km ausdehnt und daß das Öl in Quantitäten zur Oberfläche kommt, die bisher in der Geschichte der Petroleumgeologie unbekannt waren, so ist man zu der Annahme berechtigt, daß diese Petroleumgebiete zu den reichsten der Welt gehören. Die einzige Schwierigkeit für die Aufschließung des Gebietes ist die des Transports. Sachverständige haben sich gegen den Wassertransport auf dem Tigris ausgesprochen. Eher erscheint der Transport in Röhrenleitungen möglich. Ein großer Teil der Leitungen müßte in Mesopotamien allerdings durch Marschen gehen, was den Bau sehr erschweren würde. Die Bagdadbahn wird das Ölfeld in Gajara in seiner ganzen Länge durchschneiden und in kurzer Zeit in der Nähe von Mendeli in Betrieb sein. Ferner werden, wie schon erwähnt, die geplanten Seitenlinien nach Tuz Charmati und Chanikin—Kasr-i-Schirin Ölfelder anschneiden. Es liegt somit nahe, daß man sich auf diesen Strecken des Öls als Feuerungsmaterial anstatt der teuren Kohlen bedienen wird."

Kurz vor Ausbruch des Krieges hatte sich eine „türkische Petroleumgesellschaft" [1]) gebildet, an der englische Finanzleute mit 50%, die Deutsche Bank und Holländer mit je 25% beteiligt waren. Eine 10jährige Schurftätigkeit im Anschluß an den Bau der Bagdadbahn war vorhergegangen. Der Krieg hat diesen Verabredungen naturgemäß ein Ende gemacht und die bisherigen kriegerischen Ereignisse berechtigen zu der Hoffnung einer endgültigen Beseitigung des englischen Einflusses.

[1]) Goldberg: Prometheus 1916 S. 387.

Historische Beobachtungen über das Erdöl.

Über die Erdöl- und Gasquellen, die nördlich der großen Straße Bagdad—Kermanschah—Teheran und östlich der Trasse der Bagdadbahn bei Kifri, Tuz Charmati und Kerkuk liegen, geben die älteren, von C. Ritter zusammengefaßten Reisebeschreibungen den besten Aufschluß. Die Angaben de Morgans über die ähnlich gearteten Quellen von Kend-i-Schirin und Kasr-i-Schirin sind kaum vollständiger. Fünf oder sechs reiche Erdölquellen liegen in den Bergen von Kifri. Neben den Quellen tritt auch Alaun (Zak oder Sheb der Araber), Gips und Kreide (Tebeschin) auf, ferner Vitriolerde, Salz und Schwefel, weshalb diese Höhen auch wohl die Schwefelberge genannt werden. Auf dem Gipfel dieser Klippen liegen Trümmer eines vielleicht aus den Sassanidenzeiten stammenden Kastells. Am Fuße dieses Berges ist eine kleine Höhle im Fels mit einem Erdölbrunnen. Auf dem Gipfel an der Nordseite des Passes steht ein kleines Heiligtum des Ali; darin, behauptet man, soll am Freitag eine Lampe von selbst aufleuchten.

Die Erdölquellen [1]) finden sich ganz allgemein in der Tiefe der Spalten der Gipsberge, unmittelbar über Salzquellen (Salz türkisch = Tuz: Tuz Charmati). Eine solche Quelle fand Rich bei näherer Besichtigung über 5 m tief, und zwar 3 m hoch mit Salzsole gefüllt; auf ihr schwimmt das Erdöl, aus dem fortwährend Gasblasen aus der Tiefe emporsteigen. Man leitet dieses Wasser in Sandrinnen, in denen das Salz in Kristallen anschießt und gewonnen wird. Jährlich wird die Quelle in der Tiefe des Brunnens gereinigt, und zwar nach sehr altem Gebrauch unter dem Zulaufe des ganzen Volkes bei Trompetenschall.

Den Ort Tuz Charmati, der nach Rich an 5000 Einwohner hat, ist eine der wohlhabendsten kleinen Städte an der Grenze von Persien, mit weitläufigen Wohnungen, voll Kramläden und großer Fülle von Lebensmitteln. Er liegt reizend zwischen Gärten in einem Walde von Dattelpalmen, Orangen, Granaten, Oliven, Feigen und Aprikosenbäumen, die bis an den Fuß der schwefelreichen Gipsberge reichen, die der Ak-su durchbricht. In

[1]) Ritter, Westasien, S. 546, 547.

dem Durchbruch, nur eine gute Viertelstunde im Südost der Stadt, tritt eine Erdölquelle mit einer Salzquelle hervor, und etwas südlicher noch eine zweite Naphthaquelle. Schon Niebuhr, der in dem benachbarten Dorfe Jankscha (34° 52' n. Br.) sein Nachtquartier nahm, nahe Dus Arme (Charmati), bemerkt, daß die dortige Quelle des Gir [1]) oder Gur (d. i. Bitumen) weniger beachtet sei wegen der größeren Fülle, welche die Hit-Quelle am Euphrat darbiete, wo sie zum Kalfatern der Schiffe auch nutzbarer werde. Das Erdöl (Naft der Araber) sei weit geschätzter; die gemeine Sorte sei schwarz und werde zu Lampen verwendet; alle Fackeln in Bagdad seien aufgerollte Lumpen, die in dies Erdöl getaucht und getrocknet werden.

Ali-Dagh oder Djebel Ali heißt die Gebirgskette im Osten von Tuz Charmati. Der Ali-Dagh hat den Namen von einem Denkmal, das hier dem vierten Kalifen Ali gesetzt ward. Unter dem Denkmal stehen die Trümmer eines Kastells; gegenüber am linken Ufer liegen die Brunnen, aus denen Erdöl gewonnen wird. Das rechte Stromufer zeigt Kalkstein, wechselnd und überlagert von Mergelschichten, die bunt, rot, braun, gelb gefärbt sind; das Fallen der Schichten ist unter 14° gegen NO. Eine zweite Bergreihe besteht aus grobem Sandstein, Mergel, Muschelkalk, körnigem und fasrigem Gips und Tonlagern, die zuweilen kohlenreich sind; Fallen der Schichten 26° nach NO. Aus diesen Lagern entspringen die Erdölquellen. Die dritte Bergreihe, mit Kastelltrümmern gekrönt, zeichnet sich durch 10—12 Fuß mächtige Gipslager aus, die von Mergel und rotem, salzreichem Sandstein begleitet sind.

Olivier sah in einer Schlucht der Gipsberge, 2 St. in NW von Kerkuk, am Wege an mehreren Stellen Erdöl aus den Gipsschichten hervortreten und bemerkt, daß man daselbst Brunnen 5—12 Fuß tief grabe, aus denen man täglich Öl schöpfe und zum Verkauf nach Kerkuk führe. Ker Porter [2]), der über Kerkuk nach Suleimanje reiste, ging zu einer Kette niedriger, mit einem Fels-

[1]) C. Niebuhr, Reisebeschr. II S. 335; Ritter, Allgem. Erdkunde. Neunter Teil. Drittes Buch. Westasien S. 545—546.

[2]) W. Ainsworth, Res. S. 239. Karl Ritter, Westasien. Berlin 1840. S. 528—530.

[3]) Ker Porter II S. 440—444. Ritter, Westasien, S. 554—555.

grat gekrönter Berge, der sich gleich einer Felsmauer aus ihrem tonigen und schwefelhaltigen Rücken erhob. An der Seite eines derselben liegen 10 Erdölquellen, die sich (10. Dezember) schon in großer Entfernung durch den Geruch kundtaten; in der Nähe brachte ihr Schwefeldunst Kopfweh. Mehrere dieser Brunnen, die in einem Umfange von 4—500 Schritt beisammen liegen, waren 7—8 Fuß im Durchmesser und 10—12 Fuß tief; man hatte zugängliche Stufen in Fels zu ihnen hinab ausgehauen. Das Erdöl steigt oder fällt, je nachdem das Wetter trocken oder feucht ist. Das jährliche Einkommen von diesem schwarz gefärbten Petroleum, das in Schläuchen nach Kerkuk verladen wird, gibt Ker Porter auf 30 000—40 000 Piaster an. Doch wird das Erdöl nur auf den Basaren von Kurdistan verbraucht, da Bagdad von Kifri oder von Hit aus mit demselben Produkte versehen werden kann.

Dicht neben diesen Brunnen bemerkte man weite Sümpfe voll schwefligen Schlammes, und einige hundert Schritt weiter gegen Ost auf dem Gipfel derselben Anhöhe eine flache, kreisrunde Einsenkung von etwa 50 Fuß Durchmesser, aus welcher lauter Flämmchen ohne eine Spur von Rauch hervorleckten, aber einen starken Schwefelgeruch verbreiteten. Die ganze Oberfläche dieses gleichsam von den Flämmchen durchlöcherten Siebes schien Ker Porter eine Schwefelkruste über einem Feuerherde zu sein; wo er mit einem Dolche ein Fuß tiefes Loch bohrte, da brach eine neue, größere Flamme hervor. Dieser seit Strabo bekannten Gasquelle haben die Araber den mystischen Namen Baba Gurgur, „Vater des Erdöls", gegeben, während sie bei den Türken Korkub baba („Vater des Kochens") heißt.

Auf dem Rückwege von da zu der westlich liegenden Stadt Kerkuk zeigten sich zahllose Schwefelspuren und eine Menge stehender Sümpfe mit Schwefelwassern.

Ainsworth gibt eine mehr wissenschaftliche Beschreibung [1]) der Quelle, deren absolute Höhe über dem Meere er zu 509 Pariser Fuß bestimmte. Schon Strabo wußte von ihr, daß Erdöl-

[1]) Ainsworth, Ref. S. 27, 242—245. Ritter, Westasien, S. 555—556.

quellen und Flammen hervorbrechen, und daß hier ein Heiligtum der Anaitis liege. Der Kalkstein hat hier gänzlich den Mergel und Gips als Bestandteil der bisherigen Ketten verdrängt. Die Flämmchen zeigen sich auf dem Gipfel der Kette in einer rundlichen Einsenkung; die flammende Stelle hat bei Tageslicht ein dunkles, düsteres, aschiges Ansehen, über dem man nur bei genauerer Betrachtung das Spielen der Flammen sehen kann, das sich aber durch eine sehr starke Entwicklung von „schwefelsaurem Gas" kundtut. Das Thermometer stieg darin über 100° C. Der Boden ist überall veränderter, kalzinierter Kalkstein, mit den verbrannten Resten bedeckt. Selten zeigen sich Schwefeleisen, staubige Eisenkalke oder rote Zinnoberspuren. Das Phänomen ist andern bekannten Vorkommen dieser Art analog, doch wegen seiner weiten Ausdehnung, langen Dauer (seit 2000 Jahren) und dem unausgesetzten Emporbrechen der Flammen; auch bei trockenstem Wetter, bemerkenswert. Von Brunnen in der Nähe dieser Flammenstelle, die auch Abu Geger genannt wird, bemerkte Ainsworth[1]) sieben, die aber ihre Stellen stets wechseln, weil immer da, wo man in den Berg gräbt, auch das Erdöl hervorschwitzt. Die sieben Erdölquellen bedecken etwa 300 Schritt im Quadrat. Die Schicht in der Tiefe ist ein grobes, bituminöses Lager mit zwischengelagertem Muschelkalkstein, in den oberen Schichten von Sandmergeln begleitet, die körnige Schwefelteile enthalten. Man gräbt die Brunnen 12—15 Fuß tief, bis zu gleicher Tiefe wie die Flammenbildung von Abu Geger; das Erdöl dringt aus den Seiten der Brunnen hervor, schwimmt also nicht auf Wasser oder Salzsole, wie im Gipsboden zu Tuz Charmati. Es werden täglich aus jeder Grube an 8—10 Gallonen Erdöl geschöpft; die Temperatur der Gruben ist 21,5° C. Das schwarze, hier gewonnene Erdöl nennen die Araber Kara-Naphtha, das helle aber Naphtha Abiat, d. h. weiße Naphtha.

Das Erdölgebiet von Achwas.

Getrennt von den beiden türkischen, am Euphrat und Tigris befindlichen Erdölgebieten liegt am Karunfluß in der südlichen,

[1]) Nach C. Ritter, S. 556, 557.

an Nieder-Mesopotamien angrenzenden persischen Provinz Chusistan ein drittes wichtiges, neuerdings durch englische Unternehmungen erschlossenes Erdölrevier:

Der Karun entspringt nur etwa 40 km im SW von Jspahan und ist ein ansehnlicher Fluß, an vielen Stellen an 300 Ellen (Yards) breit, für Boote zu 25 t aufwärts Last bis Kischt-i-Bend schiffbar (7,5 km von Schuschter) [1]).

Der Ort Bend-i-Kir (d. h. der Damm des Erdpechs, Bitumen-dyke) bei Schuschter ist die Stelle der Stromvereinigung und wird so genannt, weil die dortigen Steindämme mit Bitumen verkittet sind [2]).

Bei Achwas [3]) setzen 7 Bänke von Sandsteinklippen durch den Fluß, offenbar die äußersten, niederen Vorketten der Gebirgskette des Djebel Hamrin. Bei seichtestem Wasser bilden sie hier eine Stromschnelle von ½ m, bei hohem Wasserstand einen Fall von 1 m Höhe. Die Klippen durchstreichen den Fluß in der Richtung von N 85° W gegen S 85° O, also in der Normalrichtung der Gebirgszüge; das Fallen ihrer Schichten ist gegen Norden gerichtet [4]).

Von Disful führt gegen Norden der Weg zu einer kleinen Ebene Kir Ab (d. h. Bitumen-Fluß). Jn dieser ganz abgelegenen Talebene fanden sich die Spuren einer altertümlichen Pflasterstraße, die aus Susas Ebene heraufsteigt, sowie Trümmerhaufen einer alten Stadt, daneben eine Erdölquelle, die noch heute dort, wie zu Herodots Zeiten (VI, 119), ausgeschöpft wird. Der Boden ist mit Bitumen imprägniert, und das Wasser ist ungesund. Herodot erzählt, man habe aus dem Arderikka-Brunnen dreierlei: nämlich Asphalt, Salz und Öl durch Pumpen mit Schläuchen geschöpft und durch Gerinnen die Bestandteile gesondert. Das letztere, das Erdöl, habe man in Eimern gesammelt; es sei von starkem Geruche, schwarz und werde von den Persern Radinake genannt. Apollonius erwähnt nur Asphalt, Öl und Wasser als die Bestandteile des Brunnens.

[1]) C. Ritter, Westasien, S. 163. Bend (in engl. Orthographie Band) bedeutet Damm oder Deich.

[2]) C. Ritter, a. a. O. S. 193.

[3]) C. Ritter, a. a. O. S. 165.

[4]) Nach Kinneir bei C. Ritter, Westasien, S. 199, 200, 201.

Südöstlich von den besprochenen Gebieten liegen auf der Grenze von Susiana und Persis einige wenig bekannte Erdöl- und Gasquellen.

Im Flußgebiet des Jerahi liegt das Dorf Durr an einem Nebenzufluß Khur khan kende [1]). Nicht weit von Durr liegt eine Erdölquelle am Wege nach der Stadt Ram Hormuz. Diese Erdölquelle im Grenztale des Tab zwischen Chusistan (Susiana) und Fars (Persis) gelegen, könnte wohl die Stelle bei Ebn Haukal erklären, wo er im Grenzdistrikt Sumbeil, gegen Fars, von einem brennenden Berge spricht, der zu seiner Zeit immerfort am Tage Rauch, in der Nacht Licht auswerfe; es sei die Meinung, sagt er, dort stehe eine Erdölquelle in Feuer.

Eine Erdölquelle, welche weiter südlich auf dem Wege von Schuschter nach Ram Hormuz passiert wird, lag von diesem Rastorte nur 4 Stunden entfernt. Nicht fern von hier kann auch wohl nur jener Feuerberg, Aberewan [2]), gelegen haben, von dem Edrisi im 12. Jahrhundert erzählt [3]), der noch immer Flammen und Rauchwolken auswerfe, sehr dem Ätna in Sizilien gleiche und nie verlösche.

Mit der chusischen Eisenbahn und der Erdölgewinnung wird ein altes Kulturgebiet wieder belebt werden. Achwas war zur Zeit der Kalifen eine der bedeutendsten asiatischen Städte, das Zentrum des Zuckerrohrbaus und der Zuckerfabrikation, also eine Art Magdeburg des frühen Mittelalters.

Die Besitznahme der persischen Erdölgebiete am Tigris und Karun würde für die Türkei einen bedeutenden Gewinn und für die Engländer einen äußerst empfindlichen Verlust bedeuten, der so bald nicht wieder gut zu machen ist.

Der Verlust ist gerade für die Marine besonders empfindlich. England war vor dem Kriege lange Zeit auf der Suche nach einem Petroleumvorkommen, das von amerikanischen Trusts unabhängig sei, um die Ölfeuerung seiner Kriegsflotte vollständig zur Durchführung zu bringen. Dieses Rohöl wurde in Chusistan gefunden, wo die Anglo-Persian Oil Co. bereits 1901 eine Kon-

[1]) C. Ritter, Westasien S. 146, 556/7.
[2]) Ritter, a. a. O. S. 177.
[3]) Edrisi b. Jaubert S. 383.

zession erworben, aber nur wenig ausgebeutet hatte. Als sich die Ölquellen, die am oberen Lauf des Karun zwischen den Städten Achwas, Schuschter und Disful liegen, ergiebig erwiesen, beteiligte sich die englische Regierung mit 44 Mill. M. an den Aktien der Oil Co. Das Parlament gab seine Zustimmung. Dem persischen Staate wurden 16 v. H. des Reingewinnes „versprochen".

Der Karunfluß ist, wie erwähnt, von Achwas ab schiffbar. Die Ölquellen liegen also im Machtbereich des Persischen Golfs, von dem andere Mächte fernzuhalten England mit aller Macht bestrebt war. Es sei in dieser Hinsicht nur an die deutsch-englischen Verhandlungen über die Bagdadbahn erinnert, die bei Basra ihr Ende fand und von dort auf den Versandungen ausgesetzten Schatt-el-Arab mit seiner vorliegenden Barre basiert blieb.

Wie wichtig das neue Befeuerungsmaterial wegen seiner leichten Verstaubarkeit, größeren Wärmeenergie und des dadurch erzielten erheblich erweiterten Aktionsradius für die Kriegsflotte ist, bedarf keiner weiteren Ausführung. Über 100 Kampfeinheiten der britischen Kriegsmarine waren im Frühjahr 1914 schon zur ausschließlichen Ölfeuerung eingerichtet. Röhrenleitungen sind aus dem Quellgebiet von Chusistan direkt nach dem Schatt-el-Arab geführt worden.

Außerdem hatte die Imperial Bank of Persia in Teheran die Genehmigung für den Bau einer Bahn von Mohammera über Achwas und Disful nach Khoremabad erworben; die Absteckungs- und Vermessungsarbeiten auf der Strecke Mohammera—Disful (225 km) waren im Frühjahr 1914 beendet, die Fortführung der Arbeiten nach Khoremabad (130 km) aber durch die feindliche Haltung der dort wohnenden Lurenstämme verhindert.

Zu Anfang des Jahres 1914 wurde mit dem Bau der Bahn Mohammera—Achwas—Disful begonnen, und eine größere Zahl von Bohrtürmen gelangte zwischen den letzteren beiden Orten zur Aufstellung. Die Ölgewinnung ist jedoch großenteils den Türken zugute gekommen, welche nach dem Jahresbericht der Gesellschaft im Jahre 1915 Erdöl im Werte von 51 000 £ beschlagnahmten.

Über den Reichtum des Karun-Erdölreviers und die voraussichtlichen Aussichten der mesopotamischen Petroleumfelder im allgemeinen gibt der im Londoner „Economist" Januar 1916 veröffentlichte Jahresbericht der englischen Gesellschaft (April 1914 — März 1915) lehrreichen Aufschluß. Hiernach war die zum Schatt-el-Arab nach Abadan („Little London") führende, 150 englische Meilen lange Röhrenleitung vom 5. Februar 1915 an $4^1/_2$ Monate lang durch die Tätigkeit „persischer Banden" unterbrochen. Trotzdem der Betrieb für mehr als ein Drittel des Jahres gestört war und trotz der Verluste, welche die Beschlagnahme von Vorräten im Werte von 51 000 £ durch die Türken sowie die Unmöglichkeit der Aufspeicherung größerer Ölmengen hervorrief, betrug der Rohgewinn 90 431 Pfund = annähernd 2 Millionen Mark — auf ein Kapital von $2^1/_3$ Millionen £. Unter Berücksichtigung der mannigfachen Verluste würde demnach der Rohertrag 4—5 Millionen Mark betragen.

Diese Summe berechtigt zu dem Rückschluß auf das Vorhandensein sehr bedeutender Erdölmengen am Karun und in den geologisch übereinstimmenden Petroleumrevieren Mesopotamiens. Mag auch das prozentuale Ergebnis für die englischen Aktionäre und die Regierung betrübend sein — uns interessiert nur die Feststellung, daß wirklich viel Erdöl vorhanden ist, und daß es — wie der Bericht wehklagend hervorhebt — auch fröhlich weiterrinnt, wenn die Möglichkeit der Verwertung durch „äußere Umstände" unterbunden ist.

Über die Eigentumsverhältnisse in Südpersien ist noch keine Voraussage möglich. Macht man die naheliegende Annahme, daß ähnliche Erdölvorräte am Tigris wie am Karun vorhanden seien, so würde auch nur die Behauptung des gegenwärtigen Geländes durch die Türkei Deutschland durch das mesopotamische Erdöl ebenso unabhängig von Amerika machen, wie es durch die mesopotamische Baumwollenernte möglich ist.

Schlußbetrachtung.

Die Wichtigkeit, welche die mesopotamischen und südpersischen Erdölvorkommen für den Handel, Verkehr und die Ausfuhr der Gegenwart erlangen werden, wird fast noch übertroffen durch die religionsgeschichtliche Bedeutung, die sie für den Zarathustrakult besaßen. Es kann, wie aus der vorangehenden Darstellung erhellt — kaum einem Zweifel unterliegen, daß die Religion der Anbetung des reinen Feuers auf die brennenden Gasquellen zurückgeht. Das räumliche Zusammenfallen der Erdölgebiete mit den Hauptstädten der Arsakiden- und Sassanidenreiche spricht ebenso dafür wie das Vorkommen älterer und neuerer Kultstätten an den Gasquellen (Heiligtum der Anaitis und des vierten Kalifen Ali). Auch in der Gegenwart, d. h. noch vor 1½ Jahrzehnten, stand der vielleicht letzte Feuertempel Vorderasiens bei Baku in der Nähe der Gasquellen, welche am Kaspimeer nahe der Küste entspringen.

Braunkohle.

Jungtertiäre Braunkohle findet sich in Anatolien an vielen Stellen und gewinnt dort, wo mächtige, schwefelkiesfreie Flöze auftreten, schon wegen des Holzmangels im Hochland mehr als örtliche Bedeutung. Ihre Verfeuerung in Verbindung mit Erdöl oder Masut hat bei Versuchen auf Lokomotiven der anatolischen Bahn zu günstigen Ergebnissen geführt.

Im Wilajet Brussa sind als wesentlichere Fundorte das Dorf Küre, zwischen den Stationen Eskischehir und Biledschik der anatolischen Eisenbahn, ferner Manjilik zu nennen. Bei Küre bauen zwei kleine Gruben 60 m unter Tage ein 2 m mächtiges Flöz guter Kohle ab, und bei Manjilik steht auf 4 km Länge ein 10 m mächtiges Flöz mit allerdings 30% Aschengehalt an. Weiterhin wird von geringeren Vorkommen bei Kurmasti und bei Gemlik am Marmarameere berichtet.

Südwestlich der Station Tschai der anatolischen Eisenbahn, südöstlich Afiun Karâhissar, liegt ein 2 m starkes Flöz guter, harter Kohle, deren Heizwert etwa zwei Drittel Heizwert der Steinkohle beträgt.

Im Wilajet Smyrna steht nach Philippson Braunkohle 3 km nordwestlich Soma, der Endstation der Eisenbahn Smyrna—Manissa—Soma, an, und zwar in 5—10 m Mächtigkeit, bei milder, aber sonst guter Beschaffenheit. Auf der Yarik-Kaya-Grube steht eine Brikettfabrik in Betrieb. Auch bei Sokia, 80 km südlich von Smyrna, ist ein Flöz auf größere Erstreckung nachgewiesen worden.

Die der Balia-Gesellschaft gehörende Braunkohlengrube Manjilik liegt an der Umbiegungsstelle des Deirmen-Deré nach Nordwesten in einer kleinen, vereinzelten Scholle von Jungtertiär, rings von dunklem Andesit umgeben; dieser steht sowohl unten im Tal als auch oben am Abhang an. Die ganze Scholle hat nur 1200 m Breite und bildet eine dem Andesit aufruhende, N 35° O streichende Mulde, deren Flügel mit etwa 30° einfallen. In dünnblättrigem Kalkschiefer mit zahlreichen, gut erhaltenen Blattresten liegt ein Kohlenflöz, dessen Mächtigkeit bis zu 15 m beträgt. Im Ausgehenden ist ein großer Tagebau angelegt, außerdem ein Stollen, der aber infolge des beträchtlichen Schwefelkiesgehaltes der Kohle in Brand geraten und verlassen ist. Die Kohle gelangt auf einer 30 km langen Feldbahn nach Balia; die Wagen werden bis zur Paßhöhe von Ochsen gezogen und dann nach Balia abgebremst.

Etwas oberhalb der Paßhöhe des Mykalegebirges liegt das Braunkohlenbergwerk Merjantepe bei Scalanova. Das Jungtertiär von Sokia bildet nach Philippson eine große Mulde, in der die Schichten vom Mykalegebirge steil nach N fallen und sich gegen den Gümüsch-Dagh wieder aufrichten. Die Braunkohle zieht am Rande der Mykale entlang und soll auch am Gümüsch-Dagh wieder erscheinen. Das 4—5 m mächtige Hauptflöz, das einzelne Tonlagen enthält, führt eine gut aussehende schwarze Kohle, die aber so schwefelreich ist, daß sie auf der Halde in Staub zerfällt und in Brand gerät. Es scheint, so bemerkt Philippson, daß man die Eigenschaften der Kohle nicht genügend untersucht hat, ehe man mit großer Verschwendung an die Einrichtung der Gruben ging und dafür etwa 1 Mill. Fr. ausgab. Geräumige Stollen und geneigte Strecken waren an verschiedenen Stellen angesetzt, um die Kohle aufzuschließen und dann mit der Ausbeute zu beginnen. In der ersten Grube beobachtete Philippson das Streichen etwa N 35_0 O und ein nordwestliches Fallen von etwa 30°. Im Innern hat eine Verwerfung das Flöz auf 20 m Tiefe senkrecht, zum Teil überkippt, gestellt. Die Kohle liegt zwischen Sand, jedoch kommen auch Kalkschichten mit Unionen und schlecht erhaltenen Blättern vor. Die zerfallende Kohle ist ohne Brikettierung unverkäuflich und muß zu diesem Zweck sogar mit 7% Teer gebunden werden. Unter diesen Umständen mußte selbst dem Laien das Unternehmen, das dann auch bald wieder eingegangen sein soll, verfehlt erscheinen.

Über Lignit und Braunkohle in Ost-Anatolien gibt das internationale Werk[1]) einige Angaben, z. T. aus älterer Literatur, z. T. nach ganz unbestimmten Nachrichten.

Lignit wird von Cuinet (Turquie d'Asie I) vom Tavschan-Dagh bei Mersina, ebenso aus der unmittelbaren Nachbarschaft von Tokat und von einem Punkte im SO dieser Stadt erwähnt. Nach einer englischen Angabe[2]) kommt im Bezirk Mamure-tralvalvis bei Tschemischgedsek gute Kohle, ferner Lignit bei Safranik, Dersim, Derstek und Schengyah bei Baiburt vor.

In dem Wilajet Erserum ist „obereozäner" Lignit versuchsweise abgebaut worden; das Flöz zeigt gute Ausbildung im oberen Araxestal bei Kheneke unweit Migri, sowie am Kaschkal-Dagh. Die Jahresförderung beträgt:

	1910	1911
Kheneke (Narman)	1300 t	450 t
Bartik (= Hortuk?) bei Terdschan	86 „	
Kukurtluh (Erserum)	120 „	50 „
Sivischlu „	860 „	45 „
Tasegul „	—	20 „
Charel „	—	20 „

In der Provinz Erserum findet sich Kohle bei Karakhan und Hortuk, 35—40 englische Meilen nordwestlich von Erserum, und wird mit Hilfe von Stollen abgebaut. Die Kohle ist zwar im Ausgehenden stark sandig, jedoch werden nach der Tiefe zu bessere Ergebnisse erwartet. Bei dem Dorfe Lezghiaf im Gebiet von Tortum und im Bezirk Narman ist ebenfalls Kohle erbohrt worden, ebenso bei dem Dorf Erkowan im Bezirk Kemahk und bei Kukurtluh im Bezirk Aschkale.

Die Bedeutung der verschiedenen Braunkohlen für die Ausfuhr ist vorläufig noch gering. Nur für den Bezirk Erserum gibt die internationale Statistik der Vereinigten Staaten für 1911 eine Ausfuhr von 600 t an.

[1]) The coal resources of the world. Toronto 1913 II. S. 742. Der Abschnitt ist von einem armenischen Bergingenieur Leon Dominian bearbeitet.

[2]) J. E. Spurr, Eng. and Min. Jour., 1912 (4. Okt.).

Südlich von Erserum wird bituminöse Kohle aus den Bergen westlich der Ebene von Musch angegeben. Südöstlich von Musch wird aus dem Wilajet Bitlis von harter, „an Anthrazit erinnernder Kohle" berichtet, die reichlich zwischen den Dörfern Dergal und Tschemak, sowie weiter westlich bei Palu vorkommen soll. Dies Gebiet gehört in geologischer Hinsicht zu den unbekanntesten Winkeln unseres Planeten und bedarf daher um so gründlicherer Untersuchung. Eine Eintragung dieser zweifelhaften Vorkommen auf einer Karte halte ich nicht für angezeigt, trotzdem dem Berichte von Dominian eine solche beiliegt.

Endlich werden aus dem Wilajet Wan eine Anzahl von Vorkommen bituminöser Kohle erwähnt (a. a. O. p. 743). Lignit in geringer Mächtigkeit findet sich bei Baschkale unweit Hekiari, sowie zwei Tageritte nördlich von Nordus. Bituminöse Kohle wird vom Ak-Tschai am Kara-Su, 24 km vom Hafen Scheraker am Wansee erwähnt.

Mehrere Braunkohlenflöze von einer Mächtigkeit bis 1 m werden von Siwan bei Arschek, 27 km östlich von Wan, sowie von Schamanis im Bezirke Schatak angeführt.

Noch unbestimmter sind die Angaben über (? jungtertiäre) Braunkohle in Nordmesopotamien: Ein kleiner Bergbau ging vor einem halben Jahrhundert 45 km östlich von Djesîre (am Tigris) im nördlichen Bereiche der Provinz Kharput um; ähnliche Nachrichten beziehen sich auf den Djebel Hamrin 90 km nordöstlich Bagdad und auf Mossul und Kifri — bei denen jedoch eine Verwechselung mit jungtertiärem Asphalt nicht ausgeschlossen ist.

Bei Herbol im Bezirk Zakho, nordöstlich von Mossul auf dem linken Tigrisufer, findet sich angeblich jüngere, wahrscheinlich jurassische Kohle in einem Flöz, das nach Naumann [1]) 50 m, nach Hochstätter 3 m mächtig ist.

Sehr wenig ist über die alttertiäre Braunkohle bekannt. Im nördlichen Mesopotamien kommt nach Blanckenhorn [2]) Braunkohle im Untereozän von Mardin vor; im südlichen Amanos bei

---

[1]) E. Naumann, Vom Goldenen Horn zu den Quellen des Euphrat.

[2]) Syrien, Arabien und Mesopotamien. Handb. d. reg. Geol. Bd. 5, Abt. 4, S. 140. C. Diener a. a. O. S. 35/36.

Beilan ist dieselbe Schichtenreihe durch Kontakt mit dem Gabbro metamorphosiert und die Kohle in Anthrazit umgewandelt worden.

Bei Nemrun, 12 Kamelstunden von Mersina in der Provinz Adana, wurde die Braunkohle des Oberoligozäns vorübergehend abgebaut. In der Provinz Beirut bei Tyre und Safed am Libanon steht Braunkohle in geringer Menge und Beschaffenheit an. Die im allgemeinen nur 25—40 cm mächtigen, höchstens auf 1,2 m anschwellenden Flöze gehören dem Sandstein der unteren Kreide an und sind bereits von Russegger und O. Fraas [1]) untersucht worden, die die Geschichte des zum Teil schwindelhaften Bergbaues geschrieben haben. Die Einsprengung von Schwefelkies ist meist so bedeutend, daß die Braunkohle technisch unverwertbar wird; dazu kommen die Verfrachtungsschwierigkeiten. Die Ausdehnung der Vorkommen ist recht bedeutend; jedoch ist nach Blanckenhorn zurzeit nur eine Braunkohlengrube bei Haitura in der Nähe von Djeezzin in Betrieb. Das Flöz ist nach dem genannten Forscher gut und die Ausbeutung nur durch die schwierige Beförderungsmöglichkeit beeinträchtigt.

Jungtertiäre Braunkohlen sind infolge des Krieges in größerer Ausdehnung in der Nähe der Hauptstadt erschlossen und ausgebeutet worden:

1. So 12 km von Buyuk deré, wo 30—40 t täglich gefördert und für die elektrischen Werke in Konstantinopel verwendet werden. Diese Werke stehen ebenso unter der Leitung des Marineministeriums wie die gleichartigen Vorkommen

2. von Lampsaki (Lampsakos) am Hellespont, wo ebenfalls 30—40 t Braunkohle täglich gefördert werden.

3. Zwischen Biledschik und Eskischehir an der Anatolischen Bahn (S. 67) werden zurzeit ebenfalls 50 t pro Tag gefördert, die für den Bahnbetrieb Verwendung finden. Wenn auch diese Gruben zunächst nur als Kriegshilfe gedacht sind, so sind sie — wie mir Herr Himmighoffen aus Konstantinopel freundlichst mitgeteilt hat — doch jedenfalls schwefelkiesfrei und somit auch in Zukunft (in Friedenszeiten) etwa in Verbindung mit Masut (S. 67) einer weiteren Verwendung und größeren Ausdehnung fähig.

---

[1]) Aus dem Orient. 1878. T. 2.

Steinkohle.

Das Kohlenrevier von Heraklea-Songuldak. Die allgemeine Entwicklung dieses Vorkommens stimmt in allen wesentlichen Zügen mit dem Becken von Waldenburg und von der Saar, d. h. mit den der großen, rein limnisch ausgebildeten Gebirgssenken Mitteleuropas überein. Die Schichtenfolge geht aus der umstehenden Übersicht hervor.

Die Flöze stimmen an Zahl (etwa 20) und in der durchschnittlich 1—2 m betragenden Mächtigkeit mit denen von Waldenburg überein; allerdings ist eine Höchstmächtigkeit von 8 m, wie sie das Flöz Tschai-Damar aufweist, in Niederschlesien und an der Saar nicht beobachtet worden. Die Unterlagerung durch marines Unterkarbon, das Fehlen ozeanischer Zwischenschichten, die Mächtigkeit und Grobkörnigkeit der Konglomerate, das Vorkommen von feuerfestem Ton (als Kennzeichen langsamer kontinentaler Zersetzungsvorgänge) erinnern ebenfalls an Waldenburg und Neurode. Auch die Zusammensetzung der Steinkohle sowie die räumliche Ausdehnung der den 200 km langen Küstensaum zwischen Heraklea (Bender-Eregli) und Amasra zusammensetzenden Kohlenbildungen sind ähnlich wie in Saarbrücken oder Waldenburg. Eine Abweichung zeigt nur das aus mariner Unterkreide bestehende Deckgebirge, das zwischen dem Randbruch der Küste und der Steinkohlenformation infolge einer staffelförmigen Ausbildung des Bruchsystems erhalten geblieben ist.

Der Hauptabbau findet zurzeit bei Songuldak und dem unmittelbar angrenzenden Koslu statt.

Im Bereich des aus einem Hauptsattel und einem kleinen südlichen Nebensattel bestehenden Kohlenbezirks von Koslu sind rund 16½ m Steinkohle aufgeschlossen. Bei Songuldak finden sich vom Hangenden zum Liegenden die S. 73 und 74 aufgezählten Flöze mit einer Gesamtmächtigkeit von fast 40 m Steinkohle in 700 m Gebirge.

Schichtenfolge im Becken von Heraklea[1].

Oberkreide	Violetter Kreidemergel mit Inozeramen und Ammoniten. Gelber fossilleerer Sandstein. Bely Bey.

[1]) Ralli a. a. O. S 151. Douvillé, Comptes rend. de l'acad. d. sciences 1896, Bd. 122, S. 678.

Unterkreide	Urgonkalk, oben mit Polyconites Verneuili und Toucasia santanderensis, unten mit Matheronia gryphoides; dazwischen Schichten mit Orbitulina lenticularis. Festes Konglomerat mit tonig-kalkigem Bindemittel.

Rote und bunte Sandsteine.
Schiefer und Konglomerate bei Heraklea.
Rotliegendes mit Taeniopteris bei Mersiwan.

		mittlerer Gasgehalt der Steinkohle
Oberkarbon	Obere Saarbrücker Stufe der Karabons ... 4 Flöze von je 1—1,5 m Mächtigkeit in 1—2 m Abstand.	32,7 %
	Untere Saarbrücker Stufe (Westfalien) Stufe von Kozlu .... Höhepunkt der Kohlenbildung: 20 bauwürdige Flöze mit zusammen 40 m Kohle und 700 m Gebirge. Mariopteris muricata, Sphenopteris Hoeninghausi.	35 %
	Subetische Stufe von Alagda-Agzi .... mit mehreren Flözen. Sphenopteris tenerrimum, Sphenopteris distans, Larischi divaricata, Adiantites tenuifolius, Asterocalamites scrobiculatus.	40,2 %

Konkordante Lagerung.
Unterkarbon: Mächtige Kalke m. Syringopora ramulosa u. Productus giganteus.

Normalprofil der Steinkohlenflöze von Songuldak (Heraklea).

Flöze	Mittel	Teufe m	Mächtigkeit m
Agob			0,2
Pajas			1,50
	Sandstein	100	(einschl. Mittel)
Kesmeli			3,30
	Sandstein	112	
Bujuk			2,50
	Sandstein Konglomerat	138	
Domußtschu			1,38
	Sandstein Schiefer	207	
Tasch-Tadscha			1,45
	Sandstein feuerfester Ton Konglomerat	221	

Flöze	Mittel	Teufe m	Mächtigkeit m
Adjenta			1,50
	Sandstein	332	
Messoglou			1,05
	Sandstein	352	
	Konglomerat		
Flöz ohne Namen			0,55
	Sandstein	403	
Lukidja			1,22
	Sandstein	415	
	Konglomerat		
Milo-Pero			1,58
	Sandstein	440	
	Konglomerat		
Hadji-Mimisch			1,80—1,45
	Sandstein	465	
Tuzlu oder Sulu			1,70—1,00
	Sandstein	510	
	Schiefer		
Kütschük-Adjilik (= Klein-Adjilik) [1])			1,10—0,60
	Sandstein	535	
	Schiefer		
Buyuk-Adjilik (= Groß-Adjilik) [1])			5,37—4,80
	Sandstein	550	
	Konglomerat		
	feuerfester Ton		
Liegend-Flöz [1]) (ohne Namen)			1,00—0,90
	Sandstein		
	Konglomerat mit Toneisensteinknollen		
Pirinds-Bey [1])			1,00
	Sandstein	610	
Tschai-Damar			8,00
	Sandstein	660	
	Schiefer		
Hadji Petros			2,10
	Sandstein	674	
	Schiefer		
Kurd-Scherif			0,95
	Sandstein	696	
Die größte Kohlenmächtigkeit beträgt insgesamt			39,25

Der Hauptsattel von Koslu streicht nahe dem Ort von SW nach NO; weiter östlich wird das Streichen fast rein westöstlich.

Der Abbau, der allein auf den früheren Gruben von Kurdji

[1]) Aufgeschlossen bei Koslu in den früheren Kurdji-Gruben. Feuerfester Ton findet sich im Liegenden von Adjilik und im Hangenden von Adjenta.

bis zum Jahre 1908 rund 2 Mill. t betragen hat, bewegt sich fast nur auf dem mit 25—30° einfallenden Südflügel; der steilere Nordflügel (30—40°) ist nur wenig im Bereich des Schachtes I abgebaut worden.

Die Regelmäßigkeit der Lagerung, die man besonders deutlich in dem 900 m langen Hadji-Mimisch-Stollen (Raghib) und dem Tuslu-Flöz (Kurdji) beobachten kann, wird nur durch wenige Querverschiebungen gestört. In allen Störungen überwiegt die wagerechte Verschiebung bei weitem die senkrechte.

Eine genau von O nach W verlaufende, nirgends durchfahrene Störung folgt der Richtung des Koslu-Tales und trifft also die hier von NO nach SW streichenden Flöze unter spitzem Winkel.

Der unter 55° einfallende Querbruch Indjir-Harman, der für den Abbau am wichtigsten ist, stößt dort auf den Hauptsattel, wo das Streichen aus NO nach ONO umbiegt. Über Tage ist der Verwurf an den Rutschflächen des Sandsteins oberhalb des Luftschachtes 8 sowie an einer Unterbrechung der Höhenlinie des Kammes gut erkennbar.

Der Regel nach findet von Songuldak nach Koslu ein staffelförmiges Abbrechen nach S statt. Jedoch ist der Gebirgsbau bei Koslu viel weniger gestört als bei Songuldak, und die allgemeinen Aussichten für den Abbau sind dort somit besser als hier.

Das 6—8 m mächtige Hauptflöz des ganzen Kohlengebietes Songuldak—Heraklea, das Flöz Tschai-Damar, steht bei Koslu noch unverritzt an. Ein Zweifel, ob dieses Flöz auch bei Koslu auftritt, ist unbegründet, denn der östlichste Teil des Hauptsattels, an dem das Flöz Buyuk-Damar abgebaut wird, ist in dem nächsten Vorkommen des Tschai-Damar-Flözes im Songuldak-Bezirk nur 2 km entfernt. Bei der Regelmäßigkeit der ganzen Ablagerung kann ein Verschwinden des Tschai-Damar-Flözes auf diese geringe Entfernung als ausgeschlossen gelten.

Die durchschnittliche chemische Zusammensetzung der Kohle von Songuldak und von Koslu ist aus der folgenden Zusammenstellung zu ersehen.

Kohlenanalysen aus dem Bezirk von Heraklea

	Flüchtige Bestandteile	Kohle	Asche	Schwefel	Wärme-einheiten	Flüchtige Bestandteile	Kohle	Phosphor	Wärme-einheiten
Uzulmes bei Songuldak, Probe 1	30,6	59,9	8,2	0,4	6728	33,3	66,7	0,03	8310
Uzulmes bei Songuldak, Probe 2	32,0	60,3	6,2	0,5	7911	34,1	65,9	0,03	8438
Sulu-Damar, Kerpitchlik, Flöz Nr. 17	33,9	60,1	4,6	0,3	8156	35,4	64,4	0,01	8551
Buyuk-Damar, Uzulmes, Flöz Nr. 8	31,5	60,8	6,4	0,4	7900	33,6	66,3	0,00	8440
Tschai-Damar, Flöz Nr. 21	31,7	59,8	7,4	0,3	7781	34,2	65,8	0,03	8400
Flöz Adjilik, Koslu-Schacht Nr. 8 der Curdji-Gruben	28,6	62,8	8,2	—	—				
Liegend-Flöz, Koslu-Schacht Nr. 8 der Curdji-Gruben	29,2	60,4	9,4	—	—				

(Letzte vier Spalten:) Nach Abzug des Aschengehaltes berechnet.

Bei gelegentlichen Versuchen in Koslu hat sich gezeigt, daß die Kohle des Adjilik-Flözes einen vorzüglichen leichten und gleichmäßig sinternden Koks ergibt.

Die Kohlenförderung des Bezirks von Heraklea, die vor allem durch die politische Lage in Anatolien beeinflußt wird, zeigt immerhin in den letzten Jahrzehnten eine regelmäßige Steigerung, wie aus der nachstehenden Übersicht hervorgeht.

Kohlenförderung des Bezirks von Heraklea [1]):

Jahr	t	Jahr	t
1884	70 997	1897	122 890
1885	80 129	1898	211 514
1886	88 892,50	1899	253 830
1887	97 846	1900	390 428
1888	109 409	1901	341 221,15
1889	146 366,50	1902	364 206,71
1890	137 282,50	1903	453 807,20
1891	166 230,50	1904	518 874,80
1892	168 727	1905	592 874,80
1893	173 456,50	1906	610 400,20
1894	159 687,50	1907	625 000
1895	147 445	1911	750 000
1896	166 170		

[1]) Die Förderzahlen bis 1907 sind der Revue commerciale du Levant, Konstantinopel 1908, S. 544, entnommen. Die Zahl für 1911 ist in der allgemeinen Übersicht des Werkes Mineral ressources of the United States enthalten; in den vorangehenden Jahren führte diese Statistik die Türkei nur unter der allgemeinen Bezeichnung „Andere Länder“ auf.

Außerdem wurden hergestellt:

Jahr	Koks t	Briketts t
1900	29 890	3 342
1901	38 566,17	12 357,295
1902	32 624,50	4 110
1903	36 128,50	
1904	36 223,50	
1905	33 162,79	
1906	29 764,49	
1907	20 000	

Anhang:

Die wichtigsten Bestimmungen des türkischen Berggesetzes vom 14. Sefer 1324

(26. März 1906).

Das Berggesetz unterscheidet zwei Klassen von Lagerstätten. Klasse I umfaßt Gänge, Flöze und Lager unter Tage (kurz als „Gruben" bezeichnet) und begreift Lagerstätten von Gold, Silber, Platin, Quecksilber, Blei, Eisen, Kupfer, Zinn, Zink, Wismut, Kobalt, Nickel, Arsen, Mangan, Antimon, Aluminium usw., ferner Bernstein, Schwefel, Alaun, Graphit, Kohlen, Naphtha, Asphalt, Petroleum, Edelsteine, Schmirgel, Meerschaum, Borazit, Steinsalz, Salzsolen, kupferhaltige Wässer, Mineralwässer.

Zu Klasse II gehören alle unregelmäßig an der Oberfläche auftretenden nutzbaren Mineralien, die im Tagebau gewonnen werden können, wie Eisenerze, Kiese, mineralische Erden, Torf. Die Verleihung beider Arten von Lagerstätten geschieht durch kaiserliche Verfügung. Die Dauer der Verleihung beträgt 99 Jahre, doch können Substanzen, die nicht in Gängen, sondern ausschließlich in Lagern vorkommen, wie Chrom, Schmirgel, Borazit und dergleichen, für einen Zeitabschnitt von nicht unter 40 und nicht über 99 Jahre verliehen werden. Während der Dauer des Verleihungsverfahrens können die Objekte an Dritte verkauft und ebenso vererbt werden.

Bestimmungen für Klasse I.

Schürfungen dürfen — auch von den Besitzern des betreffenden Grundes und Bodens — nur nach Ausstellung eines Schürfscheins ausgeführt werden. Schürfungen auf fremden Ländereien, deren Besitzer seine Einwilligung dazu verweigert, sowie auf Domänen erfordern eine besondere behördliche Erlaubnis.

Das Gesuch um Ausstellung eines Schürfscheines ist an die Regierung der betreffenden Provinz bzw. des unabhängigen

Sandschaks zu richten. Bei Gesuchen für eine Aktiengesellschaft ist der Nachweis zu führen, daß diese von der türkischen Regierung anerkannt ist. Der Nachsuchende erhält seine Bescheinigung über die Eintragung seines Gesuches, wodurch sein Vorrecht begründet wird. Die Provinzialregierung prüft sodann das Gesuch und erteilt, wenn kein Hinderungsgrund vorhanden, den Schürfschein (Ilmu Chaber, Permis de recherche).

Sie benachrichtigt hierauf das Ministerium für Landwirtschaft, Bergbau und Forsten, und dieses erklärt innerhalb von vier Monaten entweder seine Zustimmung oder berichtet an die Hohe Pforte, die binnen weiteren vier Monaten darüber entscheidet. Der Nachsuchende kann sich in letzterem Falle ebenfalls an die Hohe Pforte wenden.

Die Provinzialregierung soll die Prüfung des Gesuches, der Persönlichkeit sowie der Vermögensverhältnisse der Antragsteller und die Entscheidung darüber in sechs Monaten nach der Einreichung erledigen. Der Nachsuchende muß innerhalb dieser Frist die Erteilung des Schürfscheins betreiben, da sonst das Gesuch hinfällig wird. Ebenso verliert der Nachsuchende seine Rechte, wenn er sich nicht nach Erledigung aller Förmlichkeiten innerhalb von zwei Monaten nach der Benachrichtigung durch das behördliche Notariat zwecks Ausfertigung des Schürfscheines an die kaiserliche Behörde wendet. (Diese Bestimmungen scheinen unklar: es ist zwar angegeben, daß das gesamte Verfahren nicht über 8 Monate dauern darf, aber nicht gesagt, ob in dieser Frist auch die sechs Monate inbegriffen sind, die die Provinzialbehörde für die Prüfung des Gesuches beanspruchen kann.)

Die Dauer der Schürferlaubnis beträgt ein Jahr; sie kann unter gewissen Umständen um ein weiteres Jahr verlängert werden. Innerhalb der Geltungsdauer muß das Gesuch um Verleihung des Grubenfeldes eingereicht werden.

Ein bestimmter Flächeninhalt des Schürffeldes ist nicht vorgeschrieben; er wird von Fall zu Fall festgesetzt und ist dann auch für das spätere Grubenfeld maßgebend.

Die Übertragung des Schürfrechtes an Dritte ist gestattet, doch bedarf es hierfür einer besonderen Verfügung der Bergbehörde bzw. der Hohen Pforte.

Das Gesuch um Verleihung eines Grubenfeldes ist an die Bergbehörde zu richten, die es entträgt und veröffentlicht und eine Frist von zwei Monaten für etwaige Einsprüche ansetzt. Die Prüfung und Weitergabe des Gesuches an das Ministerium soll innerhalb von sechs Monaten nach der Eintragung erfolgen, die Ausfertigung des Titels innerhalb eines Jahres.

Wenn in einem für ein bestimmtes Mineral verliehenen Felde ein anderes getrennt von dem ersten auftritt, so ist für dieses zweite eine besondere Verleihung erforderlich. Der Besitzer der ersten Verleihung hat das Vorrecht, auch wenn die Verleihung für das zweite Mineral bereits von anderer Seite beantragt worden ist, falls er ein diesbezügliches Gesuch innerhalb der gesetzlichen Frist einreicht.

Das Gesetz bezeichnet Felder, deren Lagerstätten nachgewiesen sind, als „Entdeckte Gruben". Solche Felder können unter gewissen Voraussetzungen auch an andere als den Entdecker verliehen werden, doch hat dieser dann ein Recht auf Entschädigung.

Die Bergbehörde veröffentlicht eine Liste der ihr bekannten „entdeckten", aber aufgelassenen Gruben und solcher, deren Verleihung erloschen ist. Der Betrieb dieser Gruben kann für je ein Jahr an den Meistbietenden vergeben werden. „Entdeckte" Gruben, die der Behörde unbekannt und nicht bei ihr eingetragen sind, sowie solche, die 99 Jahre vor Erlaß dieses Gesetzes außer Betrieb gewesen sind, gelten als freie Felder.

Der Betrieb einer Grube muß binnen zwei Jahren nach der Verleihung begonnen werden, bei Verlust der Verleihung. Eine einmalige Verlängerung dieser Frist um sechs Monate ist zulässig, sofern triftige Gründe vorliegen.

Für den Betrieb ist ein der Behörde verantwortlicher Direktor zu ernennen. Alle Angestellten und Arbeiter, mit Ausnahme des Ingenieurs und des Obersteigers, müssen türkische Staatsangehörige sein.

Bestimmungen für Klasse II.

Grundbesitzer haben auf ihrem Lande stets das Recht, nach Erlangung eines kaiserlichen Firmans Tagebau zu treiben. Beuten sie die Lagerstätten nicht aus, oder stellen sie den Betrieb ein, so kann das Feld auf Antrag einem anderen verliehen werden. Dem Grundbesitzer steht in diesem Falle eine Entschädigung zu.

Für den Übergang vom Tagebau zum Tiefbau ist eine Verleihung des Feldes nach den Bestimmungen für die Klasse I Vorbedingung.

Streitigkeiten über den Besitz von Grubenfeldern werden auf administrativem Wege entschieden, sonstige durch die ordentlichen Gerichte.

Zusammenfassung:

A. Über Erze, Nichterze und Kohlen Anatoliens.

Von den nutzbaren Mineralien Anatoliens sind einige, wie Meerschaum und Pandermit, ausschließlich kleinasiatisch, andere, wie Chromit und Schmirgel, gehören den wichtigsten Vorkommen dieser Art in der Welt an.

Die Mannigfaltigkeit der Erze, Kohlen und Nichterze ist entsprechend dem abwechslungsreichen Aufbau sehr groß. Den einzelnen Eruptivgesteinen und Sedimenten entstammen folgende Vorkommen:

1. Schmirgel, Zinnober und einige gangförmige Erzvorkommen (Bleiglanz, Blende usw.) dem Urgebirge.

2. Chromit, Manganerze und das Verwitterungsprodukt Meerschaum dem Serpentin bzw. dem Gabbro als Urgestein.

3. Die große Mehrzahl der gangförmigen und Kontakt-Erzlagerstätten den miozänen Eruptivgesteinen des Nordostens.

4. Dolinenerz (Roteisenstein) den Oberkreidekalken.

5. Phosphate und Asphalt (vgl. Nr. 6) der Oberkreide Palästinas und Syriens.

6. Braunkohle dem Tertiär (sie ist in Anatolien verbreitet, aber trotz verschiedenartiger Altersstellung selten bauwürdig; das gleiche gilt für die Kreidekohle Syriens).

7. Steinkohle dem Oberkarbon (sie zeigt kontinentale, der Waldenburger und Saarbrücker Ausbildung nahestehende Entwicklung und tritt flözreich bei Heraklea [Eregli], Koslu und Songuldak am Schwarzen Meer auf).

8. Steinsalz den ursprünglichen Lagern des roten, obermiozänen Sandsteins und vornehmlich den abflußlosen Salzpfannen von Inner-Anatolien und bei Aleppo.

Die bergwirtschaftliche Wiederbelebung Anatoliens hängt in erster Linie von der Ausgestaltung der jetzt noch fehlenden Verkehrswege ab. Heute kommen für die Ausbeutung fast nur die an den Verladeplätzen der Meeresküste oder an den wenigen Eisenbahnlinien liegenden Mineralvorkommen in Betracht. Seltene Ausnahmen bilden reiche Erzgruben, wie Balia-Madén (mit silberhaltigem Bleiglanz und Zinkblende), deren Abbau trotz der Ungunst der Lage gedeiht.

B. Über das mesopotamische Erdöl.

1. Über die türkisch-persischen Erdölgebiete, die durchweg auf jungtertiärem Untergrunde entspringen und sich
   A. im Bereiche des unteren Tigris (Tuz Charmati, Kerkuk, Gajara),
   B. am unteren Euphrat (Hit),
   C. in der persischen Provinz Chusistan bei Achwas am Karun ausdehnen,

   liegen Nachrichten vor, die bis auf Herodot und Strabo zurückgehen. Das englische Großunternehmen am Karun hat neuerdings die Bedeutung dieser Erdölvorkommen für Handel und Weltverkehr noch unterstrichen.
2. Die Bedeutung der Erdölvorkommen (A und auch C) beruht auf der Beschaffung von Betriebsstoffen für die Bagdadbahn; ferner besitzt das durch Eisenbahn und den schiffbaren Karun mit dem Schatt-el-Arab verbundene chusische (persische) Erdölgebiet besondere Wichtigkeit für die Ausfuhr und die Beheizung von Schiffen.
3. Politisch gehören die Erdölgebiete am unteren Tigris (A) und Euphrat (B) zu der Türkei, während die von den Engländern erschlossenen Vorkommen am Karun (C) zeitweise von den Türken besetzt gehalten wurden.

Ausblicke in die Zukunft.

A. Berggesetz und Bergverwaltung.

Die Mängel des türkischen Berggesetzes beruhen in der Höhe der Abgaben, welche vor der Erteilung des Permis de recherche und des Irade verlangt werden. So notwendig an sich die Fernhaltung unsicherer Elemente vom Bergbau ist, so bestand die Wirkung der Abgaben vielfach darin, jede Ausbeutung zu verhindern, da außerdem die Mängel des Wege- und Eisenbahnnetzes und die Unbekanntschaft mit der geologischen Zusammensetzung die Unternehmer zu großen Ausgaben in beiden Richtungen zwingt. Die notwendige Fernhaltung schwindelhafter Unternehmungen könnte durch Hinterlegung einer Kaution gewährleistet werden, die Eigentum des Unternehmens bleibt.

Dem fiskalischen Interesse würde wirksamer als durch die hohen Kosten des Schürfscheins und Irades durch Abgabe eines entsprechenden Prozentsatzes des Reingewinnes Genüge geschehen. Gänzlich neu zu gestalten ist die Form der Kohlenverleihung, die jetzt auf jedes einzelne Flöz erfolgt. In Zukunft müßte — wie schon jetzt bei der Société d'Héraclée — die Verleihung für eine bestimmte, räumlich begrenzte Fläche bis in die ewige Teufe erfolgen.

Die Bergpolizeibeamten, d. h. Bergingenieure der Wilajets, werden zurzeit so schlecht besoldet, daß sie ihre Stellung nur als Gelegenheit zu Reisen ausnutzen und möglichst bald die Staatsanstellung mit einer privaten Beschäftigung zu vertauschen suchen. Im Zusammenhang mit der Neugestaltung des Berggesetzes ist die Stellung dieser provinziellen Bergbeamten derart zu sichern, daß die Inhaber ihre Beschäftigung als dauernde aufzufassen in der Lage sind.

B. Geologische Landesaufnahme.

Neben der Verbesserung des unhaltbaren Berggesetzes und der Transportmöglichkeiten für Bergwerksprodukte ist eine geologische Aufnahme des Landes notwendig, und zwar sind zunächst die Steinkohlen-, Erz- und Erdölgebiete in Nordanatolien und Mesopotamien zu berücksichtigen. Es ist wahrscheinlich, daß die neue Entdeckung abbauwürdiger Lagerstätten in den an sich aussichtsvollen Gebieten die vermehrten Kosten der Bergverwaltung und der geologischen Aufnahme zum Teil wieder einbringt.

Statistische Daten und Tabellen über die Minen der Türkei.

Von

Ingenieur A. Hänig, Privatdozent.

Nach Konsulatsberichten veröffentlicht.

Vorwort des Verfassers.

Ursprünglich war meine Studie „Statistische Daten und Tabellen über die Minen der Türkei" ja als Sonderstudie für eine neue und erweiterte Auflage meines (in den Bergwerks-, Hüttenwerken und Walzwerksindustrien und Handelshochschulen Deutschlands und Österreich-Ungarns gut eingeführten) Werkes: „Der Erz- und Metallmarkt"[1]), die nach dem Kriege von mir geplant ist, von mir vorgemerkt worden.

Als ich aber nun aus einer Zeitungsnotiz erfuhr, daß bereits in Leipzig eine Deutsche Vorderasien-Gesellschaft bestand, entschloß ich mich, diese Studie derselben zu übersenden.

Ich erhielt dann bald einen Bescheid vom Vorsitzenden dieser Gesellschaft mit der erfreulichen Mitteilung, daß meine Studie durchaus erwünscht komme, da die Gesellschaft eben im Begriffe sei, den I. Band einer Studienreihe

„Das Wirtschaftsleben der Türkei"

herauszugeben, in dem sich eine Studie von Geheimrat Frech über die Mineralschätze befindet, die vorwiegend nach der geologischen Seite diese Mineralschätze der Türkei behandelt.

Die Angliederung meiner Studie, die gerade allein durch ihre modernen Tabellen der realen d. h. der praktisch verwendbaren Werte der türkischen Erzgruben für den Weltmarkt jeden Fachmann interessieren muß, muß daher an dieser Stelle am richtigen Platze sein.

Denn die Studie enthält:

In den Tabellen I und II die Verteilung durch „Firman" (Verleihung) eingetragener Gruben auf die verschiedenen Provinzen nach Zahl sowie Flächenmaß (Tabelle I) und die Gruben, geordnet nach der Produktionsart, nach Zahl und Djeril.

[1]) Erschienen 1910 im Verlag von Ferdinand Enke in Stuttgart.

Die Spezialtabelle III ergibt sodann die folgenden Rubriken:

Provinz, Bezirk und Sitz der Regierung (nach Stadt und Dorf), Verleihung,

Grubenart (nach Djeril und Deumun), die Erträgnisse (nach Piastern und Para),

Datum des „Firman“, Bemerkungen,

während die Spezialtabelle IV Gruben enthält, die zwar entdeckt, aber noch nicht konzessioniert sind oder deren Konzession annulliert ist.

Tabelle V dann gibt eine Zahlentabelle der erlaubten Ausbauten während der Jahre 1322 und 1323, sowie auch die Wilajets (Provinzen) an.

Die Tabelle VI aber gestattet eine allgemeine Übersicht über die Minenproduktion der Jahre 1318—1323 und deren Bewertung, die ein erschöpfendstes Bild über Reichhaltigkeit der verschiedensten Erze, deren Quantitäten und Werte in den Jahren 1318—1323 ergibt, während die Schlußtabelle VII einen guten Überblick über die Auslandtransporte nach fremden Ländern nach Erzarten, Quantitäten und Werten der Jahre 1318—1323 sowie die Angabe der betreffenden Länder gestattet.

Natürlich werden die „Fermans“, die den Russen, Franzosen, Italienern und Engländern s. Zt. erteilt worden sind, durch diesen Weltkrieg sämtlich annulliert, während die anderen bestehen bleiben.

A. Hänig, ing.,
Privatdozent.

Inhaltsverzeichnis.

Statistik der Minen für das Jahr 1323.

(14. März 1907 bis 13. März 1908.)

Das erste Minenreglement wurde in der Türkei am 9. Muharrem 1278 (1861) veröffentlicht. Dieses Reglement besaß 5 Kapitel und 50 Artikel und wurde modifiziert durch das Reglement vom 3. Muharrem 1286 (1869), auf das dann ein anderes Reglement vom 25. August 1886 folgte, und endlich das gegenwärtige in Kraft befindliche Reglement vom 26. März 1906.

a) Ausgebeutete Minen unter Staatsregie.

Dieser Minen existieren an Zahl fünf:

1. Die Kupfermine von Erghani;
2. Die silber- und goldhaltige Bleimine von Bulgar Dagh;
3. die silberhaltige Bleimine von Gümüsch Hadji-Köi;
4. die Meerschaummine von Eskichehir;
5. die Tonmine von Mihalidjik (Angora).

Der Staat besitzt außerdem eine metallurgische Anstalt in Tokat.

Die Produktion dieser Minen erscheint in den allgemeinen Produktionstabellen.

b) Gruben, die durch „Ferman" konzessioniert sind.

Die durch „Ferman" konzessionierten Gruben betrugen gegen Ende des Jahres 1323 (1907/08) 186 an Zahl. Von dieser Zahl sind nur 66 Gruben während der Zeit von 1318—1323 (d. h. 35,48%) ausgebeutet worden. Dabei bleibt zu bemerken, daß als ausgebeutete Minen jede Mine eingerechnet ist in obige Zahl, wenn sie auch während dieser Periode nur ein Jahr lang ausgebeutet worden ist.

Diese 186 Minen bedecken eine Oberfläche von 168 934,5 Djeril [1]), nämlich 67 249,7 Djeril ausgebeuteter Minen und 101 684,8 Djeril unausgebeuteter Minen.

In dieser Zahl figurieren noch 5 Gruben, die gleichfalls entdeckt und konzessioniert sind, die aber der Zivilliste angehören und ausgebeutet werden kraft spezieller Konventionen.

---

[1]) Ein „Djeril" ist ein Flächenmaß, entsprechend 60 Quadratfuß, ein „Dönüm" entspricht 1600 Quadratfuß oder 919,302 qm.

Tabelle I.

Die nachstehende Tabelle gibt die Verteilung der durch Ferman konzessionierten Gruben auf die verschiedenen Provinzen an.

Wilajet (Provinz)	Nicht ausgebeutet		Ausgebeutet		Insgesamt	
	Zahl	Djerti	Zahl	Djerti	Zahl	Djerti
Adrianopel	4	18 779,0	4	11 167,6	8	29 946,6
Sandjak Ismid	7	8 486,5	1	1 186,0	8	9 672,5
Adana	3	7 162,8	1	328,0	4	7 490,8
Angora	—	—	2	503,0	2	503,0
Aidin	20	14 508,2	25	19 357,7	45	33 865,9
Beirut	—	—	3	4 714,0	3	4 714,0
Sandjak Bigha	17	5 942,2	1	879,9	18	6 822,1
Libanon	2	285,2	—	—	2	285,2
Archipel	6	2 927,2	1	395,3	7	3 322,5
Aleppo	1	7 293,2	—	—	1	7 293,2
Brousse	12	5 854,4	12	9 626,6	24	15 481,0
Diarbekr	1	207,4	—	—	1	207,4
Saloniki	11	6 737,4	11	15 439,7	22	22 177,1
Sivas	5	7 844,5	—	—	5	7 844,0
Trapezunt	13	10 152,9	2	1 828,9	15	11 981,8
Kastamuni	7	8 530,7	—	—	7	8 530,7
Kossowo	2	2 708,0	4	2 122,0	6	4 830,0
Konia	5	3 552,0	—	—	5	3 552,0
Mamuret-ul-Aziz	1	65,2	—	—	1	65,2
Monastir	2	349,0	—	—	2	349,0
Insgesamt	120	101 684,8	66	67 249,7	187	168 934,5

Tabelle II.

Geordnet nach der Produktionsart der Erze, und zwar die durch Ferman konzessionierten Minen.

Produktionsart der Mine	Nicht ausgebeutet		Ausgebeutet		Insgesamt	
	Zahl	Djerib	Zahl	Djerib	Zahl	Djerib
Braunkohle (Lignite)	7	19 934,1	8	13 339,7	15	33 273,8
Erdpech enthaltendes Gestein	1	142,6	—	—	1	142,6
Erdpech, Asphalt	2	3 213,0	1	1 501,0	3	4 714,0
Petroleum	2	20 898,2	—	—	2	20 898,2
Schwefel	2	983,0	—	—	2	983,0
Kupfer	23	19 416,2	3	6 012,9	26	25 429,1
Chrom	22	11 286,3	17	19 075,9	39	30 362,2
Schmirgel	4	1 414,2	11	6 084,1	15	7 498,3
Boraxit	2	436,7	5	1 010,5	7	1 447,2
silberhaltiges Blei	43	44 604,8	9	12 357,5	52	56 962,3
silberhaltiges Gold	0	—	1	879,9	1	879,9
Zink	8	13 298,7	3	2 086,0	11	15 384,7
Eisen	3	2 525,0	—	—	3	2 525,0
Antimon	7	9 437,0	3	1 409,3	10	10 846,3
Mangan	14	5 954,7	4	4 216,0	18	10 170,7
Arsenik	3	3 592,0	1	444,0	4	4 036,0
Quecksilber	3	1 541,5	2	1 890,0	5	3 431,3
Insgesamt	146	158 678,0	68	70 306,8	214	228 984,8

Da eine und dieselbe Konzession, bewilligt für verschiedene Erze, die sich an ein und demselben Fundorte finden, ebensooft, wie die Anzahl der verschiedenen Erze beträgt, aufgeschrieben wird, so können natürlich die Totalangaben dieser Tabelle nicht mit denen der vorhergehenden übereinstimmen.

Die folgende Liste ergibt dann die durch Ferman konzessionierten Gruben mit allen ihren betreffenden Details.

Spezial-

Provinz	Bezirk der Regierung	Ort der Regierung	Stadt	Dorf	Verleihung an
Europa					
Adrianopel 1	Gümüldjina	Gümüldjina	Maronia	Punt Viran	Ohannes Mighirian u. Cesar Raphael & Cie.
2	"	"	"	Yardimly und Denizler	A. Valeripsky Br.
3	Gallipoli	Scharköi	"	Bala Tonuz Deressi	Héritiers Halil Rifat Pacha
4	Gümüldjina	Xanthi	"	Muzaflar	Yussuf Assim Eff. & Cie.
5	Rodosto	Malgara	"	Musadli	Réouf Pacha
6	Gallipoli	Ketschan	Bulgar-köi	Tschatlak Tasch	M. August Rivet Fr.
7	"	"	"	"	Silvio Sass. Antr.
8	Jsmid	Geiwe	Akhissar	Kurt pelen	Rechid Mutrau & Cie
9	"	Cassandra	Karassu	Kostane pinar	Sté. Anon. Karassou
10	"	"	"	Kuzu dere	H. Husni Pacha & Cie.
11	"	"	"	"	B. Haladjian & Cie.
12	"	"	"	"	Tahsin Pacha
13	"	"	"	Tschoban Yataghy	Réchid Bey
14	"	"	"	Saridjilar	Assim Effendi & Cie.
Kleinasien					
Adana 15	"	"	Kassindi	Achjmar daghy	Jbrahim Ousta
16	"	"	"	Mihalo luk	A. Ali Pacha & Cie.
17	Mersina	Tarsus	Ulatsch	Tirtir Yurdu	J. de Catelin Fr.
18	Jtsch Eli	Anamur	Kale wiran	Gökdje bilan	A. Biliotti u. E. Masse Fr.
19	"	"	"	Denek daghy	Paul Escudier Fr.
20	"	"	"	Karak	Yaridjoglou Yovanaki & Cie.
Aidin 21	Smyrna	Tiré	—	Dagh Jéniköi	Hanneton Fr.
22	Aidin	Seuke	Seuke	Rupdaghy	Clark & Curbis Br.
23	Mentesche	Mughla	Bozujük	Kozak hatsch	Edgar Wittel Br.
24	Smyrna	Scalauova	Agasluk	Tschirkindjé	HéritieroSideriGlica,Hell
25	"	Tiré	Tiré	Aladjali	Mme. E. Abott Br.
26	"	"	"	} Hassan Tschauschlar u. Mardjanoghlu	Her. Said Eff.
27	"	"	"		"
28	Mentesche	Makri	Makri	Tscharker	E. & O. Patterson Br.
29	Smyrna	Sivrihissar	Sigadjyk	Terrains Hadji Nouman Eff.	E. Ramelico, Autr.
30	"	Smyrna	Seidiköi	Azab Daghy	Manolopoulo Eff.

Tabelle III.

Grubenart	Oberfläche Dierti	Oberfläche Dönüm	Erträgnisse Piaster	Erträgnisse Para	Dauer der Verleihung Jahre	Datum des Ferman	Bemerkungen
Antimon	1 681,0	—	16 810,0	—	99	27. III. 1304	
Kupfer	3 201,0	—	32 010,0	—	99	2. V. 1304	
Kohle und Petroleum	13 605,0	—	10 000,0	—	99	12. V. 1313	Das proportionelle Recht ist 1 Prozent für Kohle, 10 Proz. für Petroleum
Kupfer	292,0	—	2 920,0	—	99	7. I. 1313	
Braunkohle	712,0	—	7 120,0	—	60	10. XI. 1318	
"	4 696,6	—	46 966,0	20	99	18. I. 1324	
"	4 922,0	—	49 220,0	—	99	18. I. 1322	
Mangan	837,0	—	8 370,0	—	99	18. I. 1322	
silberhalt. Blei, Zink	—	1 245,0	155,0	25	99	6. VI. 1324	
"	1 186,0	—	11 860,0	—	99	31. V. 1314	
	2 014,0	—	20 140,0	—	99	3. IV. 1319	
Kupfer	1 799,0	—	17 990,0	—	99	14. XII. 1319	
"	1 080,0	—	10 800,0	—	99	14. VII. 1319	
silberhalt. Blei, Zink	1 250,0	—	12 500,0	—	99	16. XII. 1319	
silberhalt. Blei	446,0	—	4 460,0	—	99	9. II. 1320	
Kupfer	1 783,0	—	17 830,0	—	99	3. II. 1322	
Chrom	—	999,5	125,0	—	99	6. I. 1298	
Eisen	328,0	—	3 280,0	—	60	22. VII. 1319	
silberhalt. Blei, Zink	1 840,0	—	18 400,0	—	99	10. VII. 1322	
	5 231,0	—	52 310,0	—	99	16. VII. 1323	
silberhalt. Blei	314,0	—	3 140,0	—	99	27. III. 1306	
Chrom	189,0	—	1 890,0	—	60	10. VI. 1312	
Schmirgel	33,0	—	45,0	} 20	99	1. IX. 1286	
	—	589,6	810,0			9. X. 1289	
Lignite	—	6 098,0	762,0	10	99	10. VII. 1294	
Schmirgel	—	414,0	51,0	30	99	1. VIII. 1294	
"	—	10 710,0	1 338,0	30	99	5. X. 1294	
"	—	4 330,0	541,0	10	99	3. I. 1295	
"	—	4 330,0	541,0	10	99	3. I. 1295	
Mangan	—	10 521,0	1 315,0	05	99	7. I. 1295	
Chrom	—	993,0	124,0	05	99	23. IV. 1296	
Schmirgel	—	5 033,5	629,0	10	99	9. I. 1298	
silberhalt. Blei, Zink, Mangan	—	21 030,0	2 641,0	10	99	1. II. 1298	

Spezial-Tabelle III

Provinz	Bezirk der Regierung	Ort der Regierung	Stadt	Dorf	Verleihung an
Aidin 31	Mentesche	Makri	Makri	Iplikdji Daghy	A. & A. Biliotti, It.
32	"	Köidjeiz	Köidjeiz	Tchayhissar	Yani & Hadji Nicolas Eff.
33	Smyrna	Burla	Burla	Ilidja deressi	Envery Bey
34	Sarichan	Ak Hissar	Marmaradjik	Karadagh	Hér. Hia Obrino Eff.
35	Smyrna	Ödemisch	Emir Kiri	Tschitlikaja	Ulrich Strosinger & Cie., Am.
36	Sarichan	Soma	Soma	Soma	Hér. Rachid Eff.
37	Mentesche	Milas	Milos	Kerme	E. Bardapoulos Br.
38	"	Köidjeiz	Köidjeiz	Tachtadji kerte	A. Riza Pacha & Cie.
39	Aidin	Nazilli	Karassu	Kekré	Her. Yahia Kayati Pacha
40	Smyrna	Scalanova	Ajasluk	—	E. Abott Br.
41	Mentesche	Makri	Kemikli Kizlan	Ferme Erdalia	Abid Saridja & Cie.
42	Smyrna	Scalanova	Tirdja	Islam Aschanli	A. Ali Pacha & Cie.
43	Mentesche	Makri	Karadja	Karaoluk	K. Karagheuzian Eff.
44	"	Köidjeiz	Köidjeiz	Toparban	D. & E. Patterson Br.
45	Mentesche	Köidjeiz	Köidjeiz	Hamidköi	D. & E. Patterson Br.
46	"	Mugla	Bozüjük	Nebiköi	E. Whittall Br.
47	Denizli	Boldan	Dereköi	Kirdja	Molla Ahmed Zadé Hussein Eff. & Cie.
48	"	"	Kunai	Berdje eschek deressi	"
49	Smyrna	Smyrna	Seldikeöi	Kömürdur	Manolaki Andoniadès Eff.
50	Aidin	Seuke	Seuke	Yarilkaja	Emanuel Manolopoulo Eff.
51	"	"	"	Kemerajassi	E. Abott Br.
52	Smyrna	Skalanova	Ajasluk	Tschirkindje	Tcherkeß Mehmed Pacha
53	Mentesche	Makri	Makri	Fermes Karghy und Chodja	Arif Bey & Cie.
54	"	Köidjeiz	Köidjeiz	Eltschek, Kizil kaja	"
55	"	"	"	Tschausch köi	"
56	"	Makri	—	Relß kesse	"
57	"	Köidjeiz	Köidjeiz	Gök dere	"
58	"	"	"	Eltschek, Kizil kaja	"
59	Smyrna	Ödemisch	Balianbolu	Haliköi	Cie des Mines de Halikeuy
60	"	"	"	Güré	Ahmed Mouhtar Bey
61	"	"	"	Yagdjilar déressi	Ahmed Mouhtar Bey

(Fortsetzung).

Grubenart	Oberfläche Djerit	Oberfläche Dönüm	Erträgnisse Piaster	Erträgnisse Para	Dauer der Verleihung Jahre	Datum des Ferman	Bemerkungen
Chrom	—	20 082,0	2 510,0	10	99	1. II. 1298	
"	—	11 134,0	1 391,0	30	99	3. III. 1302	Verlassen seit langer Zeit.
Blei, silberhalt.	508,0	—	5 080,0	—	50	11. III. 1304	Verlassen seit zwanzig Jahren
Schmirgel	570,0	—	5 700,0	—	99	27. III. 1305	
Antimon	1 304,0	—	13 040,0	—	99	21. II. 1306	
Lignite	256,0	—	2 560,0	—	99	23. II. 1305	découverte
Kohle	1 513,0	—	15 130,0	—	60	17. IV. 1307	
Chrom	1 028,0	—	10 780,0	—	50	26. V. 1307	
Schmirgel	319,0	—	3 190,0	—	50	28. I. 1307	
Chrom	997,0	—	9 970,0	—	99	1. VI. 1309	
Schmirgel	522,0	—	5 220,0	—	60	18. XI. 1310	
Mangan	364,0	—	3 640,0	—	99	24. I. 1311	
Chrom	1 146,0	—	11 460,0	—	60	9. IX. 1312	
Chrom	998,0	—	9 880,0	—	60	9. IX. 1312	
Schmirgel	618,0	—	6 180,0	—	60	18 XI. 1313	
"	734,0	—	7 340,0	—	60	12. III. 1314	
"	293,0	—	2 940,0	—	60	11. III. 1314	
Zink u. silberhalt. Blei	1 016,0	—	10 160,0	—	99	26. III. 1314	
Kohle	542,0	—	5 420,0	—	99	2. VII. 1314	
Schmirgel	654,0	—	6 540,0	—	60	8. II. 1314	
"	717,0	—	7 170,0	—	60	22. VI. 1318	
Chrom	1 631,0	—	16 310,0	—	60	2. XI. 1318	
"	1 130,0	—	11 300,0	—	60	2. XI. 1318	
"	759,0	—	7 590,0	—	60	2. XI. 1318	
"	664,0	—	6 640,0	—	60	2. XI. 1318	
"	945,0	—	9 450,0	—	60	2. XI. 1318	
"	715,0	—	7 150,0	—	60	2. XI. 1318	
Quecksilber	761,0	—	7 610,0	—	99	21. XII. 1318	
"	576,0	—	5 760,0	—	99	16. XI. 1319	
"	227,5	—	275,0	—	99	16. XI. 1319	

Spezial-Tabelle III

Provinz	Bezirk der Regierung	Ort der Regierung	Stadt	Dorf	Verleihung an
Aïdin 62	Smyrna	Kara-burun	Tschöllü	Tepedjik und Saib	A. Basker & Cie., Br.
63	Denizli	Tschal	Tschal	Seltschek	Mah. Djélaleddine Bey & Cie.
64	Mentesche	Makri	Makri	Karadjakoeren	Ibrahim Eff.
65	Aïdin	Tschine	Tschine	Oeren	Sadik Bey
Beirut 66	Lattakie	Lattakie	Bajir	Harbe & Sulas	M.G. Zervoudaki, Hell.
67	"	"	"	Cassab & Goumoum	"
68	"	"	"	Kufrie	"
Aïdin 69	Bigha	Lampsaki	—	Cumarlar	B. Riccofiare & Cie., It.
70	"	Baïramitsch	Baïramitsch	Ischiklar	Agob Eff. Dunelodlou
71	"	"	"	Orman tepessi	"
72	"	"	"	Tschinarli	"
73	"	"	"	Köprü bachi	"
74	"	"	"	Topkaya	"
75	"	Dardanellen	Öidjular	Yeghen Tehakil	Atkison Merlis & Cie., Br.
76	"	"	—	Fazli oghlu tepessi	"
77	"	"	—	Kizil Giran	"
78	"	Uziwe	Punar baschi	Karadagh tepessi	"
79	"	"	Kemaliköi	Aladjadagh tepessi	"
80	"	"	Demirek	Karatasch daghy	"
81	"	Baïramitsch	Ischiklar	Tschinardjik tepe	"
82	"	—	Serdjiler	Altua tasch	A. Hill Br.
83	"	Lampsaki	Baldjilar	Derin dere	E. Abott, Br.
84	"	"	"	"	"
85	"	"	Damlaly	Ket kekodjaghi	Eyoub Galeri & Cie.
86	"	Dardanellen	Tschan	Bazar köi	Katchadourianei Cie.
87	Libanon	Djezin	Djenevre	Djenevre	Moussa Kritz Eff.
88	"	"	"	"	"
Archipel 89	—	Embros	Agridia, Ilki	—	A. Topouz
90	Lemnos	Tenedos	Embros	—	Karozet Foucué
91	Chios	Kos	Keramos	Botomia	M. Pandelides & Cie.
92	Rhodos	Bengaril	Phanari	—	Yos. Macarius
93	"	"	"	—	"
94	"	"	"	—	"
Aleppo 95	Aleppo	Alexan-drette	Arsuz	Tschinkian	Cie du pétrole Alexan-drette
Kleinasien					
Brussa 96	—	—	Killiz	Nalinlar	Karabet Ohanoglu & C.
97	Karassi	Edremid	Uma	Chodja Gümüsch	Sté Balia Kara-Aïdin
98	"	"	Balia	Kara-Aïdin	"
99	Ertogrul	Inegöl	Domanitsch	Boz bilan	Isaak Yahil
100	"	"	"	Chordjaiz Sarion	M. Reiser, Al.

(Fortsetzung).

Grubenart	Oberfläche		Erträgnisse		Dauer der Verleihung	Datum des Ferman	Bemerkungen
	Djerib	Dönüm	Piaster	Para	Jahre		
Quecksilber	129,0	—	11 290,0	—	99	31. XII. 1319	
Kupfer	2 067,0	—	20 670,0	—	99	19. IX. 1322	
Mangan	—	—	—	—	99	4. V. 1323	
Arsenik	382,0	—	3 820,0	—	99	30. IX. 1323	
Erdpech	1 203,0	—	16 030,0	—	99	14. VII. 1320	
"	1 610,0	—	16 100,0	—	99	14. VII. 1320	
"	1 501,0	—	15 010,0	—	99	14. VII. 1320	
Schwefel	—	5 842,0	730,0	25	99	18. IV. 1288	
Mangan	177,1	—	1 098,0	—	99	29. IV. 1288	
"	174,6	—	1 098,0	—	99	29. IV. 1288	
"	148,5	—	1 098,0	—	99	29. IV. 1288	
"	230,8	—	1 098,0	—	99	22. IV. 1288	
"	77,6	—	1 098,0	—	99	29. IV. 1288	
Chrom	234,7	—	902,0	10	99	29. IV. 1288	
"	349,0	—	902,0	10	99	29. IV. 1288	
"	72,5	—	902,0	10	99	29. IV. 1288	
"	493,5	—	2 011,0	—	99	25. IX. 1288	
"	255,7	—	2 011,0	—	99	25. IX. 1288	
"	589,7	—	2 011,0	—	99	25. IX. 1288	
"	128,0	—	2 011,0	—	99	25. IX. 1288	
goldhalt. Silber	—	9 572,0	1 196,0	20	99	10. VII. 1294	
Kupfer	—	8 321,0	1 040,0	05	99	10. VII. 1294	
silberhalt. Blei	—	7 321,0	1 040,0	05	99	10. VII. 1294	
"	458,0	—	4 580,0	—	99	25. I. 1311	
"	495,5	—	4 955,0	—	99	25. I. 1311	
Erdpech	—	1 552,0	194,0	—	99	1. III. 1293	
Lignite	—	1 552,0	194,0	—	99	1. III. 1293	
silberhalt. Blei	—	6 841,0	855,0	05	99	12. X. 1290	
Lignite	—	15 086,0	1 885,0	30	99	16. V. 1291	
Antimon	—	4 300,0	541,0	10	99	9. VI. 1292	
Eisen	—	4 209,0	526,0	05	99	1. VIII. 1292	
Kupfer	—	1 266,0	158,0	10	99	1. VIII. 1292	
Mangan	—	4 439,0	554,0	35	99	1. VIII. 1292	
Petroleum	7 293,25	—	22 932,0	20	75	1. V. 1305	
Chrom	466,8	—	641,0	—	99	19. VIII. 1288	
silberhalt. Blei	—	17 234,0	2 154,0	10	99	10. VII. 1294	
"	—	8 654,0	1 081,0	30	99	10. VII. 1294	
Chrom	—	1 185,0	148,0	05	99	17. XII. 1295	
"	—	4 514,0	564,0	10	99	9. I. 1295	

Spezial-Tabelle III

Provinz	Bezirk der Regierung	Ort der Regierung	Stadt	Dorf	Verleihung an
Brussa 101	Karassi	Edremid	Balia	Mandjilik	Sté Balia-Kara-Aïdin
102	"	Balikesser	Fart	Sussurlu	J. Owatrit Br.
103	"	"	"	"	"
104	"	"	"	Ildizeli Azizie	Halsay Br.
105	Brussa	Kermasti	Seunlek	—	Haidar Pacha & Cie.
106	Karassi	Ivrendi	—	Yenidje kebir	Barri Eff. & Cie.
107	"	Balikesser	Farc	Sultan Tschayr	A. Djevad Pacha
108	"	Balia	Balia	Kirmizlar	Dertad Eff. & Cie.
109	"	Ivrendi	—	—	Kalfopoulos & Cie.
110	"	Balikesser	Farc	Sultan Tschayr und Ildiz	D. Nisicher
111	"	"	"	Sultan Tschayr	Lafayette Bitte de Crize, Am.
112	"	"	"	Demir-kapu	Mehmed Pacha
113	Brussa	Atranos	Harmandjy	Cozlidjat Mérat	D. & E. Patterson Br.
114	Kutahia	—	Imed	—	D. Maziki Eff.
115	Karassi	Balia	Balia	Patlak	Soc. Balin-Kara-Aïdin
116	Ertogrul	Yenischehir	Izrik	Bartschine	Réchid Bey & Cie.
117	Karassi	Ivrendi	Corudju	Yenidje kebir	Ali Pacha, Charles & Cie.
118	"	Balikesser	Fart	Sultan Tschayr	E. W. Whitall Br.
119	"	"	Fart	Tasch	Echem Eff. & Cie.
Diarbekr 120	Erghani	Palu	Eghil	Pertschiman	Arif Bey & Cie.
Europa					
Saloniki 121	Serres	Serres	—	Kata fanos	Soc. Minière Ottomane
122	Drama	—	Daridere	Iliassidja	Her. Férid. Eff.
123	Saloniki	Kassandra	—	Poliroz	} Mme. Vassilaki Bey
124	"	"	—	Rumelia	} Renclari & Cie.
125	—	—	Göreredje	Payrath	M. Plerc Br.
126	"	Avrathissar	—	Gümüsch dere	"
127	"	"	—	Pirova	"
128	"	"	—	Rayan	"
129	"	Kassandra	Bazaphia	Izvor	Sté. Cassandra
130	"	Tikvech	Rochden	—	Allatini frères, It.
131	"	"	"	—	"
132	Drama	Drama	Göreredje	—	"
133	Saloniki	Kassandra	"	Kazandjy, Horoda	Sté. Cassandra
134	"	Bodena	"	Serakiti	Ibrahim Nazari Eff. & C.
135	"	Kassandra	—	Kazandjy Horoda	Sté. Cassandra
136	"	"	—	Limbjazde	"
137	"	"	—	"	"
138	"	"	—	Kazandjy Horoda	"
139	Serres	Zihna	—	Kelepochta	Vahid Bey & Cie.
140	Saloniki	Ghergheli	—	Izvor	A. Ahott. Br.
141	Serres	Serres	—	Kayali	A. Hadjidimo

(Fortsetzung).

Grubenart	Oberfläche Djerib	Oberfläche Dönüm	Erträgnisse Piaster	Erträgnisse Para	Dauer der Verleihung Jahre	Datum des Ferman	Bemerkungen
Lignite	—	2 763,0	939,0	23	99	17. VI. 1301	
Chaux borat.	—	4 298,0	537,0	10	50	21. VI. 1303	
"	—	1 246,0	155,0	30	50	21. VI. 1303	
Borazite	244,0	—	2 440,0	—	99	1. X. 1305	
silberhalt. Blei	142,0	—	1 420,0	—	99	21. II. 1306	
Antimon	700,0	—	7 000,0	—	99	6. V. 1307	
Borazite	41,7	—	417,0	—	99	15. IX. 1308	
silberhalt. Blei	1 076,0	—	10 760,0	—	99	5. V. 1310	
Antimon	582,0	—	5 820,0	—	99	6. X. 1310	
Chaux borat.	126,0	—	1 260,0	—	60	21. IV. 1312	
Borazite	453,0	—	4 530,0	—	60	9. XI. 1312	
Antimon	1 084,0	—	10 840,0	—	99	2. XI. 1313	
Chrom	4 532,0	—	45 320,0	—	50	7. II. 1313	
Zink u. silberhalt. Blei	210,0	—	2 100,0	—	60	4. III. 1314	
Mangan u. Eisen	298,0	—	2 980,0	—	99	11. VII. 1314	
Zink	602,0	—	6 020,0	—	99	19. VIII. 1315	
Antimon	299,0	—	2 990,0	—	99	9. VI. 1321	
Borazite	73,0	—	730,0	—	60	7. XII. 1322	
Schwefel	446,0	—	4 460,0	—	99	18. IV. 1323	
silberhalt. Blei	—	2 256,0	282,0	—	99	12. V. 1291	
Lignite	882,5	—	1 213,0	20	99	1. III. 1287	
silberhalt. Blei	50,0	545,0	67,0	25	99	12. XI. 1290	
Chrom {	—	10 759,0	1 344,0	35	99	1. III. 1297	
	—	12 076,0	1 509,0	05	99	1. III. 1297	
silberhalt. Blei	—	12 635,0	1 579,0	15	99	20. XII. 1302	
"	—	13 850,0	1 731,0	10	99	20. XII. 1302	
"	—	4 990,0	623,0	30	99	20. XII. 1302	
silberh. Blei u. Kupfer	—	9 740,0	1 217,0	20	99	20. XII. 1302	
Antimon	4 184,0	—	41 840,0	—	99	30. III. 1304	
Arsenik	444,0	—	4 440,0	—	99	10. VII. 1305	
Antimon	444,0	—	4 440,0	—	99	10. VII. 1305	
silberhalt. Blei	749,5	—	8 495,0	—	99	4. IV. 1306	
silberh. Blei u. Antimon	907,0	—	9 070,0	—	99	10. I. 1306	
Chrom	200,0	—	2 000,0	—	60	27. VIII. 1307	
silberhalt. Blei	754,0	—	7 540,0	—	99	4. II. 1307	
"	2 780,0	—	27 800,0	—	99	5. X. 1307	
Mangan	2 780,0	—	27 800,0	—	99	5. X. 1307	
"	754,0	—	7 540,0	—	99	4. II. 1307	
silberhalt. Blei	368,0	—	3 680,0	—	99	8. III. 1310	
"	379,0	—	3 790,0	—	99	1. IV. 1311	
"	295,0	—	2 950,0	—	99	20. IV. 1312	

Spezial-Tabelle III

Provinz	Bezirk der Regierung	Ort der Regierung	Stadt	Dorf	Verleihung an
Saloniki 142	Saloniki	Kassandra	—	Neveslu	Sté. Cassandra
Sivas 143	Karahissar	Karahissar	—	Uskute	Hér. Moustapha Fazil Pacha
144	Chark	„	—	Seldere	Bragiotti, Am.
145	„	„	—	Lidja	E. Cumrul & Cie., Br.
146	„	Suschori	—	Gümüsch beli	A. Vartanian
147	Sivas	Hafik	—	—	Fernandez, It.
Trapezunt 148	Trapezunt	Kerasund	Pir Aziz	Abdal Sonyon	G. Bragiotti & Cie., Am.
149	„	Ordu	Ebul Hair	Yakadjik Tschaganoz	Bitchen Rahgi
150	Gümüschhane	Gümüschhane	—	Hazine Kirk-Paoli	Paul Krauz, All.
151	Trapezunt	Tireboli Gureli	—	Sadeghenre	David Sebouh, Ott. & Thomas Br.
152	„	„	Aktöi	Sile, Uradja	„
153	„	„	„	Kizil Kaja	„
154	„	„	„	Aghlyk	„
155	„	„	„	Karajürek	„
156	„	„	„	Guhan	„
157	„	„	„	—	„
158	„	Sürmere	Yamboli dere	Perki	Pedrelli, Ant.
159	Gümüschhane	Durul	Kurtine	Scheichler	Cingria, Fr.
160	„	„	„	Kolköi	—
161	„	„	„	Emrik	—
162	Trapezunt	Gurle	—	Isséli	Ahmed Mouhtar Bey
Kastamuni 163	Kastamuni	Kastamuni	Derrikiani	—	M. Mazhar Eff. & Cie.
164	„	Djide	„	Urgut divani	Ralkoff. & Cie.
165	„	Kastamuni	—	Idos	Danael Mahakoglou & Cie.
166	Sinope	Bojabad	Duragan	Duragan	Moussa Eff. & Cie.
167	Bolon	Düzdje	—	Deirmen alty	M. Kémaleddine Eff. & Cie.
168	Kastamuni	Ineboli	Kure i Nuhas	—	Hafiz Terfik Eff.
169	Bolou	Düzdje	—	—	Sureya Pacha
Kossovo 170	Üsküb	Komanova	Mezria	Loyan	Allatini Frères & Cie., It.
171	Prischtina	Prischtina	Firizvik	—	Youssouf Yahil
172	Üsküb	Kratova	„	—	J. Henderson Br.
173	Prizrend	Kalkandelen	Kalkandelen	—	Allatini Frères, It.
174	Prischtina	Prischtina	Verbochindja	—	Youssouf Yahil & Yassef

(Fortsetzung).

Grubenart	Oberfläche		Erträgnisse		Dauer der Verleihung	Datum des Ferman	Bemerkungen
	Djeril	Dönüm	Piaster	Para	Jahre		
Mangan	318,0	—	3 180,0	—	99	23. IV. 1312	
silberhalt. Blei	4 336,8	—	5 963,0	—	90	11. XI. 1288	
"	—	6 471,0	808,0	35	99	2. VIII. 1294	
"	—	9 571,0	1 196,0	15	99	13. XII. 1295	
"	1 710,0	—	17 100,0	—	99	2. XII. 1305	
Kupfer	323,0	—	3 230,0	—	99	28 II. 1322	
Mangan	—	7 386,0	923,0	10	99	23. I. 1295	
silberh. Blei u. Kupfer	—	32 040,0	4 005,0	—	99	15. I. 1298	
silberhalt. Blei	—	14 228,0	1 778,0	20	99	10. VIII. 1299	
Kupfer und Blei	213,8	—	2 138,0	—	99	28. IV. 1304	
silberhalt., gem. m. Kupf.	418,3	—	4 183,0	—	99	28. IV. 1304	
"	660,3	—	6 603,0	—	99	28. IV. 1304	
"	516,3	—	5 163,0	—	99	28. IV. 1304	
"	328,9	—	3 289,0	—	99	28. IV. 1304	
"	332,8	—	3 328,0	—	99	28. IV. 1304	
"	137,0	—	1 370,0	—	99	28. IV. 1304	
Mangan	1 208,0	—	12 080,0	—	99	13. III. 1305	
Kupfer	1 500,0	—	15 000,0	—	99	7. IX. 1313	
silberhalt. Blei, Kupfer	752,0	—	7 520,0	—	99	7. IX. 1313	
silberhalt. Blei	785,0	—	7 850,0	—	99	7. IX. 1313	
Kupfer	197,0	—	1 970,0	—	99	16. XI. 1319	
Chrom	1 360,5	—	1 870,0	30	99	23. IX. 1289	
Kohle	2 356,75	—	23 567,0	20	99	13. VIII. 1304	
"	883,0	—	8 830,0	—	99	7. XII. 1308	
Arsenik	1 242,0	—	12 420,0	—	99	6. VI. 1314	
Kupfer	323,0	—	3 230,0	—	99	8. VI. 1322	
"	974,5	—	9 745,0	—	99	24. II. 1322	
Mangan	1 391,0	—	13 910,0	—	99	14. VI. 1323	
Chrom	334,0	—	3 340,0	—	40	20. VI. 1307	
"	133,0	—	1 330,0	—	60	10. II. 1311	
silberhalt. Blei	2 374,0	—	23 740,0	—	99	19. IV. 1312	
Chrom	408,0	—	4 080,0	—	60	19. IV. 1312	
"	159,0	—	1 590,0	—	60	17. III. 1314	

Spezial-Tabelle III

Provinz	Bezirk der Regierung	Ort der Regierung	Stadt	Dorf	Verleihung an
Kossowo 175	Prizrend	Kalkandelen	Kalkandelen	—	Tahir Pacha & Cie.
Konia 176	Konia	Karaman	Alaïa, Hadem	—	Thomas Eff.
177	Teke	Alaïa	Menogal	—	Youssouf Assim Eff. & Cie.
178	"	Elmaly	Fenike	—	Singer & Coubic, All.
179	Hamid Abad	Hamid Abad	Ulu	Ghöl baschi	Reshid & Aly Bey
180	Burdur	Burdur	Yürük		
181	Konia	Konia	Sudirhemi	Sezme	A. Barker Br. & & Moïse Fr.
Mamuret-ul-Aziz 182	Malatia	—	—	Tepehan	Kevork Eff. Saraffoglon
Monastir 183	Serfidje	Kozana	Venidje	Islietscha	Allatini Frères, Jt.
184	"	"		—	Inda Samuel Soussan Eff.

(Fortsetzung).

Grubenart	Oberfläche		Erträgnisse		Dauer der Verleihung	Datum des Ferman	Bemerkungen
	Djerîl	Dönüm	Piaster	Para	Jahre		
Chrom	1 422,0		14 220,0	—	60	26. VIII. 1318	
silberhalt. Blei	—	3 913,0	488,0	25	99	6. VIII. 1290	
Chrom	290,0	—	2 900,0	—	60	14. IX. 1310	
Mangan	197,0	—	1 970,0	—	99	13. I. 1310	
Arsenik	1 968,0	—	19 680,0	—	99	3. VIII. 1316	
Quecksilber	738,0	—	7 380,0	—	99	19. III. 1321	
Kupfer	65,2	—	90,0	—	99	11. II. 1288	
Chrom	96,0	—	960,0	—	60	25. II. 1310	
"	253,0	—	2 530,0	—	60	19. IV. 1315	

Spezial-Tabelle IV.

Gruben, die zwar entdeckt, aber noch nicht konzessioniert sind oder deren Konzession annulliert ist.

Provinz	Bezirk der Regierung	Ort der Regierung	Stadt	Dorf	Natur der Erze	Bemerkungen
Konstantinopel	—	Kütschük, Tschekmedji	Kemer Burgas	Rumeli Kawak, Tekmedji Dere	Kupfer	—
"	—	Beykos	—	Kurtulmusch	Silber und Blei	—
"	—	"	—	Sira Pinar, Aiwali	Lignite	Konz. annull. 1820.
"	—	Büjük Tschekmedji	—	Kalikratia	"	"
"	—	Gebze	—	Tepedjik	Blei, Kupfer	Entdeckt 1305.
"	—	"	—	Pelitli	Blei	"
Adrianopel	Gümüldjina	—	—	Lischte	Gold, Silber, Kupfer	—
"	"	—	—	Sigosua	"	—
"	"	Sultan Yeri	Sult. Yeri	Sultan Yeri	"	—
"	"	Fridere	Fridere	Fridere	"	
"	"	—	—	Kalliopi	"	—
"	"	—	—	Ghairidjek	"	—
"	"	Xanthi	—	Kojun	Eisen	Verlassen seit 1278.
"	"	—	—	Karadagh	Silber	—
"	Kirkkilissa	Midia	Samakow	—	Eisen	—
Erzerum	Erzinghian	Kemah	—	Hockili	Silber	—
"	Erzerum	Baburd	—	Heivali	Kupfer	Verlassen seit 1276.
"	—	Kerdjaires	—	Ghemedjik	silberh. Blei	C. D. Kiriakou Eff.
Adana	Mersina	Tarsus	Koilek	Keulek	"	Verlassen seit 1276.
"	"	"	Boghazi, Ulasch	Kerimli und Tchaudir	Chrom	C. D. Ahmed Ali Pacha
"	Kozan	—	—	Kozan daghy	silberh. Blei	—
Angora	Yozgad	Bogazlian	Akdagh	Akdagh	silberh. Blei	Verlassen seit 1276.
"	Kirchschehir	—	—	Gümüldjina	"	"
"	Angora	Mihalidjdje	—	Aghirdjek	Chrom	—
Aidin	Mughla	Mughla	Mughla	Auberkaja	Silber	Verlassen seit 1271.
"	Smyrna	Nif	—	Kiyik daghy	Silber	Verlassen seit 1232.
"	"	Bergamo	—	—	"	—

Spezial-Tabelle IV (Fortsetzung).

Provinz	Bezirk der Regierung	Ort der Regierung	Stadt	Dorf	Natur der Erze	Bemerkungen
Aidin	Smyrna	Smyrna	Torbali	Sert	Schmirgel	Konz. annull. 1283.
"	Sacharin	—	—	Halka Pinar	Schwefel	C. D. Wilkinson 1283.
"	Smyrna	Tire	—	Kara ot, Kara kizil	Schmirgel	C. D. Pichmichoglou Moses Eff. 1286.
"	"	Smyrna	Torbali	Hamidie	Lignite	C. D. Kozuiri 1281.
"	Mentesche	Koidjeiz	—	—	Chrom	C. D. J. W. Whittall 1324.
"	Aidine	Tchine	—	Nikfer	Schmirgel	Entdeckt 1321.
"	Denizli	Tovas	—	Kömüldür	Chrom	Konz. annull. 1318.
"	Smyrna	Smyrna	Seidiköi	Kaja	silberh. Blei	C. D. Manol. Andoniadi.
"	"	Eudemich	"	Beraschli	Kupfer	C. D. M. Zia Eff. 1320.
"	Denizli	Garbi Kara Aghadsch	Irla	Tschambaschi	Chrom	—
"	"	"	"	Kawak Dereköi	"	—
"	"	"	"	Orhanie	"	—
"	Mentesche	Koidjeiz	—	Nif	"	C. D. Michel Patterson.
"	Smyrna	Smyrna	Trianda	Karaot	Lignite	C. D. Kozniri.
"	"	Odemisch	—	Baghdjilar	Quecksilber	C. D. Muhtar Bey.
"	"	"	—	Gore	"	
Archipel	Rhodos	Rhodos	—	—	Chrom	—
"	"	"	—	Kampia	Quecksilber	Konz. annull. 1323.
Aleppo	Antakie	Antakie	Sürküdie	Djebelakra	Kohle und Asphalt	Entdeckt 1266.
"	Marasch	Zeytun	—	—	Eisen	Verlassen 1282.
Brussa	Karassi	Balikesser	—	Kalaidjilar	silberh. Blei	" 1321.
"	Ertogroul	"	Izkie	Okkaja	Silber	" 1271.
"	Karassi	Erdek	Aidindjik	—	"	" 1259.
"	Kutahia	Kutahia	Armudeli	—	Meerschaum	" 1259.
"	Brussa	Mihalitch	—	Karadagh	Kupfer	—
"	Kutahia	Eskischehir	—	Gündüzler Selpdji	Chrom	—
"	Brussa	Atranos	—	Yakublar	"	—
"	Kutahia	Kutahia	Taschanly	Karapelit	"	—
"	"	"	Gümüsch	Kutuklu deressi	"	—

Spezial-Tabelle IV (Fortsetzung).

Provinz	Bezirk der Regierung	Ort der Regierung	Stadt	Dorf.	Natur der Erze	Bemerkungen
Brussa	Kutahia	Kutahia	Taüschanly	Kütschük Ilit	Chrom	Konz. annull. 1312.
"	Brussa	Adranos	Harmandjik	Hereke	"	—
"	"	"	"	Gökdjiler	"	—
"	Kutahia	Kutahia	Taüschanly	Tschukur	"	—
"	Brussa	Kermasti	Sandjak	—	"	—
"	Ertogrul	Senud	—	Akköi	Zinn	—
"	Kutahia	Kutahia	Armudeli	Sofdja	Chrom	—
"	Brussa	Adranos	Harmandjik	Ishaklar	"	—
"	Kutahia	Ghedos	Schabhane	Schabhane dagh	Alun	Verlass. 1300.
"	Karassi	Edremid	Uma	Alakissa	silberh. Blei	—
"	"	"	"	Gümüschler	"	C. D. Reiser.
"	"	"	"	Eschekdji Oibaschi	Kupfer und silberh. Blei	"
"	"	"	Balia	Kiz il dara Lovali Ova	Antimon	"
"	"	"	Uma	Kizil ketschili	silberh. Blei	"
"	Karassi	Edremid	"	Armuddjuk	silberh. Blei	C. D. Reiser.
"	"	"	"	Sofular	silberh. Blei Kupfer	"
"	"	"	"	Kalabik	Kupfer	"
"	Brussa	Adranos	Harmandjyk	Nus retler Balat	Chrom	C. D. Patter son.
"	"	"	"	Deischmam	"	"
"	Ertogrul	Inegöl	Domanitch	Elmaaghadji	"	C. D. Per-dikaris.
"	"	"	"	Soudjak	"	"
"	"	—	—	Gümeli	Zinn	—
Diarbekr	Erghani	—	—	Tewfik	Silber	Ausgebeutet 1216.
"	"	—	—	Chandjikoi	"	Verlassen.
"	"	—	—	Schire	"	"
"	"	—	—	Sivan	"	"
"	"	—	—	Eltschistan	"	"
"	"	Palu Lidja	—	Felek	Kupfer	—
"	"	Palu	Hadjim	Maden	"	—
"	Mardine	Djizre	Her Jiol	Her Jiol	Lignite	C. D. Réchel Bey.
Saloniki	Saloniki	—	—	Sedrekissi	Silber	Verlass. 1251.
"	"	Katerine	—	Dranista	Lignite	C. D. Cic. Azizié 1282.
"	"	Kassandra	—	Dewelik	Chrom	—
"	Serres	Serres	Nigrita	Ilidja Dere	"	—

Spezial-Tabelle IV (Fortsetzung).

Provinz	Bezirk der Regierung	Ort der Regierung	Stadt	Dorf	Natur der Erze	Bemerkungen
Saloniki	Serres	—	—	Perichtani Zir	Kupfer, Eisen, Mangan, Blei, silberhaltig, Zink	—
"	Drama	Drama	Persitchan	Tchalibachi	Mangan	—
"	Saloniki	Kassandra	—	Varvara	"	C. D. Sté. Cassandra.
"	Drama	Drama	Tchetch	Rechtan	silberh. Blei	C. D. Hilmy Bey.
Beyrouth	Lattakie	Lattakie	Budjak		Chrom	—
"	"	"	"	"	"	—
"	"	"	Bajir	"	"	—
Sivas	—	—	—	Ala klissa	Silb., Kupfer, Blei.	—
"	Amassia	Medjideuzu	—	Kuduzlar	"	—
"	Sivas	Sivas eli	—	Alanbudu	Kupfer	Verlassen seit 1253.
"	"	—	—	Tchil	Gold, Kupfer	—
"	—	Kaza i Ervah	—	Alana yuru	Silb., Kupfer	—
"	—	—	—	Taat chaber	Kupfer	—
"	Amassia	Merzifon	—	Hidja	Silber, Gold	—
Trapezunt	Gümüldjina	—	—	Karatchukur	silberh. Blei	—
"	"	—	—	Israll	Kupfer	Verlassen seit 1276.
"	"	—	—	Kizil ot		"
"	"	—	—	Derbendos	"	"
"	"	—	—	Silve	"	"
"	"	—	—	Bakrambli	"	"
"	Trapezunt	Ordu	—	—	Silb., Kupfer, Blei	Verlassen seit 1252.
"	Djanik	Fatsa	—	Bach alan	"	"
"	Trapezunt	Ordu	Habismane	Damarli	Blei, silberh.	Konz. annull. 1279.
"	"	"	"	Karagheul	"	"
"	"	"	—	Findidjik	Eisen	—
"	"	Kiressun	—	Tchakirli	silberh. Blei, Antimon	C. D. Zarifi.
"	"	Gurele	—	Chadi	silberh. Blei, Kupfer	Verlassen seit 1276
"	"	Ordu	—	Armudeli	silberh. Blei	"
"	"	Trapezunt	Matchea	Sirmanoy	"	"
"	—	—	—	Ghirlak	Kupfer	Ausgebeutet in Regie und verlassen.

Spezial-Tabelle IV (Fortsetzung).

Provinz	Bezirk der Regierung	Ort der Regierung	Stadt	Dorf	Natur der Erze	Bemerkungen
Kastamoni	Bolu	Bartine	Amasra	Air dokmüsch	Kohle	C. D. Ali Riza Pacha 1319.
„	Kastamuni	Kastamuni	Aikaja	Djian	Gold, Silber	—
„	Bolu	Bartine	Amasra	Tekeönü	Blei, Nickel, Kohle	C. D. Ali Riza Pacha.
Kossowo	Prizrend	Prischtina	Frizwik	—	silberh. Blei, Kohle.	—
„	„	Ghilan	—	—	„	—
„	„	Kalkandelen	Kalkandelen	Gorantsche	Chrom	—
„	„	„	„	Radosche	„	—
„	Üsküb	Üsküb	—	Bare	Antimon	—
„	„	—	—	Tezer	Kohle	—
„	Prizrend	Kalkandelen	Kalkandelen	Radosche u. Gorantsche	Chrom	—
„	„	„	„	„	„	—
„	Üsküb	Karaova	—	—	Blei	—
Konia	Nigde	—	—	Bereketli	silberh. Blei	—
„	Konia	Bozkir	—	—	„	Verlassen seit 1255.
„	Teke	Teke	Eghdir	Dereli itschi	Chrom	C. D. Ruhban 1311.
„	„	Alaja	—	Edersan	„	—
„	„	„	—	Kum ludja	„	—
„	„	„	—	Tekir owa	„	—
„	„	„	—	Kara agatsch	„	—
„	„	„	Eghdir	Tekir owa	„	Konz. annull. 1322.
„	Nigde	Hamidie	—	Bulgar dagh	silberh. Blei	—
Mamuret ul Aziz	Mamuret ul Aziz	Guban	—	Guban	Gold, Silber	Verlassen seit 1296.
Monastir	Monastir	Perlépé	—	—	„	—

Tabelle V. Zahlentabelle

der erlaubten Ausbeuten während der Jahre 1322 und 1323, sowie der Wilajets.

Wilajet	Jahr 1323		Jahr 1322	
	Zahl	Dönüm	Zahl	Dönüm
Konstantinopel	1	11 000	—	—
Adrianopel	1	10 500	3	39 000
Sandjak Ismidt	1	12 000	—	—
Erzerum	5	48 000	2	3 500
Adana	3	45 000	3	45 000
Angora	1	8 000	2	30 000
Sandjak Bigha	8	82 500	6	45 500
Archipel	2	5 463	1	15 000
Aleppo	1	15 000	4	23 494
Brussa	11	93 500	12	129 830
Saloniki	26	289 000	17	191 000
Trapezunt	20	233 100	1	10 000
Kastamuni	8	96 000	—	—
Kossowo	3	15 800	4	28 500
Konia	1	3 000	7	83 000
Monastir	2	21 000	—	—
Yemen	2	19	—	—
insgesamt	86	988 882	62	643 824

Allgemeine Übersicht über die Minenproduktion.

Tabelle VI. Allgemeine Gruben-

Erze	1318 Quantität Tonnen	kg	Wert Piaster	P.	1319 Quantität Tonnen	kg	Wert Piaster	P.	1320 Quantität Tonnen	kg	Wert Piaster	P.
Kohle	374 192	710	18 709 635	20	424 973	642	20 823 708	20	465 857	555	22 826 920	08
Kohlenstaub	13 929	750	236 805	30	28 814	107	518 653	—	52 325	690	941 862	—
Braunkohle	27 488	168	1 189 688	10	21 276	253	854 292	16	24 198	225	1 090 205	10
Erdpech	6 354	779	1 575 984	—	4 686	739	1 107 945	—	5 055	744	1 200 294	—
Chrom	34 621	359	14 517 553	15	30 430	984	12 617 275	08	19 166	732	7 98? 334	02
Schmirgel	14 827	125	5 291 984	23	19 737	439	7 105 478	03	16 979	549	6 098 525	24
Borazit, roh	9 648	606	6 299 069	—	6 814	628	3 867 090	08	9 273	600	5 289 484	30
„ raffiniert	—	—	—	—	184	334	162 582	23	—	—	—	—
Blei, silberhaltig	3 666	045	4 767 286	—	7 419	458	11 793 596	—	11 161	223	18 839 930	—
Lotblei	—	—	—	—	—	—	—	—	—	—	—	—
Bleiglätte	443	164	167 039	33	203	135	65 403	24	168	797	54 290	34
Blei, silberhaltig	6 656	162	6 051 108	—	2 684	172	2 519 065	—	361	780	320 899	—
Blei, silber-, zinkh.	600	—	380 000	—	300	500	214 800	—	152	—	91 200	—
Silber, goldhaltig	—	—	—	—	—	—	—	—	5	340	2 000	—
Pyrit, bleihaltig	2 560	202	172 104	—	4 861	486	296 034	—	18 366	388	1 037 380	—
Quarz, bleihaltig	—	—	—	—	—	—	—	—	—	—	—	—
Zink	1 165	246	484 996	20	2 021	504	798 125	—	5 298	183	2 774 960	—
Pyrit, eisenhaltig	—	—	—	—	—	—	—	—	—	—	—	—
Kupfer, rein	22	812	136 872	26	23	797	142 782	24	3	710	22 264	13
„ roh	1 547	407	6 799 358	—	1 559	737	6 939 958	—	1 252	158	6 296 045	—
Kupfererz	0	250	250	—	—	—	—	—	—	—	—	—
Antimon	185	439	259 614	24	173	370	242 718	—	237	779	332 890	24
„ , rein	34	—	136 000	—	—	—	—	—	—	—	—	—
Gold	5 284	148	76 620	23	13 145	482	190 611	20	8 122	660	117 781	—
Silber	591	839	618 002	07	1 446	574	572 847	10	1 140	826	469 184	15
Mangan	58 907	561	7 539 065	—	36 467	954	4 433 560	28	38 381	903	3 462 516	—
Arsenik	48	942	46 307	—	—	—	—	—	79	795	47 877	—
Quecksilber	—	—	—	—	—	—	—	—	—	—	—	—
Meerschaum	5 529	—	3 234 665	—	5 381	—	4 706 491	—	5 547	—	5 872 232	—
Tonschiefer	8 818	439	1 718 397	30	6 751	031	1 315 534	—	7 958	822	1 550 889	10
roter Schmirgel	119	604	148 138	32	36	734	45 498	04	—	—	—	—
zusammen	—	—	80 156 546	13	—	—	81 334 049	28	—	—	86 727 965	10

Erzeugung der Jahre 1318—1323.

1321				1322				1323				Bemerkungen
Quantität		Wert		Quantität		Wert		Quantität		Wert		
Tonnen	kg	Piaster	P.	Tonnen	kg	Piaster	P.	Tonnen	kg	Piaster	P.	
522 725	275	20 613 538	20	544 108	282	27 205 414	—	653 344	522	33 320 570	20	
67 353	745	1 279 721	05	66 848	100	1 270 114	—	2 415	490	1 648 309	30	
21 125	856	857 789	—	25 320	912	1 040 218	—	31 443	246	1 333 386	23	
5 307	236	1 444 620	—	6 070	961	1 537 061	30	5 266	580	1 319 404	—	
20 234	736	7 582 143	07	32 649	319	11 678 665	09	28 859	712	10 052 178	16	
23 497	985	7 614 740	10	23 794	828	8 561 739	37	62 352	201	9 486 792	14	
12 868	410	8 439 983	18	10 112	760	6 698 233	38	13 714	260	9 909 037	02	
—	—	—	—	—	—	—	—	—	—	—	—	
4 415	380	22 868 305	—	8 385	551	20 551 231	37	11 231	558	26 708 689	—	
—	—	—	—	4	002	8 005	23	—	—	—	—	
158	739	51 078	11	126	685	40 948	25	131	906	42 663	30	
300	034	262 973	—	583	865	642 016	—	811	843	759 765	32	
184	—	110 400	—	198	—	155 200	—	188	—	150 400	—	
5	088	33 551	—	—	—	—	—	—	—	—	—	
—	—	—	—	—	—	—	—	—	—	—	—	
1	757	185	28	10	160	762	—	—	—	—	—	
5 712	682	3 947 555	—	34 805	099	21 737 206	—	27 275	892	14 049 086	33	
16 283	283	1 050 214	—	40 750	013	2 789 282	—	58 630	405	4 032 919	—	
14	592	78 553	08	10	590	63 540	—	46	415	278 490	—	
883	198	5 220 318	—	749	574	5 396 982	—	1 052	120	4 855 789	—	
18	462	12 752	15	72	673	40 969	08	22	789	9 115	24	
493	049	690 268	20	953	132	1 950 327	24	620	714	1 751 229	04	
—	—	—	—	—	—	—	—	—	—	—	—	
9 489	095	137 592	20	6 537	424	94 793	10	6 097	049	88 408	05	per Gramm
1 008	270	446 756	10	863	338	363 228	25	712	912	318 078	05	per Kilogramm
26 088	999	2 608 774	08	25 624	550	3 720 610	20	14 349	013	2 179 641	10	
40	—	24 000	—	10	120	6 072	—	4	800	2 880	—	
—	—	—	—	167	355	1 077 684	—	98	437	1 574 992	—	
5 075	—	4 237 935	—	5 537	—	6 090 830	—	6 190	—	9 955 531	—	per Kasse
7 909	162	1 541 212	10	7 391	760	1 440 389	10	7 819	150	1 523 672	—	
—	—	—	—	—	—	—	—	—	—	—	—	
—	—	96 163 949	30	—	—	124 120 525	16	—	—	135 351 029	18	

Tabelle VII.

nach Erzarten, Quantitäten und Werte der Erze sowie Angabe der Länder,

Export nach	Erze	1318 Quantität Tonnen	1318 Quantität kg	1318 Wert Piaster	1318 Wert P.	1319 Quantität Tonnen	1319 Quantität kg	1319 Wert Piaster	1319 Wert P.	1320 Quantität Tonnen	1320 Quantität kg	1320 Wert Piaster	1320 Wert P.
Spanien	Schmirgel	—	—	—	—	—	—	—	—	—	—	—	—
	Antimon	33	761	47 265	16	—	—	—	—	108	492	151 888	32
	Summe			47 265	16							151 888	32
Schweden-Norwegen	Schmirgel	—	—	—	—	—	—	—	—	40	—	14 400	—
Deutschland	Erdpech	1 244	438	303 660	19	1 615	503	381 904	36	1 840	868	437 042	14
	Chrom	4 373	052	1 904 500	32	3 385	866	1 469 408	18	4 225	403	1 838 181	14
	Schmirgel	3 641	983	1 301 170	20	5 956	478	2 144 331	33	5 528	807	1 990 370	06
	Borax, roh	1 771	881	1 236 985	24	911	200	513 916	32	1 168	400	665 403	35
	silberhalt. Blei .	—	—	—	—	—	—	—	—	—	—	—	—
	do. mit Zink .	—	—	—	—	—	—	—	—	—	—	—	—
	Pyrit, eisenhalt.	—	—	—	—	—	—	—	—	—	—	—	—
	Zink	—	—	—	—	—	—	—	—	1 009	173	513 465	38
	Mangan	12 792	629	1 506 410	32	1 975	918	237 485	—	2 044	088	179 285	—
	Arsenik	48	442	45 507	—	—	—	—	—	79	795	47 877	—
	Meerschaum ...	—	—	—	—	—	—	—	—	—	—	—	—
	Summe			6 218 235	07			4 747 046	39			5 671 625	27
Vereinigte Staaten	Erdpech	500	—	124 000	—	—	—	—	—	—	—	—	—
	Chrom	8 000	623	3 363 030	14	3 202	678	1 754 808	30	2 034	302	915 435	36
	Schmirgel	2 671	631	931 211	10	4 867	097	1 752 155	05	1 610	688	579 847	27
	Antimon	28	497	38 494	16	—	—	—	—	—	—	—	—
	Mangan	9 808	528	1 145 722	08	—	—	—	—	2 054	581	180 205	—
	Summe			5 602 458	08			3 506 963	35			1 675 488	23

Auslandexporte

nach denen diese Auslandsexporte in den Jahren 1318—1323 exportiert wurden.

1321				1322				1323				Bemerkungen
Quantität		Wert		Quantität		Wert		Quantität		Wert		
Tonnen	kg	Piaster	P.	Tonnen	kg	Piaster	P.	Tonnen	kg	Piaster	P.	
12	—	4 320	—	—	—	—	—	—	—	—	—	
111	575	156 204	10	—	—	—	—	—	—	—	—	
		160 524	10									
26	—	9 360	—	5	—	1 800	—	38	—	13 680	—	
2 191	963	596 647	37	1 425	103	361 342	18	2 116	561	530 453	17	
2 732	200	1 076 680	—	6 255	—	2 309 000	—	3 614	—	1 170 600	—	
6 454	971	2 323 789	26	6 172	695	2 222 224	—	6 210	367	2 235 732	05	
924	560	543 485	22	1 709	768	1 139 311	06	3 505	200	2 545 493	—	
—	—	—	—	—	—	—	—	5	771	4 616	32	
75	—	45 000	—	—	—	—	—	—	—	—	—	
3 060	255	197 375	—	2 358	35	161 404	20	10 972	800	754 769	—	
1 318	171	658 612	—	15 610	304	6 916 647	—	18 006	003	9 136 881	07	
—	—	—	—	130	655	32 663	30	153	—	38 250	—	
40	—	24 000	—	—	—	—	—	—	—	—	—	
—	—	—	—	—	—	—	—	2	—	3 216	—	
		5 465 690	05			13 142 592	34			16 420 011	21	
—	—	—	—	—	—	—	—	—	—	—	—	
2 500	—	10 000	—	4 141	965	1 416 786	—	2 000	—	600 000	—	
5 360	376	1 910 443	33	5 858	466	2 088 146	11	6 621	255	2 383 651	32	
—	—	—	—	—	—	—	—	—	—	—	—	
—	—	—	—	—	—	—	—	—	—	—	—	
		2 010 443	33			3 504 932	11			2 983 651	32	

Tabelle VII

Export nach	Erze	1318 Quantität Tonnen	1318 Quantität kg	1318 Wert Piaster	1318 Wert P.	1319 Quantität Tonnen	1319 Quantität kg	1319 Wert Piaster	1319 Wert P.	1320 Quantität Tonnen	1320 Quantität kg	1320 Wert Piaster	1320 Wert P.
England	Erdpech	300	—	74 400	—	300	—	70 920	—	300	—	94 964	18
	Chrom	6 239	120	2 537 554	—	5 144	550	2 167 566	20	1 395	—	558 000	—
	Schmirgel	5 497	252	1 979 010	28	5 165	135	1 859 700	24	6 898	058	2 476 804	38
	Borax, roh	2 336	800	1 611 660	—	2 336	555	1 341 399	20	2 590	800	1 482 242	15
	goldhalt. Silber	—	—	—	—	—	—	—	—	5	340	2 000	—
	bleihalt. Pyrit	—	—	—	—	217	150	14 613	16	1 432	019	80 885	—
	Quarz	—	—	—	—	—	—	—	—	—	—	—	—
	Zink	—	—	—	—	—	—	—	—	—	—	—	—
	eisenh. Pyrit	—	—	—	—	—	—	—	—	—	—	—	—
	Rohkupfer	1 258	091	5 208 120	—	1 447	263	6 321 351	—	1 252	158	6 296 045	—
	Kupfererz	—	—	—	—	—	—	—	—	—	—	—	—
	Antimon	124	182	173 854	32	173	370	242 718	—	129	287	181 001	32
	Mangan	5 383	896	634 208	20	—	—	—	—	14 068	203	1 233 911	—
	Quecksilber	—	—	—	—	—	—	—	—	—	—	—	—
	Summe			12 218 808	—			12 106 267	22			12 405 854	23
Österreich	Erdpech	1 326	797	329 045	26	987	350	233 409	20	854	360	202 834	20
	Chrom	1 908	738	809 317	08	1 675	830	693 182	—	640	100	256 040	—
	Schmirgel	244	—	85 600	—	304	579	109 648	18	196	910	70 888	—
	Borax, roh	100	—	82 500	—	—	—	—	—	—	—	—	—
	bleihalt. Pyrit	—	—	—	—	276	640	16 843	10	3 146	360	177 711	10
	eisenhalt. Pyrit	—	—	—	—	—	—	—	—	—	—	—	—
	Mangan	16 728	032	2 642 858	16	11 649	798	1 435 739	21	6 921	331	607 065	—
	Arsenik	—	—	—	—	—	—	—	—	—	—	—	—
	Meerschaum	5 529	—	3 234 465	—	5 381	—	4 706 491	—	5 547	—	5 871 832	—
	Summe			7 183 786	10			7 195 318	29			7 186 370	30
Italien	Erdpech	410	—	101 680	—	—	—	—	—	430	—	102 086	30
	Chrom	1 214	930	485 972	10	51	135	20 454	—	599	800	239 920	—
	Schmirgel	—	—	—	—	—	—	—	—	10	—	1 360	—
	bleihalt. Pyrit	1 429	773	97 113	20	3 179	788	193 632	34	4 539	391	256 397	06
	eisenhalt. Pyrit	—	—	—	—	—	—	—	—	—	—	—	—
	Mangan	—	—	—	—	8 884	206	1 052 185	—	—	—	—	—
	Summe			683 765	20			1 266 271	34			599 763	36

(Fortsetzung).

1321				1322				1323				Bemerkungen
Quantität		Wert		Quantität		Wert		Quantität		Wert		
Tonnen	kg	Piaster	P.	Tonnen	kg	Piaster	P.	Tonnen	kg	Piaster	P.	
—	—	—	—	—	—	—	—	20	—	4 500	—	
1 006	058	313 726	05	7 338	570	2 767 927	24	6 334	151	2 179 950	—	
7 401	679	2 664 604	18	7 629	529	2 723 063	22	8 747	657	3 149 156	22	
2 844	800	1 687 236	26	2 862	232	1 880 019	14	20 336	800	1 681 968	28	
2	520	14 380	—	—	—	—	—	—	—	—	—	Diese Ziffern sind kg.
—	—	—	—	—	—	—	—	—	—	—	—	
—	—	—	—	10	160	762	50	—	—	—	—	
—	—	—	—	—	—	—	—	1 591	216	205 080	—	
1 054	033	97 006	—	—	—	—	—	—	—	—	—	
782	547	4 668 515	—	580	574	4 498 161	—	952	120	4 307 528	—	
—	—	—	—	72	673	40 969	08	—	—	—	—	
381	474	534 064	10	943	132	1 938 327	24	492	404	1 456 285	32	
5 398	93	530 416	—	6 607	426	954 015	24	414	425	62 163	30	
—	—	—	—	66	980	1 071 688	—	63	912	1 022 592	—	
		10 509 948	19			15 874 933	36			14 069 224	32	
718	300	195 519	33	1 198	950	303 999	16	702	—	175 936	05	
2 035	302	738 620	32	1 495	356	590 106	32	2 660	726	882 117	20	
44	092	174 273	05	313	112	112 720	13	411	600	148 176	—	
—	—	—	—	—	—	—	—	200	—	145 884	—	
—	—	—	—	—	—	—	—	—	—	—	—	
2 133	927	137 632	—	12 654	043	866 152	20	21 473	100	1 477 038	—	
6 482	843	656 697	—	3 937	694	2 010 441	38	5 524	637	828 442	30	
—	—	—	—	7	321	4 392	—	—	—	—	—	
5 075	—	4 237 625	—	5 527	—	2 090 700	—	6 188	—	9 952 315	—	Diese Ziffern sind kg.
		6 140 367	30			9 888 512	39			13 609 909	15	
993	960	270 553	36	513	91	130 303	31	320	—	80 199	15	
1 176	746	386 023	30	99	—	27 000	—	703	954	211 186	10	
—	—	—	—	70	—	25 200	—	122	234	44 004	18	
—	—	—	—	—	—	—	—	—	—	—	—	
—	—	—	—	7 100	—	485 985	20	5 450	—	374 881	—	
—	—	—	—	—	—	—	—	—	—	—	—	

Tabelle VII

Export nach	Erze	1318 Quantität Tonnen	1318 Quantität kg	1318 Wert Piaster	1318 Wert P.	1319 Quantität Tonnen	1319 Quantität kg	1319 Wert Piaster	1319 Wert P.	1320 Quantität Tonnen	1320 Quantität kg	1320 Wert Piaster	1320 Wert P.
Belgien	Chrom	2 010	388	845 393	24	784	210	345 870	24	75	—	25 500	—
	Schmirgel	267	514	96 305	05	1 024	957	368 984	20	96	213	34 636	27
	silberhalt. Blei in Blöcken	3 629	036	3 695 121	—	7 397	230	11 755 923	50	11 142	711	18 798 305	—
	silberhalt. Blei	6 315	103	5 854 847	—	2 684	172	2 519 065	—	341	780	308 899	—
	do. mit Zink	—	—	—	—	234	500	162 000	—	107	—	64 200	—
	bleihalt. Pyrit	54	381	3 655	20	—	—	—	—	—	—	—	—
	Zink	803	605	388 800	—	2 021	504	798 125	—	4 267	270	2 239 754	02
	Kupfererz	—	—	—	—	—	—	—	—	—	—	—	—
	Antimon	—	—	—	—	—	—	—	—	—	—	—	—
	Mangan	1 361	388	109 024	24	1 026	—	175 600	—	—	—	—	—
	Summe			12 043 146	33			16 107 178	04			21 471 294	29
Rußland	Erdpech	196	181	48 652	35	246	047	58 165	20	246	016	58 411	32
	Schmirgel	—	—	—	—	—	—	—	—	—	—	—	—
	Borax, roh	—	—	—	—	508	—	286 512	—	—	—	—	—
	bleihalt. Pyrit	1 013	174	68 108	20	978	224	59 568	—	—	—	—	—
	reines Kupfer	22	768	136 611	26	23	774	142 643	04	3	710	22 264	—
	Summe			653 373	01			546 888	24			80 676	05
Rumänien	Borax, roh	—	—	—	—	721	360	406 847	—	1 422	400	808 075	20
	eisenhalt. Pyrit	—	—	—	—	—	—	—	—	—	—	—	—
	Summe							406 847	—			808 075	20
Frankreich	Erdpech	2 307	657	572 299	—	1 500	144	354 633	01	1 245	—	295 576	20
	Chrom	8 704	010	3 722 339	—	2 921	821	1 194 048	16	3 944	093	1 657 393	08
	Schmirgel	281	403	101 308	05	575	193	207 069	19	386	733	133 847	34
	Borax, roh	4 733	800	2 947 981	10	2 334	866	1 316 864	16	4 009	—	2 332 059	20
	Borazite, raffin.	—	—	—	—	184	334	162 582	23	—	—	—	—
	silberhalt. Blei	15	059	661	—	—	—	—	—	—	—	—	—
	bleihalt. Pyrit	—	—	—	—	219	604	13 376	20	9 248	618	522 386	24
	eisenhalt. Pyrit	—	—	—	—	—	—	—	—	—	—	—	—
	Antimon	—	—	—	—	—	—	—	—	—	—	—	—
	Mangan	4 354	284	508 617	—	6 128	278	745 158	07	10 857	105	1 048 338	—
	Summe			7 847 205	15			3 993 732	22			5 989 601	26

(Fortsetzung).

1321				1322				1323				Bemerkungen
Quantität		Wert		Quantität		Wert		Quantität		Wert		
Tonnen	kg	Piaster	P.	Tonnen	kg	Piaster	P.	Tonnen	kg	Piaster	P.	
907	948	324 431	34	2 183	364	822 028	20	1 579	72	483 327	35	
408	909	147 207	10	594	275	213 939	—	461	500	166 140	—	
11 397	867	22 815 395	—	8 376	679	20 525 858	—	11 212	271	26 663 394	—	
275	034	247 973	—	493	865	574 140	—	257	85	338 096	—	
—	—	—	—	50	—	40 000	—	—	—	—	—	
—	—	—	—	—	—	—	—	—	—	—	—	
4 394	511	3 288 943	—	19 194	795	14 820 559	—	7 678	673	4 707 125	26	
18	462	12 752	15	—	—	—	—	—	—	—	—	
—	—	—	—	—	—	—	—	59	178	180 302	16	
5 596	447	549 815	08	260	—	45 500	—	—	—	—	—	
		17 386 517	27			37 042 024	20			32 538 385	37	
68	428	18 625	38	245	924	62 355	—	149	459	37 458	12	
86	—	29 520	—	—	—	—	—	—	—	—	—	
508	—	306 257	30	1 016	—	654 263	15	1 016	—	718 550	30	
—	—	—	—	—	—	—	—	—	—	—	—	
14	592	87 553	08	—	—	—	—	—	—	—	—	
		441 956	36			716 618	15			756 009	02	
406	400	245 006	30	1 117	600	707 165	18	1 371	600	984 694	20	
—	—	—	—	—	—	—	—	4 450	—	306 094	—	
		245 006	30			707 165	18			1 290 788	20	
1 293	965	352 214	28	2 640	633	667 688	10	1 910	910	478 913	04	
7 436	998	2 797 229	12	5 580	026	2 036 057	30	2 005	332	2 213 053	26	
572	986	206 271	15	760	193	273 671	20	890	283	320 501	25	
8 180	160	4 830 074	—	3 404	160	2 315 583	33	5 280	280	3 829 356	34	
—	—	—	—	—	—	—	—	—	—	—	—	
—	—	—	—	—	—	—	—	—	—	—	—	
—	—	—	—	—	—	—	—	—	—	—	—	
9 565	188	616 918	—	18 637	935	1 275 739	20	16 284	505	1 120 137	—	
—	—	—	—	—	—	—	—	69	132	114 640	36	
3 052	156	325 752	—	117	932	20 638	10	—	—	—	—	
						6 588 977	03			8 076 603	05	

Tabelle VII

Export nach	Erze	1318 Quantität Tonnen	1318 Quantität kg	1318 Wert Piaster	1318 Wert P.	1319 Quantität Tonnen	1319 Quantität kg	1319 Wert Piaster	1319 Wert P.	1320 Quantität Tonnen	1320 Quantität kg	1320 Wert Piaster	1320 Wert P.
Holland	Chrom	700	—	290 000	—	7 319	394	2 993 736	20	6 005	034	2 387 013	24
	Schmirgel	715	441	254 534	35	363	319	130 794	35	1 298	666	467 519	26
	Mangan	7 326	504	855 801	20	1 019	142	120 702	—	2 336	090	213 714	—
	Summe			1 400 336	15			3 235 232	15			3 068 247	10
Griechenland	Erdpech	—	—	—	—	—	—	—	—	5	—	1 187	—
	Borax, roh	700	—	421 890	—	—	—	—	—	—	—	—	—
	silberhalt. Blei	326	—	195 600	—	—	—	—	—	20	—	12 000	—
	silber- und zinkhaltiges Blei	600	—	380 000	—	66	—	52 800	—	45	—	27 000	—
	Summe			997 490	—			52 800	—			40 187	—
Andere Länder	Chrom	70	—	28 000	—	2 982	—	1 192 800	—	78	—	34 350	—
	Schmirgel	835	746	300 868	25	1 066	037	383 773	13	155	—	55 800	—
	silberhalt. Blei	—	—	—	—	—	—	—	—	—	—	—	—
	do. mit Zink	—	—	—	—	—	—	—	—	—	—	—	—
	bleihalt. Pyrit	62	874	4 226	20	—	—	—	—	—	—	—	—
	Zink	361	641	96 196	20	—	—	—	—	21	740	21 740	—
	eisenhalt. Pyrit	—	—	—	—	—	—	—	—	—	—	—	—
	Kupfererz	—	—	—	—	—	—	—	—	—	—	—	—
	reines Antimon	34	—	136 000	—	—	—	—	—	—	—	—	—
	Mangan	—	—	—	—	5 784	612	750 091	—	—	—	—	—
	Arsenik	—	—	—	—	—	—	—	—	—	—	—	—
	Quecksilber	—	—	—	—	—	—	—	—	—	—	—	—
	roter Schmirgel	119	604	148 138	32	36	134	45 498	04	—	—	—	—
	Summe			713 430	17			2 307 162	17			111 890	—

(Fortsetzung).

1321				1322				1323				Bemerkungen
Quantität		Wert		Quantität		Wert		Quantität		Wert		
Tonnen	kg	Piaster	P.	Tonnen	kg	Piaster	P.	Tonnen	kg	Piaster	P.	
6 072	917	2 398 877	10	5 158	754	1 736 887	31	5 962	477	2 371 943	05	
2 451	182	882 425	23	2 139	924	770 372	26	2 810	920	1 011 931	08	
5 558	570	546 094	—	4 580	843	657 350	38	8 256	951	1 250 784	30	
		3 827 396	33			3 164 611	15			4 574 659	03	
12	500	3 403	20	11	500	2 915	30	23	—	5 765	04	
—	—	—	—	—	—	—	—	—	—	—	—	
20	—	15 000	—	90	—	67 876	—	505	—	363 031	—	
109	—	65 400	—	73	—	58 400	—	188	—	150 400	—	
		88 804	20			129 191	30			519 196	04	
701	451	280 507	20	506	230	61 849	08	—	—	—	—	
243	500	87 660	—	251	494	90 527	33	38	385	13 818	24	
—	—	—	—	—	—	—	—	43	222	54 022	—	
—	—	—	—	75	—	56 800	—	—	—	—	—	
—	—	—	—	—	—	—	—	—	—	—	—	
—	—	—	—	—	—	—	—	—	—	—	—	
19	880	1 283	—	—	—	—	—	—	—	—	—	
—	—	—	—	—	—	—	—	22	789	9 115	24	
—	—	—	—	—	—	—	—	—	—	—	—	
—	—	—	—	—	—	—	—	—	—	—	—	
								4	800	2 880	—	
								31	463	503 408	—	
—	—	—	—	—	—	—	—	—	—	—	—	
		369 450	20			209 187	01			583 244	08	

Ackerbau und Viehzucht

Die Hauptzweige der türkischen Landwirtschaft

Von

A. Sack,
dipl. agr., Saatzucht-Inspektor.

Dr. W. Kirchner,

Geh. Hofrat, o. ö. Professor und Direktor des Landwirtschaftlichen Institutes der Universität Leipzig

in dankbarer Verehrung

zugeeignet.

Die Landwirtschaft ist die Quelle allen Nationalreichtums.

Quesnay.

„Nicht lange, und die Lose werden auch über die asiatische Türkei geworfen werden“, mahnte nach der Katastrophe des Balkankrieges der österreichische Historiker Friedjung. — Heute werden die Lose geworfen! Aber sie fallen günstig für die Türkei. Sie wird ihren Besitzstand, ihre reichen Naturschätze, ihre fruchtbaren Gefilde bewahren. Sie wird nach dieser Periode überraschender Kraftbewährung zu erneuter Macht und Geltung gelangen. Ein starkes bewußtes Schaffen wird anheben auf türkischer Erde. Was jetzt erstehen kann und muß, ist ein lebenskräftigeres, ein wirtschaftlich mächtigeres Osmanenreich. Denn militärische Rüstungen allein bieten keine genügende Sicherheit. Sie setzen die wirtschaftliche Stärke, den Volkswohlstand, das „Geld“ voraus.

Für die Türkei liegt nun die Möglichkeit wirtschaftlicher Erstarkung, nachdem Bauern die Mehrheit ihrer Bevölkerung bilden und sie auf der Stufe eines um Jahrhunderte zurückgebliebenen Ackerbaustaates steht, in einer großzügig angelegten, weise und mit sieghafter Energie durchgeführten Agrarreform. Die Vorschläge, die in erster Linie von einer Industrialisierung der Türkei das wirtschaftliche Vorwärtskommen erhoffen, bewegen sich vorderhand in starken Illusionen. „Denn es fehlt hier für eine Industrieentwicklung ein kauffähiger und kauflustiger Markt. . . . Eine forcierte jungtürkische Industriepolitik wäre daher nur ein weiterer Beitrag zur Geschichte der Irrtümer des älteren westeuropäischen und des jüngeren osteuropäischen Merkantilismus.“ (Schaefer.)

---

[1]) Die Anregung zu dieser Studie verdanke ich Privatdozenten Hugo Grothe, Dr. jur. et phil., dem bekannten Orientforscher und Vorsitzenden der Deutschen Vorderasien-Gesellschaft, der mir in entgegenkommendster Weise mit seinem Rat zur Verfügung stand. Die Bücherei des Vorderasieninstituts der genannten Gesellschaft leistete mir vortreffliche Dienste.

Welche Grundlagen, welche gegebenen Bedingungen findet nun eine Agrarreform vor? Hat der Baum der türkischen Landwirtschaft, den die gewöhnliche Vorstellung nur in kümmerlichem Wachstum oder gar totenhaft verdorrt zwischen Sand und Sonne sieht, noch Leben, Kraft und Trieb zu neuen Ansätzen? Wie steht es heute um die türkische Landwirtschaft? Wie vor allem um Ackerbau und Viehzucht? — Das zu untersuchen, soll Aufgabe dieser Studie sein.

Wenden wir zunächst der Tierzucht unser Augenmerk zu.

Als Haustiere werden in der Türkei gehalten: das Pferd, der Esel, das Maultier, das Kamel; das Rind, der Büffel, das Schaf und die Ziege. Das Schwein wird, da es der Bekenner des Islams als unreines Tier verabscheut, nur bei den christlichen Griechen, Armeniern und Syriern gezüchtet und verzehrt. Außerdem erfährt es noch eine Art wohlwollende Duldung an der türkisch-persischen Grenze. Saad berichtet nämlich: „Um das Gedeihen der Pferde zu fördern, halten sich die Leute in den größeren Pferdeställen ... ein kleines Schwein, dessen Geruch den Pferden gesund sein soll."

Also hier hilft die Rücksicht auf die Gesundheit des Pferdes sogar über ein religiöses Bedenken hinweg. Das ist geradezu bezeichnend für die Wertschätzung, deren sich das Pferd im Orient erfreut. Alle Osmanen und vor allem die Araber sind Pferdeenthusiasten; ihnen gilt nach Urahnensitte der Besitz von Pferden als Zeichen besonderer Wohlhabenheit und bevorzugten Herrenglückes. Trotzdem scheint die Türkei, entgegen so manchen literarischen und historischen Reminiszenzen, heute nicht reich an Pferden zu sein. Vermag sie doch nicht einmal den Bedarf an Remonten im eigenen Lande zu decken. So erwähnt v. Oppenheim, daß das Militär in Damaskus zum Teil ungarische Pferde reitet. So hebt Kannenberg sogar in nachdrücklichen Worten den empfindlichen Pferdemangel hervor. Allerdings nicht ganz unwidersprochen; denn sein Mitarbeiter Schäffer betont in einer Fußnote, daß bedeutende Bestände von ausgezeichneter Abstammung bei Jozgad, Boghazköi und Sungurlu vorhanden, daß sich sehr große Herden am Tschekerek Tschai in der Tschorum-Ebene sowie im oberen Devrez Tschai fänden. Und neuerdings berichtet Leonhard, daß in der Niederung wie in den Hügelländern des Düzdje-Beckens, an den Südhängen der Akova-Ebene und nördlich vom Egri-dere Tscherkessen angesiedelt sind, muselmanische Auswanderer aus dem Kaukasus, deren alte Neigungen der Pferdezucht gehören. Endlich verlegen sich, wie Hugo Grothe in dem vorläufigen Berichte seiner Vorderasienreise mitteilt, auch die 50—60 000 Tscherkessen des Antitaurus auf die Zucht des Pferdes. Der genannte Forscher erzählte mir, er sei auf den Touren in jenem Gebiete größeren Pferdeschwärmen begegnet, die zum Remontenmarkt getrieben wurden.

Besser als mit der Zahl steht es nun zweifellos mit der Güte des türkischen Pferdematerials. Obenan ist da natürlich der Araber zu rühmen. Aus zahllosen Abbildungen und Schilderungen kennen wir ihn, diesen edelsten Rassetyp des Orients: den Schimmel, den strahlend weißen, mit dem edelgeformteu Körperbau, mit den klugen großen Augen, den weiten Nüstern, die bei Aufregung blutrot erscheinen; mit dem beweglichen Spiel der feingeschnittenen Ohren. Es fragt sich nur, ob es in Arabien wirklich viele Exemplare so idealen Exterieurs gibt, die dazu die Eigenschaften eines guten Temperaments, der Leistungsfähigkeit und Genügsamkeit in erheblich höherem Maße in sich vereinigen, als dies ohnehin der Fall zu sein pflegt. Baron Nolde, ein Pferdekenner und einer der wenigen, die auch nach Innerarabien vorgedrungen sind, zaudert nicht, diese Frage zu verneinen. Einmal tragen überhaupt nicht alle Araber die beliebte Schimmelfarbe; und sodann ist das arabische Durchschnittspferd an sich schon durch Gelehrigkeit, große Genügsamkeit und zähe Ausdauer ausgezeichnet, Eigenschaften, welche es mit dem ihm verwandten, aber mehr unedlen und eckigen anatolischen Pferd gemeinsam hat. Als weitere Rasse zählt sodann Endres die Tscherkessen auf, schlankleibige, oft sehr kleine, vortreffliche Tiere mit zierlichen Köpfen. Schließlich unterscheidet Herrmann noch das kurdische Pferd, ein dem Araber ähnliches, kleines, derbes Pferdchen, und das (verhältnismäßig) starkknochige Tschiftlik-Pferd [1]), ein

[1]) von „Tschiftlik" = Landgut. — Übersichtlicher als in der gegebenen Aufzählung dürften sich die Pferde der Türkei wohl in Steppenpferde, Gebirgspferde, Landpferde gruppieren lassen. Unter diesen Hauptgesichtspunkten wäre

harter, sehr williger, primitiver Landschlag, entstanden aus der Mischung arabischen, anatolischen und ungarischen Blutes. Gleich Kleinasien hat auch Syrien und Mesopotamien seinen Landschlag, brauchbare, ruhigere Gäule, die am Euphratufer gern vor die Göpelwerke gespannt werden, welche das Stromwasser in die Höhe der Saatfelder und Gärten heben.

Ihr Preis schwankt in Syrien sehr; nach Auhagen kann er 80, aber auch 800 M. betragen. Diese relativ hohe Angabe findet durch eine neuere Mitteilung eine gewisse Bestätigung. Langenegger erzählt nämlich, daß man für einen Kedischhengst [1]) von schönem Aussehen und hinreichender Stärke in Damaskus doppelt so viel wie in Bagdad bezahle; in Bagdad koste er 138—175 M. In Anatolien stellen sich nach Herrmann die verschiedenen Rassen im Preise ziemlich gleich [2]). „Ein sehr gutes, fehlerfreies Pferd kostet 15 Pfund = 270 M." Diese Preisnotierung dürfte indessen, so allgemein gehalten, nicht zutreffen. Sicherlich nicht für das arabische Pferd und zumal für arabische Stuten. Für sie ist ein Preis von 4000 und 5000 M. nichts Außergewöhnliches. Auch Preise von 10 000 M. kennt Arabien. Ein brauchbarer Hengst dürfte hingegen schon von 1000 M. an zu erstehen sein. Je nach Aussehen und Abstammung steigt natürlich auch hier der Wert. Baron Nolde wurde in Wadi Bischara „ein prachtvoller Fuchshengst allerechtesten Blutes" für 4—5000 M. angetragen, ein Angebot, das Nolde sehr billig findet und durch die „außerordentlichen Geldschwierigkeiten" des Besitzers erklärt.

Wenn man nun die genannten Preise mit den bei uns gezahlten in Vergleich setzen will, so darf man dabei nicht außer Betracht lassen, daß erstens in der Türkei dem Gelde eine größere Kaufkraft eignet und daß zweitens die Aufzuchtkosten wesentlich niedriger sind als bei uns. Denn eine besondere Pflege wird dem

dann das (vielfach herrschende) Chaos der Blutmischungen und Formen wieder eingehender klarzulegen. Eine Studie über die Geschichte und den heutigen Stand der Pferdezucht in der asiatischen Türkei hat der Verfasser in Vorbereitung.

[1]) Für ein Pferd ohne Rasse haben die Türken, wie Dr. Grothe mir mitteilte, den Ausdruck „Kedisch".

[2]) Ich zahlte in Kleinasien 1906 für ein gutes Lasttier 7—8 Pfund, für ein ansehnlich brauchbares Reitpferd 10—12 Pfund. In Bagdad waren die Preise höher (9—12 bzw. 12—20 Pfund). Der Herausgeber.

Fohlen nicht zuteil. Es läuft frei umher, ein Spielgenosse der Kinder. Solange die Mutter Milch gibt, erhält es diese. In der Regel versiegt jedoch die Nahrungsquelle infolge mangelhafter Ernährung schon nach 3 Wochen. Daher werden die Füllen in Arabien und Obermesopotamien an Kamelmilch gewöhnt, die ihnen 5—7 Monate zukommt. Mit dem zweiten Lebensjahre erfolgt dann meistens schon die Ingebrauchnahme. Ist sie auch anfangs noch bescheiden zugemessen, so wirkt sie doch nachteilig, und zwar um so stärker, je ungenügender das Futter gegeben wird. Und der Türke ist ein schlechter Fütterer. Der anatolische Bauer, der seinem Pferd in der Arbeitsperiode neben dem obligaten Gerstenstrohhäcksel („samân") noch 1 kg Gerstenkörner verabreicht — der bei uns mit Recht so hochgeschätzte Hafer ist als Pferdefutter gänzlich unbekannt —, glaubt des Guten genug zu tun. Etwas freigebiger ist der Osmane an der persischen Grenze; er füttert nach Saad gewöhnlich $2^1/_2$ kg Gerste und 10 Pfund Stroh auf den Tag; er gewährt auch mehrere Tage, bevor er größere Leistungen verlangt, noch eine Zulage von Gerste bzw. Weizen, von entkernten Datteln oder auch wohl Kamelmilch. Unsere europäischen Pferde würden bei einer derartig kargen Ration, der zudem noch das Heu fehlt, wohl frühzeitig versagen und eine ähnlich würdelose Rolle spielen wie unser Equus asinus, unser Esel.

Der orientalische Esel gleicht übrigens nicht unserem störrischen, vollendeten Stoiker. Die Esel Asiens sind lebhafter. Sie sind im allgemeinen auch größer und kräftiger. Wohl finden sich ebenfalls verelendete, auffallend kleine Tiere, häufig aber auch solche, die an die Stattlichkeit eines mittleren Pferdes heranreichen. Ihre Farbe wechselt mannigfach, von Schwarz über Grau bis Weiß. Weiß sind die arabischen Esel [1]). Ihre geschätztesten Vertreter, die als Reittiere begehrten Silberesel von Bagdad, kosten bis 180 M. und wohl noch mehr. Schwarz oder dunkelbraun ist der kurdische Esel, dessen Preis in dem seiner

[1]) Die „slebi", ein Araberstamm der mesopotamischen Steppe zwischen Euphrat und Abdul asis Dagh, halten nur weiße Esel. In formalistischer Auslese verlaufen sie, wie Dr. Grothe auf seinen dortigen Wanderungen erfuhr, jedes anders gefärbte Füllen.

Heimat angrenzenden Obermesopotamien nach Saad 36—54 M. beträgt. Für die syrischen Esel hat Auhagen den Wert der gewöhnlichen Rasse mit 32—96 M. angegeben und den der großen weißen Reitesel mit bis 120 M. Das Durcheinander der anatolischen Zuchten hat einen meist niedrigeren Kaufpreis; Fitzner beziffert ihn auf 18—21,50 M.; Kannenberg für Inneranatolien auf 18—36 M. Diese geringen Anschaffungskosten und die selbst bei schlechtestem Futter noch verhältnismäßig hohe Leistung als Reit- und Lasttier machen den Esel so recht zum Pferd des kleinen Mannes. Nicht nur trägt er den Kleinhändler und seine Waren von Dorf zu Dorf, er befördert auch die Produkte der Landwirtschaft in die Stadt, er bringt den Bauer zu dem oft weit entlegenen Ackerfeld und schleppt in der Ernte die schweren Getreidelasten herein, und wenn die Seidenraupen schlüpfen und wachsen und immer gefräßiger werden, dann verschwindet er oft förmlich unter der aufgehäuften Last der Maulbeerzweige.

Eine besondere Bedeutung, die uns in Deutschland bis jetzt allerdings weniger interessierte, kommt dem Esel noch insofern zu, als aus seiner Paarung mit der Pferdestute das Maultier hervorgeht. Zwar wird das Maultier nicht in den türkischen Kerngebieten gezüchtet, da der Türke die Kreuzung von Tieren, welche nicht zu einer Art gehören, als Greuel betrachtet; aber trotzdem ist das Maultier als Lastträger eine Erscheinung, der man überall begegnet. Die Maultiere stammen dann von der pontischen Küste und aus Paphlagonien, aus Nordsyrien oder von der türkisch-persischen Grenze, besonders aus dem Puscht-i-kuh, wo das Stück mit 180 M. bezahlt wird, oder sie sind endlich aus Persien eingeführt. Dieser Import und mehrfache andere Erwägungen scheinen mir zu fordern, daß die Maultierzüchtung da, wo es ohne Verletzung überkommener Anschauungen geschehen kann, künftighin von Staats wegen systematisch und zweckbewußt gefördert wird. Gemäß seiner Abstammung vereinigt nämlich der Pferd-Eselbastard die Stärke und ungefähre Schnelligkeit des Pferdes mit der Langlebigkeit und der unverwüstlichen Ge-

---

[1]) In Syrien hingegen soll nicht selten ein Preis von 480—640 M. erzielt werden. (Auhagen.)

sundheit sowie der sprichwörtlichen Genügsamkeit des Esels. Es ist kein Zufall, daß während des Hereroaufstandes 1904/1907 von 30 962 Pferden, die im Dienste der Schutztruppe standen, 25 200 eingingen, von 33 844 Maultieren hingegen nur 22 412, was einen Prozentsatz von 81,4 : 66,2 ergibt. Ich meine nun, die Türkei sollte zunächst aus militärischen Gründen Maultierzucht treiben. Zuchtziel: Größe und Stärke! Ich könnte mir dann für langdauernde Proviantfuhren auf schlechten Wegen kein geeigneteres Zugtier denken. Ein solches wäre zugleich auch für die Landwirtschaft von größtem Nutzen. Denn: „Zu landwirtschaftlicher Arbeit, d. h. in erster Linie zum Pflügen, ist das anatolische Pferd schlecht zu gebrauchen. Es fehlt ihm eine ruhige und gleichmäßige Gangart, so daß man schwer eine gerade Furche halten kann. Nur die Tataren . . . haben mit vieler Mühe das anatolische Pferd an den Pflug gewöhnt." (Herrmann.) Das Pferd dient eben im Orient als Reit- oder Lasttier. Die Zugleistung bleibt Ochsen und Büffeln vorbehalten.

Der stärkere von beiden ist unfraglich der Büffel. Gewicht, Arbeitsleistung und Nahrungsbedürfnis sind nach Kaerger ungefähr doppelt so groß wie beim Ochsen. Er besitzt noch den weiteren Vorzug, daß er für Krankheiten sehr wenig empfänglich und schier dreißig Jahre arbeitsfähig ist. Allerdings verlangt er im Sommer täglich sein Bad. Findet sich einmal keine Badegelegenheit, dann muß der Bauer den schwarzhäutigen Gesellen mit Wasser gründlich übergießen. „Ein höchst ergötzliches Bild ist es, wenn der Büffel eine schlammige Pfütze gefunden hat und nun den ganzen schweren Körper darin wälzt, um dann nach geraumer Zeit schlammtriefend diesem eigentümlichen Bade zu entsteigen. Der Schlamm trocknet an der Luft bald zu einer grauen Kruste zusammen, die dem Tiere Schutz vor Fliegen und Hitze gewährt, seine Schönheit aber keineswegs erhöht." (Herrmann.) Infolge seiner Leistungsfähigkeit ist der Büffel natürlich ein ausgezeichnetes und demgemäß bezahltes Zugtier. Er kostet in Anatolien nach Kaerger, Fitzner und Feska 180—216, nach Herrmann 225—270 und nach Flottwell am mittleren Kyzyl Irmak 200 bis 300 M. Hingegen wird er in Mesopotamien nur mit 135—180 M. bewertet (Saad). Für Syrien vermochte ich die Preise nicht zu ermitteln. Die Büffel werden daselbst auch weniger gezüchtet; nur im Jordantale finden sich einige Herden.

Im Gegensatze zum Büffel bietet der Ochse, dessen Benutzungsmöglichkeit ungefähr 10 Jahre währt, ein Bild trauriger Degeneration. Klein erscheint er, schwachknochig, abgetrieben, rippenstarrend. „Er hat alle Eigenschaften, die ein guter Ochse nicht haben soll", so kennzeichnet ihn Herrmann. Und er fährt weiter: „Ich habe wiederholt gesehen, daß drei Paare hiesiger Ochsen das nicht leisteten, was für ein Paar unserer Rasse eine Leichtigkeit gewesen wäre." Diese Angabe scheint mir, soweit ich bis jetzt die Literatur überschaue, zutreffender als jene schnurrigen Reisemitteilungen, die da zu erzählen wissen: „Im Innern Kleinasiens könne man ausgewachsene Ochsen von der Größe eines deutschen einjährigen Kalbes sehen, die paarweise sich an einem Wägelchen von der Größe eines rechtschaffenen Kinderwagens abmühen." [1])

Der Beschaffenheit des anatolischen Ochsen entspricht naturgemäß das Bild der anatolischen Kuh. Sie gehört zur podolischen Rasse, die in Rußland, in der Bukowina, in Ungarn und Siebenbürgen, auf dem Balkan, in Italien, Griechenland, der Türkei und ganz Zentralasien beheimatet ist. Ihr kommt daher nach dem Zebu oder Buckelrind, das nach Dr. Grothes Beobachtung [2]) bis an die Ufer des Euphrat vorgedrungen, die weiteste Verbreitung zu. Die Farbe der verschiedenen Schläge wechselt von Dunkelbraun bis Hellgrau, geht in Silbergrau über und wird mitunter fast Weiß, eine Tönung, die vermutlich den arabischen Schlag kennzeichnet. Geflecktes Vieh trifft man nach Herrmann in Anatolien äußerst selten. Hingegen sieht Langenegger in Babylonien „flache Triften voll scheckigen Viehes". Und Auhagen hat seinen Beiträgen zur syrischen Landwirtschaft zwei Abbildungen beigefügt, auf denen die arabische Kuh gescheckt erscheint. Sollte diese gefleckte Haarfarbe am Ende auf die Vermischung mit andern Rassen hinweisen? Ist es nicht aber auch denkbar, daß

[1]) Dr. Fr. Schmidt, „Die Türkei, Verfassung, Verwaltung, Volkswirtschaft." M.-Gladbach 1914.

[2]) Geographische Charakterbilder aus der asiatischen Türkei. Leipzig 1909. Tafel LXXI, Abb. 124.

aus der Paarung extrem gefärbter Eltern der podolischen Rasse eine Schecke hervorgeht?

Bezüglich der Körperformen ist folgendes zu sagen: Die Tiere haben einen schmalen Kopf, einen ziemlich langen Hals, einen meist gesenkten Rücken, ein stark entwickeltes Vorder- und schwach entwickeltes Hinterteil, ein Charakteristikum, welches das podolische Grauvieh eben als Naturrasse erweist. Als solcher ist ihr denn auch eine sehr viel langsamere Entwicklung eigen als den Kulturrassen, sowie in ausgewachsenem Zustande ein geringeres Körpergewicht und eine schlechtere Milchergiebigkeit.

Diese Momente sind zunächst wohl zu berücksichtigen, wenn man Podolier mit unseren einheimischen Schlägen in Vergleich setzen will. Darnach ist dann die Tatsache hervorzuheben, daß die podolische Kuh im Osmanenreiche noch unter der an sich schon niederen Leistungsgrenze ihrer Rasse bleibt. Sie wird im allgemeinen als kleinwüchsig und sehr schlecht melkend geschildert. Natürlich gibt es auch manche hervorragende Zuchtgebiete, aber das Schlechte überwiegt, das Unansehnliche bleibt Regel. Daher soll auch die Milchnutzung für gewöhnlich nur drei Monate währen, und da wieder je nach Fütterung und Veranlagung 1—3 Oka pro Tag, d. h. 110—345 l im ganzen betragen[1]). Daraus erklärt sich auch der geringe Preis einer Kuh; ist sie gut, so zahlt man in Anatolien 63—72 M., schlechtere Tiere erhandelt man dagegen bereits um 27 M. Im Irak sind nach Saad beste Kühe für 18—36 Mark erhältlich. Wesentlich hochgezüchteter und daher auch teurer scheinen zum Teil die Schläge Syriens. Daselbst beträgt nach Auhagen

bei der	der jährl. Milchertrag etwa l	der Preis etwa M.
arabischen Weidekuh	800	88
arabischen Stallkuh	1200	168
Libanonkuh	1600	160
	bei mittl. Leistung	128
Damaszenerkuh	4000	400
Kreuzungskuh zwischen Damaszener- und Landrasse	1800	160

[1]) Eine Büffelkuh liefert nach Kaerger, Fitzner, Fesca 8 Monate lang anfangs $6^2/_5$—9 l, später $3^1/_5$—$3^4/_5$ l. Kaufpreis 126—144 M. Damit stimmen Herrmanns Angaben angenähert überein. Nach Saad erhält man in Mesopotamien durchschnittlich $3^2/_3$ l Milch.

In der einschlägigen Literatur wird nun die Leistungsunfähigkeit einerseits aus dem mangelhaften Vertrautsein des Türken mit den einfachsten Fragen tierzüchterischer Arbeit begründet und andrerseits mit den landesüblichen Haltungs- und Ernährungsverhältnissen in Zusammenhang gebracht. Diese Haltungs- und Ernährungsverhältnisse durch Menschenhand spielen jedoch erst in zweiter Linie mit. Die erste und hauptsächlichste, die entscheidenste Einwirkung kommt den natürlichen Verhältnissen zu. Das Klima übt auf den Körper und seine Organe, so auf die Milchdrüse, einen maßgebenden Einfluß aus. Das mäßig feuchte und milde (maritime) Klima der Küsten und Niederungen entwickelt das Euter — eine unterstützende Züchtung vorausgesetzt — zu strotzender Fülle; hingegen bleibt es im sehr warmen oder gar heißen und außerdem trockenen Klima klein. Das Rind ist eben ein Produkt der Scholle. Die Bonität des Bodens und der Charakter des Klimas, Wasser und Wärme, Licht und Luft, Niederschlagsmenge und Besonnung, kurz die Summe all dessen, was wir unter dem Begriffe der natürlichen Verhältnisse zusammenfassen, wirkt auf Pflanzenleben und Futterertrag, somit auf die Ernährung, die Formen und Fähigkeiten des Pflanzenfresserleibes, hier des Rindes. Mutatis mutandis gilt also das alte Wort: „Nihil est in intellectu, quod non prius fuerit in stomacho." Der deutsche Bauer sagt dafür einfacher: „Die Kuh milcht durchs Maul." Damit ist zugleich angedeutet, daß der Einfluß ungünstiger natürlicher Verhältnisse durch die Bemühung des Menschen, durch Entwässerung oder Bewässerung oder Düngung des Bodens, durch reichlichere Futtergaben, durch Pflege und Zuchtwahl usw. innerhalb gewisser Grenzen korrigiert, die Naturrasse zur leistungsfähigeren Kulturrasse umgezüchtet werden kann. In diesem Sinne behalten die Stimmen, welche der Türkei den Anbau perennierender Futterpflanzen empfehlen, beachtenswerte Geltung. Als weitere Verbesserungsmittel werden sodann noch Stallbauten und die Einführung von Zuchtvieh vorgeschlagen. Fassen wir die Dinge kurz ins Auge.

Die Bewohner der Türkei pflegen mit altererbter Vorliebe die Tierzucht. Ihre Vorfahren wanderten ja als unstete Nomaden. Und die Kurden wie die Araber nomadisieren heute noch. Ansehnliche Viehherden weiden in Mesopotamien; „flachgestreckte Äcker und Wiesengründe setzen ihr grünen Flicken ins staubgelbe einfarbige Gewand der Wüste an den Stellen, wo ein noch nicht verfallener Kanal das fruchtbare Naß der Ströme landein leitete“. (Langenegger.) Das Land zwischen Tigris und der türkisch-persischen Grenze, nach dem Urteile von Sachau ein hochgesegnetes Gebiet der Landwirtschaft, zeichnet sich durch eine relativ gute Viehzucht aus. Auf dem Wege von Kerkuk nach Mossul wird Baron Nolde überrascht durch schönes Vieh. Und bei dem Dorfe Dibbecke, dessen Einwohner bereits den Kurden angehören, trifft er einen „ebenso zahlreichen wie prachtvollen Viehstand“. Von den Kuhhirten des bergigen Armeniens endlich erzählen zahlreiche Reiseberichte. In Palästina sodann, oder allgemeiner gesprochen in Syrien, hat die Viehzucht vor allem in den Grenzgebieten nach der Wüste zu eine geeignete Stätte gefunden. Sattgrüne Weiden und „blaue Wiesenseen glänzen“ in der weitgebreiteten, wohlbewässerten Fruchtebene von Damaskus. Da gedeiht ein Viehschlag, der durch Größe und Leistungsfähigkeit überrascht, der sich mit Ehren auf jeder europäischen Ausstellung zeigen könnte. Ein bedeutender Export an Vieh und Viehprodukten erfolgt sodann aus Nordsyrien und dem ihm anliegenden Gebiete des oberen Mesopotamiens. So führte der Hafen von Alexandrette nach den Angaben von Prof. Warburg aus [1]):

	an Vieh für	an Butter für	an Häuten und Leder für
1901	114 900 £	142 240 £	101 195 £
1902	103 140 £	60 875 £	68 890 £

In Anatolien schließlich, das sich geographisch-geologisch in ein mit Mittelmeerklima ausgestattetes Tiefland, in ein ansteigendes Staffelland und in ein Hochland mit mehr kontinentalem Klima gliedert, das seinerseits wieder von Niederungen, Ebenen und Höhen durchzogen ist, bietet das Hochland der Viehzucht ausgedehnte Weideflächen. Im Tieflande wird sie weniger

[1]) Ich möchte hier darauf hinweisen, daß Warburgs Zahlen mehr ein Bild der allgemeinen Viehzucht bieten als speziell für die Rindviehzucht gelten. — 1 türk. Pund (£) = 18 M.

betrieben; jedoch gibt es auch dort vereinzelte Wiesengründe, wie z. B. bei Adabasar im nordwestlichen Kleinasien oder in der weiten Küstenniederung von Bafra am Pontus, wo Tausende und aber Tausende wohlgenährter Büffel und Rinder grasen. Die Hochlandsweiden sind nun keine rationell bewirtschaftete Almböden. Die Berasung ist ganz der Natur überlassen. Eine Säuberung des Grasbestandes von Unkräutern oder sonst eine fördernde Pflege wird nicht vorgenommen. In günstiger Gegend und Jahreszeit gibt es Gras in Fülle. Anderswo können sich die Tiere noch immerhin leidlich ernähren. Und wieder an anderer Stelle darben sie, weil unter der Glut der Sommersonne alles Gras gilbt und vertrocknet. Dann hungert sich das Vieh wohl auf den Brachschlägen und Stoppelfeldern durch bis in den Herbst; denn „im Oktober ... bedecken sich die Ebenen und Gebirge (wieder) mit frischem Grün, und für Menschen und Tiere beginnt ein zweiter Frühling" (Scherzer). Wenigstens in Vorder-Kleinasien. In anderen Landesteilen geht es von der mageren Stoppelweide ohne weiteres in die Kargheit und Not des Winters. Es besteht nämlich das Winterfutter nach übereinstimmenden Mitteilungen aus den verschiedensten Gegenden des Reiches vielfach nur aus blankem Stroh. Mit dem Körnerfutter geizt der Türke. Kraftfuttergaben kennt er nicht. Und selbst an Heu fehlt es größtenteils. Scherzer meint sogar, das Heumachen sei in ganz Kleinasien überhaupt nicht gebräuchlich. Dem widersprechen jedoch neuere Berichte. So schreiben Kaerger und Herrmann, daß im Juni das Gras geschnitten, dürr gemacht und alsdann auf dem Dache der Häuser aufgestapelt werde. Und aus Abbildungen, die Hugo Grothe seinen geographischen Charakterbildern (Taf. XIII, Abb. 26) und dem 2. Bande seiner Vorderasienexpedition (Abb. 29) beigegeben hat, geht hervor, daß auch die Awscharen des Antitaurus, Reste eingewanderter turko-tatarischer Stämme, die Heubereitung kennen. Sie zimmern sich dafür neben oder auf ihren Häusern besondere Gestelle, große Böcke mit schaftartig in die Luft ragenden Stangen, auf denen sie das Futter trocknen und aufbewahren. Da bleibt es allen Witterungseinflüssen ausgesetzt und erleidet schwere Qualitätsschädigungen: es verliert den Wohlgeruch und einen beträchtlichen Teil der Nährstoffe. — Selbst wenn nun an Stelle von Stroh oder zum Stroh Heu verabreicht wird, diese Ernährung genügt doch nicht, um so weniger, als über Winter große Herden nicht etwa in Ställen oder Schutzhütten untergebracht sind, sondern im Freien kampieren, in offenen Hürden und Pferchen. In strengen Wintern fallen da naturgemäß viele Tiere der Kälte und Erschöpfung zum Opfer. Der kleine Bauer, der nur ein paar Milchkühe hält, sorgt selbstverständlich besser. Er kann's auch. Während des Winters — und oftmals ohnehin das ganze Jahr über — teilt er mit ihnen seine enge Lehmhütte. „In einer solchen ... leben, essen und schlafen die Leute ohne Unterschied des Alters und Geschlechts zwischen ihrem Vieh, Hühnern, Schafen, Ziegen, Eseln, Pferden und Kühen." (Saad.) Ist man etwas fortgeschrittener, so benutzen Mensch und Tier zwar noch denselben Raum, jedoch letzteres hat bereits seinen bestimmten Stand. Wir entsetzen uns heute darüber, aber wir Europäer waren vor Zeiten auch nicht bessere Leute. Unser Vorfahr hat mit „Ochs, Esel und alles, was sein" war, ebenfalls zusammengeschlafen. Erst eine spätere Zeit hat das Einzimmerhaus durch eine Querwand in Räume für Mensch und Tier gesondert. Noch eine andere Verbesserung baute das Erdgeschoß als Viehstall und wies den Holz- oder Fachwerkoberbau den Menschen zur Wohnung an, ein Bautyp, den wir heute noch in unseren deutschen Dörfern antreffen. Wir finden ihn auch in der Türkei. Eine große Anzahl von Häusern Nordost-Mesopotamiens besitzt sodann in der Mitte einen inneren Hof, welcher gewöhnlich als Stallung und Miststätte dient. In der ganzen Türkei werden schließlich noch die Berghöhlen, die unter der Einwirkung des Wassers entstanden, gern als Viehställe benutzt.

Nun rügt man also die schlechten und die fehlenden Stallungen. Soll das vielleicht bedeuten, daß die Türkei zuerst und zumal Stallbauten aufführt? Sind sie für die Türkei überhaupt und überall in dem Maße erforderlich, wie bei uns? Wir wollen kein Hehl daraus machen: was die Türkei zu wenig hat, haben wir zu viel. Unsere Landwirtschaft ist vielerorts mit Gebäuden überlastet, namentlich mit zu kostspieligen und prunkvollen Stallbauten, mit Stallbauten, die das Vieh verweichlichen, deren Verzinsung und Abzahlung oft genug die Viehhaltung unrentabel gestaltet. — Viel richtiger und wichtiger erscheint mir zunächst die Förderung des Futterbaues. Zu beginnen wäre da naturgemäß mit der Verbesserung der schon vorhandenen Wiesen und Weiden. Heute wird auf ihnen der reine Raubbau getrieben. Irgendeine Pflege, eine Düngung und Durchlüftung, irgendein Einfluß auf die Zusammensetzung der Grasnarbe wird nicht ausgeübt. In nassen Lagen versauern und versumpfen sie. Wertlose Sauergräser, Schilf und Schachtelhalm gewinnen die Überhand und liefern ein erbärmliches Futter. „Man sieht Pferde und Kühe oft bis an den Bauch im Wasser stehen, um zu diesen Grasarten zu gelangen.“! (Herrmann.) — Also: erstens rationeller Wiesenbau. Zweitens wäre auf die Einführung bzw. Ausbreitung der Kleekultur hinzuwirken [1]). Es kann kein Zweifel darüber bestehen, daß die Luzerne mit ihrer tiefgehenden Pfahlwurzel in dem Staffelland und den Hochlandsflußtälern Anatoliens, nahezu überall in Syrien und vielfach in Mesopotamien gedeihen würde. Sie stammt ja aus Asien — Familienangehörige wachsen dort heute noch wild —; sie besäße als Futterpflanze für die besseren Böden der trockenen Gebiete eine ähnliche Wichtigkeit wie der Rotklee für die regenreicheren [2]). Für die leichten und trockenen Böden würde endlich die Ansaat von Sandluzerne und Esparsette dringend in Betracht zu ziehen sein. Die Sand- oder Bastardluzerne (Medicago media) bringt selbst auf dürrem Sande noch einen Schnitt und eine Herbstweide. Und die Esparsette (Onobrychis sativa), die auch den Namen „türkischer Klee“ führt — ungefähr 50 Verwandte von ihr sind als Kräuter oder Sträucher über das Mittelmeergebiet und Asien verbreitet — eignet sich insbesondere für trockene Lagen. Wohl liebt sie eine mäßige Feuchtigkeitsmenge, aber sie kommt auch auf trockenhartem Boden und kalkfelsigem Untergrund fort, sobald nur Risse das Eindringen der Wurzeln ermöglichen. Auch den Frost rauher Lagen überwindet sie. Eine Futterpflanze, die eben selten verdirbt. Dafür ist sie allerdings nicht so ertragsfähig wie die andern Klee-

[1]) „Die Kulturabteilung der Anatolischen Eisenbahn-Gesellschaft ist durch den Anbau von Luzerne und Rotklee in dieser Richtung auf dem (anatolischen) Hochlande bereits vorbildlich vorgegangen.“ (Fitzner.)

[2]) Damit ist keineswegs gesagt, daß sich die Regenmenge über das ganze Jahr verteilen müsse. In der palästinensischen Siedlung Wilhelma gedeiht Rotklee trotz aller Sommertrockenheit ohne künstliche Bewässerung vorzüglich. Als Wintersaat bestellt allerdings. Die regelmäßigen starken Winterregen ermöglichen diese Entwicklung.

arten, wie Rotklee und Luzerne. In der Regel liefert sie nicht mehr als einen guten Schnitt. Der zweite weniger ergiebige wird am besten grün gefüttert oder abgeweidet. Immerhin wäre demnach der Wiesen- bzw. der Kleeheubau durch die natürlichen Bedingungen wohl gewährleistet. — Außer durch Heu hätte dann die Winterfütterung durch die Beigabe von Knollen- und Wurzelfrüchten noch eine weitere durchgreifende Verbesserung zu erfahren. Mehr zu verlangen, etwa schon den Ankauf von Kraftfutter, erachte ich zunächst für unangebracht und gefährlich. Der türkische Bauer ist hierfür noch viel zu kapitalsschwach. Überspannte Forderungen vermehren nur die Rückschläge und Widerstände. Es gilt eben das Nächstliegende und Notwendigere mit den (verhältnismäßig) geringsten Mitteln auf dem natürlichsten Wege zu erreichen. Darum möchte ich hier auch mit aller Schärfe und Deutlichkeit ins Bewußtsein heben, daß ich in der „Einführung besserer Rinderrassen" einen bedenklichen Mißgriff erblicke. Man glaube doch nicht, daß man eine ausländische fertige Rinderrasse wie eine patentierte Maschine unter Garantie des Erfolges einführen kann! Es gibt für die Türkei faktisch keine bessere Rinderrasse als die dort bodenständige. Aus ihr heraus muß und wird durch zielbewußte Zucht und Auswahl der leistungsfähigeren Tiere, also durch Zucht auf Leistung und — nicht zu vergessen — durch bessere Fütterung der Fortschritt kommen. Allerdings nicht ohne staatliche Hilfe. Der Staat hat die Initiative zu ergreifen; er hat Anregungen zu geben, hat den guten Willen zu organisieren, hat die geeigneten Einrichtungen und Vereinigungen zu schaffen. So könnte wohl zunächst durch die Aufstellung zweckentsprechender Bullen die Viehzucht gefördert werden. Die allgemeine Zuchtbenutzung dieser Vatertiere müßte behördlich, doch nicht schematisch geregelt sein. Größeren Herden wäre die Haltung brauchbar befundener Privatbullen keineswegs zu verbieten. Bei den weiblichen Tieren könnte die staatliche Fürsorge und Vorschrift natürlich nicht ebenso weit gehen. Um hier aber nicht ganz mit verschränkten Armen und schönen Wünschen die Entwicklung abzuwarten, wären in bereits fortgeschritteneren Zuchtzentren wie Boli, Adabasar, Bafra, Damaskus, Aleppo Genossenschaften von Staats wegen zu gründen, mit einem Programm etwa folgenden Inhalts: Auslese des besseren weiblichen Materials, Zusammenfassung desselben in einer Herde und Eintragung in ein Herdbuch, Ehrenverpflichtung der Genossenschafter zu rationeller Aufzucht, Fütterung und Pflege ihrer Tiere; Genossenschaftsversammlungen mit Vorträgen und Aussprache; Genossenschaftszeitschrift. Um sodann die Genossenschaften sowie die Allgemeinheit zu weiterem Vorwärtsstreben aufzumuntern, auch um sie zu belehren, die maßgebenden Behörden aber einen Überblick über das Erreichte gewinnen zu lassen, sind in geeigneten Gegenden, in genügenden Zeitabständen, nach guter Vorbereitung Tierschauen mit gleichzeitiger Prämiierung zu veranstalten. — Schließlich würde auch die genossenschaftliche Verwertung der Produkte, da sie die Rentabilität steigerte, zur Hebung der Viehzucht beitragen. In der Nähe der Städte, deren Milchversorgung heute sehr mangelhaft genannt werden muß, betrieben die Genossenschaften naturgemäß mehr den Verkauf einwandfreier Frischmilch; auf dem Lande draußen aber würden sie sich der Butter- und Käsebereitung zuwenden und auch so der allgemeinen Wohlfahrt dienen. Die Preise für ein Liter Milch betragen heute in Anatolien 14[1]), in Mesopotamien gewöhnlich 9,3, in Galiläa und Südpalästina 8—16 Pfg. In den Städten Südpalästinas stellt sich dagegen die Milch wesentlich höher; in Jaffa beispielsweise auf 26,5 bis etwa 29 Pfg. nach Trietsch. Für ein Pfund Butter zahlt man in Anatolien 70 Pfg. (v. Schweinitz), in Jaffa aber, allerdings für erstklassige Ware, 1,90—2,17 M. (Trietsch).

Nach dem im großen und ganzen unerfreulichen Bild, das wir von der Rindviehzucht entwerfen mußten, ist es nicht uninteressant zu hören, daß die Zucht desjenigen Tieres, das wir in Deutschland so gerne als die „Kuh des kleinen Mannes" bezeichnen, einen hohen Stand aufweist. In Deutschland hatten wir 1913: 3 548 384 **Ziegen**; in der Türkei wird ihre Zahl auf $9^1/_2$ Millionen allein in Anatolien geschätzt. Bei uns erstreckt sich der Züchtungszweck auf die Gewinnung von Milch und Fleisch, in der Türkei auf Milch, Fleisch und Wolle. — Die eigentliche Wollieferantin ist die Angoraziege. Sie ist aber keineswegs,

[1]) Graf v. Schweinitz gibt den Litermilchpreis in Kleinasien mit 28 Pfg. an. Hier dürfte sich jedoch bei der Umrechnung in deutsche Maße und Währung ein Fehler eingeschlichen haben.

wie man nach dem Namen schließen möchte, auf die Stadt oder den Bezirk Angora beschränkt, sondern vielmehr über die Hänge der Randketten, die ganze Hochebene und den Osten verbreitet. Vereinzelte Herden bevölkern sogar die paphlagonische Küstenzone und Nordsyrien. Die Tiere tragen ein lockig-weiches, reiches, seidenartig glänzendes Vlies, dessen Haare 15 und noch mehr Zentimeter lang sind; beispielsweise wachsen den Ziegen Beybazars die Vlieslocken so lang, daß sie fast den Boden berühren. Wegen dieses wertvollen Wollkleides wurde die Angoraziege wiederholt ausgeführt, so 1765 nach Spanien, 1768 und später nach Deutschland sowie Österreich, 1785 und nochmals 1820 nach den französischen Alpen, dann nach Toskana und sogar nach Schweden. Allein sie hat sich überall weder in reiner Rasse noch in Kreuzungsprodukten zu erhalten vermocht. Hingegen akklimatisierte sie sich am Kap der guten Hoffnung sowie in der steinigen Steppenlandschaft Deutsch-Südwestafrikas in neuerer Zeit ganz gut. Allerdings wird in beiden Kolonien ihre Wolle nicht so fein wie in Anatolien. Der Ertrag der Schur pflegt dort zwischen 43 und 50 000 Ballen zu schwanken. Früher wurde er im Lande selbst zu kostbaren Geweben verarbeitet. Noch vor hundert Jahren besaß allein Angora 1000 Webstühle, die 10 000 Arbeiter beschäftigten. Heute ist diese einst so blühende Industrie durch die überlegene Konkurrenz der europäischen Maschinen vernichtet. Nunmehr kaufen geschäftstüchtige armenische Händler einen großen Teil der Rohwolle auf und verfrachten sie in die Konstantinopeler Wäschereien, um sie schließlich in der Hauptsache für die großen Fabriken Englands und Frankreichs zu verladen. Im ganzen werden jährlich über $1^1/_2$ Mill. kg ausgeführt. Immerhin bedeutet auch so noch die Angoraziegenzucht eine schöne privat- und volkswirtschaftliche Einnahmequelle. Daher hat die Regierung in Angora eine Spezialschule eröffnet, die sich nach Herrmann eines guten Besuches erfreut. — Die Wolle steht hoch im Preise. Das Kilogramm kostet für gewöhnlich 2,53 — 3,79 M. Wir haben aber auch schon Jahrespreisspannungen von 1,43 bis 6,66 M. gehabt. Auf diesen Preisen ruhen nun ganz niedrige

[1]) Tiftik, Mohair oder Kämel genannt (Kämel nach Kannenberg vom arabischen chaml = Flaum; daraus fälschlich: Kamelhaar!)

Produktionskosten. Die Tiere haben ja über drei Viertel des Jahres auf den Heiden und Halden freie Weide, und es muß schon grimmiger Frost und erschreckendes Schneetreiben kommen, bis sie sich einmal in ihre halbzerfallenen Schutzhütten oder primitiven Berghöhlen zurückziehen. Die Tiere werden weiterhin 7—9 Jahre zur Zucht verwendet; ein Paar ihrer Jungen wertet im Alter von $1^1/_2$ Jahren 18 M. Außerdem produzieren sie anfangs jedes Jahr $1^1/_4$ und später bis $2^1/_4$ kg Wolle und dazu ein wenn auch kleines Quantum Milch. Zu guter Letzt werden sie dann noch als Schlachttiere verkauft. Wenn man all das bedenkt, so kann man sich leicht überschlagen, welch außerordentliche Rente die Angoraziege abwirft.

Weniger einträglich ist dagegen die Zucht der schwarzen Ziege[1]). Auch sie wird zum Zwecke der Haarnutzung geschoren und liefert $^1/_2$—$1^1/_4$ kg Haare, deren Kilopreis aber nur 56—70 Pfg. beträgt. An Milch gibt sie täglich ca. 1 Liter, in Mesopotamien jedoch bei einer Laktationsdauer von 5 Monaten nur $^1/_2$, seltener 1 Liter. Ihr Fleisch wird mit 12 Pfg. pro Pfund bezahlt. Ziegenbraten ist bei festlichen Gelegenheiten ein beliebtes Gericht. Jedoch wird er nicht so häufig bereitet wie Lammbraten.

Das fleischliefernde Nutztier ist eben das Schaf[2]). In ungeheuren Herden, namentlich auf dem anatolischen Hochlande, in Syrien und Nordmesopotamien sowie im arabischen Irak gezüchtet, durchzieht es, sein Futter suchend, die weiten noch unbebauten Flächen. Je nach der Beschaffenheit des Schwanzes — er kann entweder breit entwickelt oder schmal geblieben sein — zählen die Tiere zu den Fett- oder Schmalschwänzen. Am verbreitetsten sind wohl die Fettschwänze. Sie verdanken ihren Namen dem Vermögen, bedeutende Fettmassen eigentümlicherweise im Schwanze abzulagern; solch ein Schafschwanz wiegt

---

[1]) Während der Preis einer in voller Nutzung stehenden Angoraziege mit 10,80 bis 21,60 M. angegeben wird, stellt sich der einer guten schwarzen Ziege nach Saads Angabe an der türkisch-persischen Grenze auf 5,40—7,20 M. —

[2]) 1 Pfund Lammfleisch kostet in Angora etwa 23 Pfg.; 1 Pfd. Hammelfleisch daselbst 35—42 Pfg. Neuerdings gibt von Schweinitz auf Grund der während seiner Kleinasienreise zumeist gezahlten Preise denjenigen für Hammelfleisch mit 21 Pfg. an. In Mesopotamien kommt das Pfund Schaffleisch in der Regel auf 17,5 Pfg.

nach Saad 5 bis $7^1/_2$ Pfd. [1]). Im Preise scheint zwischen beiden Rassen kein Unterschied vorzuliegen. Ein Mutterschaf wird in Anatolien mit 7,20 bis 9,00 M. bezahlt, ein Bock mit 12,60 bis 14,40 M. Umgekehrt steht es in Mesopotamien, dort erzielt gerade das weibliche Tier den höheren Preis, nämlich 10,80 — 12,60 M. M. Auch im Züchtungszweck, der auf Wolle und Fleisch geht, und nebenbei die geringe Milchnutzung von $^1/_2$ Liter nicht verschmäht, stimmen die beiden Rassen überein. Tut man nun aber die speziellere Frage, ob die Schafzucht in Anatolien beispielsweise den Charakter einer ausgeprägteren Woll- oder Fleischnutzung trägt, so widersprechen sich die Antworten vollständig. Herrmann schreibt, man halte die Schafe vorzugsweise zur Fleischgewinnung. Fitzner und Fesca behaupten das Gegenteil. Die Wahrheit liegt wohl, wie vielerorts, so auch hier in der Mitte. Nach meinem Dafürhalten ergibt sich nämlich unter Anlehnung an Thünens Wirtschaftskreise das folgende Bild: in der Nähe der Städte und der Hauptstadt vor allem, also im Staffelland und entlang der anatolischen Bahn, legt die Schafzucht infolge der beständigen und gesteigerten Nachfrage ganz naturgemäß mehr Wert auf die Fleischproduktion; außerhalb dieser Bedarfszone aber, auf den einsamen und dürftigeren Weiden des Hochlandes, fernab von jeder erleichterten Transportmöglichkeit, gewinnt sie das unbedingt haltbare, leicht transportable und dennoch wertvolle Produkt der Wolle. — Die Schafe „werden entweder einmal oder zwei-

[1]) Meines Erachtens dürfte er sogar wesentlich höhere Gewichte erreichen, namentlich in Syrien. Wenn ich nämlich recht unterrichtet bin, so haben wir in der Türkei 2 Rassen von Fettschwanzschafen zu unterscheiden:

1. das Fettschwanzschaf mit mittellangem Schwanze, das ursprünglich in Anatolien beheimatet war und von da aus einerseits seinen Weg nach Ägypten, nach Nordafrika und von da wieder nach Südfrankreich genommen hat, anderseits sich über den Balkan nach dem Südosten des europäischen Rußlands und nach Russisch-Asien verbreitete;

2. das Fettschwanzschaf mit langem Schwanze, dessen Heimat und Hatungsgebiet Syrien sein soll. Sein Schwanz kommt nicht ganz bis zu den Sprunggelenken, krümt sich dann und steigt merkwürdig wieder in die Höhe. In der Gegend von Aleppo sollen diese Tiere, wohl um Verletzungen des monströsen Schwanzes auf freier Weide vorzubeugen, in Pferchen gehalten und gemästet werden.

Die benutzte Literatur erwähnt diesen rassekundlichen Unterschied der beiden Typen nicht; sie spricht schlechthin von Fettschwanzschafen. —

mal im Jahre geschoren und liefern im ersten Falle auf einmal 1 Oka, im zweiten Falle jedesmal $^1/_2$ Oka Wolle; allein die doppelte Schur ist deswegen vorteilhafter, weil die Wolle der zweiten Schur mit 12 Piastern per Oka bezahlt wird, während sie sonst nur 6 wert ist"[1]) (Kaerger). Die Schafwolle der Türkei bleibt nun zum Teil, und zwar zu einem nicht unerheblichen, im Lande und dient der eigenen Tuch- und Teppichfabrikation, teilweise zieht sie aber auch der Export an sich. Diese Tatsache legt, zumal unter den jetzigen Zeitverhältnissen, die Frage nahe, ob es nicht möglich wäre, daß in Zukunft die türkische Exportwolle in erster Linie Deutschland zugute käme. Unsere einheimische Wollindustrie verarbeitete im Jahre 1912 265 Millionen kg. Schafwolle, oder anschaulicher ausgedrückt: den fünften Teil des Wollertrages der gesamten Weltwirtschaft. Dazu vermochte das Heimatland nur 5—6 % beizusteuern[2]). Der ganze übrige riesenhafte Bedarf mußte vom Auslande bezogen werden. Vor allem aus Australien, das sich im Laufe des letzten Jahrhunderts zu einem Schafwollproduzenten ohnegleichen entwickelt hat. Heute verstaut sein Export jährlich etwa 330 Millionen kg. Eine Zahl, die nicht allzuviel hinter der Produktion Gesamt-Europas (350 Mill. kg) zurückbleibt. Mit einem weiteren nennenswerten Aufschwung rechnen Fachleute in Anbetracht der wirtschaftlichen und kulturellen Zustände des australischen Festlandes jedoch nicht. Eher dürfte ein Rückgang zu erwarten sein, zumal die neuere Zuchtrichtung in wachsendem Grade auf Fleischschafe geht. Diese rückläufige Bewegung hat heute bereits bei unserem zweitwichtigsten Wollproduktionsgebiet Argentinien stark eingesetzt. Mehr und mehr verdrängt dort die zunehmende Ausfuhr von Schaffleisch, die aufblühende Rindviehzucht, der intensivere Ackerbau die extensive Wollschafhaltung. Erst unser drittwichtigstes Bezugsland Britisch-Südafrika zeigt eine steigende Tendenz. Darüber mag sich die

[1]) 1 Oka = 1,28 kg; 1 Piaster = 18 Pfg.

[2]) Nach Dr. Behnsen, Geschäftsführer des „Vereins Deutscher Wollkämmer und Kammgarnspinner"; Der Tropenpflanzer, 1914, Heft 5. — Ich folge diesen Angaben, da sie mir ein treffenderes Bild zu geben scheinen, als die Einfuhrziffern des Statistischen Jahrbuches für das Deutsche Reich. Es gelangt nämlich, wie Fr. Naumann in seinem Buche „Mitteleuropa" bemerkt, „überseeische Wolle teilweise durch deutsche Hände nach Österreich-Ungarn".

Türkei recht klar werden. Ist sie imstande, ihren Schafhaltern einen mächtig vorwärtstreibenden Impuls zu geben, durch theoretische Belehrung und praktische Anschauung: durch Schäfereischulen, durch Züchtereivereinigungen, durch Ausstellungen, dann gelangt tatsächlich das „goldene Vlies" in ihren Besitz. Nach Trietsch rechnet die palästinensische Schafzucht mit einem jährlichen Nutzen von 50 %. Die gleichen Gewinnaussichten gelten wohl auch für Anatolien und Mesopotamien. Pretium laborum non vile! Das Wort schmückt als Devise den grünen Knopf des Ordens vom goldenen Vliese [1]). —

Wie der Schafzucht, so vermöchte Deutschland auch der Geflügelzucht einen aufnahmefähigen Absatzmarkt zu bieten. Bei unserem Import spielen ja die Produkte der Geflügelzucht eine beträchtliche Rolle. 1910 führten wir für über 12 Millionen Mark totes Federvieh und für mehr als 167 Millionen Mark Eier ein. 1913 betrug unsere Einfuhr an Eiern von Federvieh und Federwild 188 185 000 Mark, wovon auf Rußland 80 329 000, auf Italien 7 128 000, auf Rumänien 5 770 000, auf Serbien 1 374 000, auf die Türkei aber nur 1 198 000 Mark entfielen. Und doch ist die Türkei ein Land, dessen Klima die Geflügelzucht begünstigt, das, wie man rühmend hervorheben darf, tatsächlich auch große Bestände an Nutzgeflügel jeder Art hat — nur Enten werden allgemein wenig gehalten —, und das sehr niedrige Preise aufweist. Es kostet nämlich in Anatolien: ein junges Brathuhn 18—27 Pfg.; 1 Huhn oder Hahn einjährig 72—90 Pfg.; 10—12 Hühnereier 18 Pfg., in Mesopotamien sogar nur 9 Pfg.; 1 Pute 90—120 Pfg. Neuestens stellt sich allerdings nach Endres der Preis für „einen Truthahn schönster Art" auf 3 Mark. 1 Herbstgans, die freilich keine Vollmast durchgemacht, sich aber auf den Feldern und Dreschplätzen immerhin leidlich angemästet hat, wird mit 81—150 Pfg. bezahlt [2]). Diese Preise haben in den neunziger Jahren einen Schweizer veranlaßt, in Eskischehir eine

[1]) Auch an die Einführung der Karakulschafe wäre zu denken. Die Wolle der erwachsenen Tiere ist ein gesuchter Artikel. Die eigenartig enggeringelten schwarzen Felle einwöchentlicher Lämmer kommen unter den Namen „Astrachan" (südliches Sibirien), „Krimmer" (aus der Krim), „Persianer" als teuer bezahltes Pelzwerk in den Handel.

[2]) „Mit den Gänse-Federn wissen die Bauern nichts anzufangen, weil sie nie in Federbetten schlafen, sondern ihre Kopfkissen und Steppdecken mit

Gänsemästerei einzurichten; er kauft etwa 1000 Gänse, mästet sie partienweise, räuchert Brust und Schenkel und macht dabei ein gutes Geschäft. Wenn nun die Türkei heute trotz der günstigen Vorbedingungen einen geringen Geflügelproduktenexport betreibt, so ist das zunächst wohl in dem starken Eigenverbrauch begründet. Neben Schaffleisch bildet nämlich Geflügel die hauptsächlichste Fleischnahrung. In zweiter Linie müssen wir uns hier — wie immer — gegenwärtig halten, wie sehr es noch an Verkehrsmitteln und brauchbaren Straßen, somit am Ansporn des Handels, an der Ausfuhrmöglichkeit fehlt. Solange die Raumweite der Binnengebiete nicht durch ein weitausgreifendes Netz vorteilhafter Verkehrslinien an die Küsten angeschlossen und damit erschlossen wird, solange geht die Entwicklung der landwirtschaftlichen Produktivität kaum in dem wünschenswerten Maße vorwärts. Für den lokalen Güteraustausch mochten immerhin die vernachlässigten Wege und die schwerfälligen ochsen- oder büffelbespannten Karren genügen. Daneben und darüber hinaus leistete das Kamel brave Arbeit. Doch die kommende Warenbewegung will die Entfernungen rascher und dabei noch billig überwinden.

Das Kamel wird dadurch nicht an Bedeutung verlieren [1]); es wird so wenig verschwinden, wie bei uns durch Bahn und Automobil die Pferde ausstarben. Die Kamelkarawane in langem Zuge ernst und mechanisch voranschreitend, den kleinen Kopf auf bogenförmigen Halse vorgestreckt, sie wird weiterhin ein typisches Bild des osmanischen Orients bleiben, vor allem der Trockenlandschaften Syriens, Arabiens und Mesopotamiens.

Watte füllen. Es ist wirklich schade um die wertvollen Federn, die in der Regel den Winden preisgegeben werden!" (Herrmann.) —

Die deutsche Einfuhr an rohen Bettfedern betrug 1913 25 928 000 Mark. Daran ist am stärksten Österreich-Ungarn (mit 12½ Mill.) beteiligt. Dann China (mit ca. 6 Mill.), Rußland und Frankreich. Die Ausfuhr belief sich auf 965 000 M. Die 1913er Ausfuhr gereinigter zugerichteter Bettfedern (nach der Schweiz, England, Österreich-Ungarn) übertraf die Einfuhr um 695 000 M. —

[1]) Leonhard traf zahlreiche Kamelkarawanen, die nach Adabazar unterwegs waren, obwohl die anatolische Bahn bestand. Wegen der hohen Eisenbahnfrachtsätze vermochten sie den Wettbewerb aufrecht zu erhalten.

Interessanterweise hören wir aus Deutsch-Südwestafrika etwas Ähnliches: dort benützt nach Dr. Behnsen die Farm Nomtsas bei ihren Warenbezügen nicht die neuerbaute Nordsüdbahn, sondern fährt derselben paralell mit den Ochsenwagen 230 km nach der Station Aus der Lüderitzbuchter Bahn; dadurch spart sie für gewöhnlich mindestens 3000 M. das Jahr über. —

Dort ist das Kamel heute fast ausschließliches Beförderungsmittel. Mit seiner Zahl wächst das Ansehen und der Reichtum des Besitzers. Eine Familie mit 30 Kamelen gilt als wohlhabend, eine solche mit 60 als reich. Wer nur 10 Tiere hat, wird als wenig bemittelt betrachtet, als kleiner Mann, der aus den Erträgen seiner Kamelzucht gerade so leben kann. Aus dem flaumartigen Unterhaar, das er seiner Herde im Frühjahr zur Zeit des Haarwechsels ausrupft, löst er insgesamt etwa 30 M. [1]). — Dazu erhält er im Durchschnitt einen jährlichen Zuwachs von 6 Köpfen. Die männlichen Füllen zieht er für den Verkauf groß; mit 4 Jahren ist dann das Stück etwa 120 M. wert. So in Syrien nach Auhagen. Der Preis dürfte sich jedoch späterhin noch erhöhen. Denn in Mesopotamien schwankt er zwischen 126—180 M., in Anatolien zwischen 300 und 630 M. Die höhere Kaufsumme der anatolischen Tiere hat in deren gröberer Bauart und größerer Leistungsfähigkeit ihren Grund. Die anatolischen Kamele schleppen gewöhnlich 8 Ztr., die syrischen 6 und die mesopotamischen 4. Sie alle sind genügsam, doch dankbar für gutes Futter, und imstande, selbst auf anhaltenden Märschen Durst einzigartig zu ertragen. Weniger lange als das Dromedar vermag das zweihöckerige **Trampeltier** zu dursten. Es findet sich übrigens in der Türkei nur in geringer Zahl. Häufiger ist dagegen der **Tulû**, ein von Armeniern, Türkmenen und Yürüken gezüchtetes Kreuzungsprodukt von Dromedar und Trampeltier. Dieser Bastard trägt zwar nur einen Höcker, gleicht aber sonst mehr dem massigeren Zweihöcker. „Der Tulû ist für Anatolien (zumal für Armenien) während der rauhen Jahreszeit von hohem Werte, da er Reisen durch Schnee und Schlamm (im Gegensatze zum Dromedar) sehr wohl auszuhalten vermag.“

Damit möchte ich das Kapitel der Tierzucht abschließen. Da ihr bei Beurteilung der deutsch-türkischen Wirtschaftsbezie-

---

[1]) Dieses **Kamelhaar**, das zu manchen Fabrikationzwecken verwendet wird, ist mit dem ähnlich klingenden „Kaemel“haar nicht zu verwechseln.

[2]) Neben diesen Lastkamelen unterscheiden wir noch Reitkamele. Sie haben weniger Körpermasse, sind trockener, schlanker, hochbeiniger gebaut. Die Tagesleistung eines mittelmäßigen Tieres beträgt nach Auhagen 108 km, ein gutes jedoch muß mindestens 120 km bewältigen. Damit stimmen Noldes Angaben aus Innerarabien annähernd überein. —

hungen vielfach eine nebensächliche Bedeutung zugemessen wird, habe ich sie absichtlich einer längeren Prüfung und Betrachtung unterzogen. Gewiß, wir benötigen keine Büffel und keine Kamele; wir rechnen auch nicht mit einer vermehrten Nachfrage nach Eseln und Maultieren, aber immerhin könnte doch die Türkei nach Major Endres „zu einem ergiebigen Pferdeland werden, wenn man anfinge, die Pferdezucht und namentlich die des arabisch-anatolischen Pferdes rationell und im größten Stil zu betreiben." Endres glaubt auch, daß diese Pferdeart in Deutschland Fuß fassen könnte. Der Gedanke ist ohne weiteres nicht von der Hand zu weisen. Im Durchschnitt der letzten Jahre führten wir jährlich etwa 120 000 Pferde ein. 1912 waren es 126 878, 1913 sogar 137 838 Stück [1]). Wenn wir von dem relativ geringen Importbedürfnis nach Kutsch-, Reit-, Renn-, also Luxuspferden absehen [2]), so besteht das eingeführte Pferdematerial zur größeren Hälfte aus leichten und zur geringeren aus schweren Arbeitstieren. Der Durchschnittswert dieser letzteren macht ihre Zucht auch in Deutschland rentabel, derjenige der leichten läßt uns dagegen den Bezug vom Auslande wirtschaftlicher erscheinen. Namentlich von Rußland. Für seine Tiere zahlten wir 1913 durchschnittlich 480 M. [3]). Mit solchen Preisen vermag kein deutscher Züchter den Wettbewerb aufzunehmen, wohl aber die Türkei. — Über die außerordentlichen Mög-

---

[1]) Die Ausfuhr hingegen betrug 1912 : 1984 Stück; 1913 : 1573 Stück.

[2]) 1912 Einfuhr: 5573, Ausfuhr: 963
1913 Einfuhr: 8178, Ausfuhr: 870.

[3]) Dazu brachte Rußland noch Pferde, die unter 1,40 m Stockmaß blieben, im Werte bis 300 M. auf den deutschen Markt. Im einzelnen nimmt sich die Einfuhr leichter Pferde folgendermaßen aus:

	Stückzahl	Wert in 1000 M.	Durchschnittswert des einzelnen Stückes.
1912 a)	51 720	25 376	490,64 M.
Davon aus Rußland	37 076	15 201	409,99 M.
b) Pferde unter 1,40 m insgesamt 16 578, davon aus Rußland 15 814 im Durchschnittswerte von 260 M.			
1913 a)	59 281	34 157	576,18 M.
Davon aus Rußland	41 251	19 800	479,98 M.
b) Pferde unter 1,40 m insgesamt 16 387; davon aus Rußland 15 738 im Durchschnittswerte von 289,99 M.			

lichkeiten, die eine in ihren Leistungen gesteigerte Schaf- und Federviehzucht unserer Wirtschaftsführung bietet, wurde bereits gesprochen. Und warum soll schließlich die türkische Rinderzucht nicht den Bedarf unserer Lederindustrie befriedigen helfen, — die Produktion unserer einheimischen Viehzucht reicht ja bei weitem nicht aus[1]); warum soll sie uns nicht mit Butter oder mit Fleisch und Milch in konservierter Form dienen können? Sicherlich beansprucht die volle Ausgestaltung dieser Wirtschaftsmöglichkeiten Zeit; sie erfolgt nicht von heute auf morgen. Aber das Gleiche gilt ja auch vom Aufblühen des Ackerbaus und der Zukunft seiner Produkte, von Getreide, Baumwolle, Futtermitteln u. a. m. Aus nimmermüder Hand muß auch hier erst die Saat in die frisch gebrochenen Furchen fallen. Wir haben darüber später noch einiges zu sagen.

Sehen wir uns zunächst an, was der türkische Landwirt heute anbaut, wie und unter welchen Verhältnissen er sein Feld bewirtschaftet.

---

[1]) Unser Leder- und Fellhandel bezog von der Türkei:

	1910	1911	1912	1913
	(mit Einschluß von Kreta)			
	im Werte von Millionen Mark:			
Ziegen- u. Zickelfelle (roh)	1,0	0,6	1,9	1,72
Lammfelle (rohbehaart)	0,5	0,7	1,06	0,09

Deutschlands Ausfuhr nach der Türkei umfaßte:

	1910	1911	1912	1913
	(mit Einschluß von Kreta)			
	im Werte von Millionen Mark:			
Oberleder für Schuhe	1,3	1,1	0,86	1,72
Kalbleder, lackiert	0,9	0,7	0,6	1
Sattler- u. Täschnerwaren	—	—	0,52	2,13

Auf den Bedarf unserer Gewerbe an tierischen Därmen und Blasen möchte ich hier noch hinweisen. 1913 führten wir für 59,2 Millionen Mark derartige Rohstoffe ein. Rußland kamen davon 12,3 Millionen Mark zugute, der Türkei nach dem Ausweis des Statistischen Jahrbuches — nicht eine Mark.

Diese und ähnliche Bemerkungen wollen keineswegs dartun, daß die Türkei (nötigenfals im Verein mit den Balkanstaaten) unseren Handel für alle durch den Krieg verlorenen oder durch Zollschikanen und andere Machenschaften erschwerten Absatzgebiete voll zu entschädigen vermag. Sie deuten nur an, daß die Türkei uns manche Erzeugnisse liefern kann, daß Deutschland und die Türkei in der Lage sind, sich gegenseitig und mit den Jahren sogar sehr weitgehend zu ergänzen.

Bei den nun folgenden Ausführungen scheiden die Bodenprodukte, über welche in diesem Sammelwerke berufenere Federn eingehender schreiben, naturgemäß aus. Es bleiben daher Seidenbau, Tabak, Baumwolle und anderes unberücksichtigt. Es ist mir aus Raumrücksichten auch nicht möglich, den gärtnerischen Landwirtschaftsbetrieb näher zu behandeln: den Gemüse-, Obst- und Weinbau. In Kürze nur das darüber:

Infolge der ausgeprägt vegetarischen Lebensweise des Orientalen wird der Gemüsebau mit dem größten Fleiß und bewundernswertem Geschick betrieben. Herrmann erzählt: „Wenn man in Anatolien die ausgedehnten Gemüsefelder durchwandert, so muß man staunen, mit welcher Intelligenz es der Bauer versteht, den Boden auszunutzen, welche Mengen von Gemüse er seiner Scholle abgewinnt. Da sieht man kein Unkraut, die Gemüse sind auf den Feldern mit größter Ordnung gepflanzt, eine Gemüseart folgt der anderen, kurz es verrät diese Kultur ein ebenso großes Geschick wie Verständnis des Züchters." Den Awscharen des Antitaurus, also des östlichen Kleinasien, läßt sich allerdings ein Gleiches nicht nachrühmen; sie verstehen sich nicht auf Gemüsebau. Hugo Grothe meldet von ihnen, daß „selbst da, wo der Boden die Gemüsekultur begünstigt oder die Wohlhabenheit des Hausinhabers die Pflege eines Ziergartens erlaubt, der von dem Kleinstadttürken infolge seiner Liebe zum Idyll so geschätzte „baghtsche" (= Garten), sowie Obstanlagen fehlen. Letztere finden sich überall da, wo Armenier und Griechen ansässig sind, wenn auch nur an der Seite von Mohammedanern, so z. B. in Karaköi".

Sonst aber wachsen Obst- und Fruchtbäume jeder Art, wenn auch in der Pflege vielfach vollkommen vernachlässigt, meistenorts. Ganze Haine umgrünen oftmals die Ortschaften. v. Schweinitz pflückte im Taurus die prachtvollsten Kirschen von Bäumen, die Gemeindeeigentum d. h. dazu bestimmt waren, „Fremden und Wanderern Gastgeschenke zu liefern". Die Leute schnitten ganze Zweige ab, boten sie ihm an und legten sie zur Kühlung in das eiskalte Wasser des Ibris. Äpfel, Birnen[1]),

[1]) Die wohlschmeckende Bergamotte-Birne verdanken wir nicht, wie man vielfach, durch den Namen verführt, annimmt, dem norditalienischen Bergamo,

Quitten, Mandeln gedeihen. Berühmt sind die Feigen Smyrnas. Die köstlichen Orangen Palästinas wandern hauptsächlich nach England. Die Datteln Arabiens dienen alljährlich vielen Seeschiffen als Ballast. Tagereisenlang säumen die Dattelpalmen die Ufer der mesopotamischen Kulturströme; schlank und hoch stehen sie wie die Föhrenwaldungen in den Feldereien unserer Heide. Also nicht nur Italien hat Südfrüchte [1]). In der Türkei erwächst Italien ein leistungsfähiger Konkurrent.

„Die italienischen Weine sind ohne weiteres durch türkische zu ersetzen." So urteilt Endres. Und von den syrischen Rotweinen geht das Gerücht, sie gelangten ohne weiteres oder doch höchstens durch eine Zutat französischen Weines gehoben als Original-Bordeaux über Frankreich nach Deutschland. v. Oppenheim trank im Libanon einen Wein, der „zwischen einem einfachen Bordeaux und einem leichten Burgunder" ungefähr die Mitte hielt [2]). Die Weinfelder französischer Besitzer dehnen sich denn auch weithin in Syrien. Mit ihnen wetteifern in zunehmendem Maße die jüdischen und auch deutsche Kolonisten. In Anatolien reift die Traube vor allem an der Westküste mit ihrem „Hauptrosinenhafen" Smyrna heran, an der Küste des Marmarameeres mit dem Golf von Ismid, um Angora mit dem Stromgebiet des Kyzyl Yrmak, dann in Gebieten um Kaisarije, Amasia, Tokat, in der Trapezunter Gegend und im Wilajet Diarbekir. Es kann kein Zweifel darüber obwalten, daß die Weine, weniger primitiv behandelt und gelagert, meistenteils vorzügliche Marken würden und zu guten Preisen absetzbar wären. Zwar keltern und lagern die Syrier bereits vielfach auf europäische Art, ihre Weine sind daher auch exportfähig — eine Reihe jüdischer Winzergesellschaften besitzt vorbildliche Kellereianlagen —, aber

sondern den Türken. Den ursprünglichen Namen beg armudu = Fürstenbirne modelten die Italiener, als die Frucht im 16. Jahrhundert zu ihnen gelangt war, in pera bergamotta (Bergamo-Birne) oder kurz bergamotta um!

[1]) Von Italien bezog Deutschland 1913 für 39,3 Mill. M. Obst (auch Haselnüsse) und Südfrüchte. 1912 wuchs die Einfuhr auf 47,6 Mill. M. an. — Aus der Türkei importierten wir in den gleichen Jahren für 13,3 bezw. 14,2 Mill. Mark Rosinen, Haselnüsse, Feigen.

[2]) Der Liter davon kostete etwa 40 Pfg. Weiter im Gebirge dürfte er jedoch nach Oppenheims Äußerung bereits um 20 Pfg. erhältlich sein. Den Herstellungspreis glaubt derselbe Autor auf 12 Pfg. veranschlagen zu dürfen.

in Kleinasien liegen die Dinge doch noch sehr im argen. Zunächst wird der Wein schon beim Keltern gottsjämmerlich getauft; indessen, dieser Wasserzusatz von vornherein läßt sich vielleicht ganz harmlos aus der Schwere der dortigen Weine erklären: aus Nüchternheitsprinzip vermengte ja schon der homerische Abenteurer Odysseus den Wein mit Wasser, und nach der 83. Sureh des Korans bekommen die Gerechten im Paradiese Wein zu trinken, „gemischt . . . mit Wasser aus Tasnim, einer Quelle, woraus die trinken, so Gott nahe sind“ [1]). Aber davon abgesehen, haben den Weinhandel Griechen und Levantiner in Händen, Weinpantscher, wie sie im Buch stehen. Zum zweiten fehlt es sodann an Kellern und vor allem an Reinlichkeit. So muß natürlich unfehlbar und bald die Essiggärung einsetzen. Um ihr vorzubeugen, wird nun der Wein vielfach gekocht — und sogar in offenen Kesseln! Durch Spritzusatz und verbessernde Ingredienzien sucht man nachher der faden Flüssigkeit wieder aufzuhelfen.

Wenden wir uns nach dieser Abschweifung dem eigentlichen Thema zu, der Bodenbenutzung durch den Getreidebau und die Kultur sonstiger Gewächse.

Die Landschaften wohl aller Klimazonen der Türkei zählen zu den ältesten Weizenländern der Erde. Und heute noch nimmt der Weizenbau dortzulande die erste Stelle ein. Weizen bildet das tägliche Brot. Weizen gelangt auch hauptsächlich zur Aus-

[1]) Nun wird man ja einwenden, daß der Moslim antialkoholisch, d. h. unter einem strikten Weinverbot lebe. Diese Meinung ist bei uns landläufig, aber keineswegs unbedingt zutreffend. Die Sache scheint, wie ich den erfreulich klaren Ausführungen Mahmud Mukhtar Paschas, „Die Welt des Islam im Lichte des Koran und des Hadith“ (Weimar 1915, Kiepenhauer), entnehme, so zu liegen, daß der Genuß geistiger Getränke, den der Islam ursprünglich duldete, um nicht zu sagen, durchaus erlaubte, späterhin durch den Koran in der Form dringlicher Ratschläge, doch nicht streng verpflichtender Gebote eingeschränkt wurde. Erst die den Koran ergänzende Spruchsammlung des Hadith spricht sich schroff gegen den Wein aus. Dort heißt es 287: „Ich verbiete euch auch nur wenig davon zu genießen, was in Menge genossen Rausch erzeugt.“ Von dem Hadith aber gilt: „Wenn ihr von mir (dem Propheten) einen Hadith (Spruch) hört und euere Herzen sich daran ergötzen, euere Gefühle sich erweichen und wenn ihr euch jenen Worten nahefühlt, dann bin ich jenem Hadith näher als ihr es seid. Wenn aber beim Hören desselben euere Herzen sich verschließen und euere Gefühle ihn verwerfen, dann bin ich jenen Worten entfernter als ihr es seid.“ 396: „Hadithe von mir sind nur solche, die ihr billigen könnt.“

fuhr. Die herrschende Weizenart ist Triticum durum, der Glas- oder Hartweizen. Sein Korn zeigt, wenn es durchschnitten wird, eine hornartig glänzende (glasige) Schnittfläche; es liefert ein kleberreiches, zur Makkaronifabrikation vorzüglich geeignetes Mehl. Der syrische Hartweizen geht daher in nicht unbedeutenden Mengen nach Italien. Der von Herrmann erwähnte „Grannenweizen Szyntar Boughdei, eine Art Wechselweizen, der sowohl im Herbst wie im Frühjahr gesät werden kann", ist wohl gleichbedeutend mit Triticum turgidum, dem Rauhweizen. Auch er wird infolge des kontinentalen Klimas glasig; doch dürfte sein Kleber quantitativ und qualitativ geringwertiger sein. Die zwei Weizenarten [1]) sind vor allen anderen in der Türkei eingebürgert und angebaut.

Auf den Weizen folgt die Gerste als zweitwichtigste Getreideart [2]). Sie findet vorwiegend im Lande selbst als Vieh- und Pferdefutter Verwendung. Als Brotfrucht besitzt sie heute nicht mehr die Bedeutung wie vor oder zu Christi Zeiten. Sie kommt

[1]) Beide gehören mit dem Gemeinen Weizen (Triticum vulgare) — als dessen Heimat de Candolle (origine des plantes cultivées) Mesopotamien, Körnicke (Arten und Varietäten des Getreides, Handbuch des Getreidebaues Körnicke-Werner) hingegen Anatolien betrachtet — zu den Nacktweizen. Ihre Ährenspindel zerbricht beim Dreschen nicht, jedoch fallen die Körner aus den Hüllspelzen. Dieser Gruppe stehen die Spelzweizen gegenüber. Ihre Spindel zerfällt beim Drusch in die einzelnen Spindelglieder. Diese Zerbrechlichkeit ist insofern von Interesse, als sie uns anzeigt, daß wir es mit einer dem Charakter der Ursprungsform näherstehenden Varietät zu tun haben. Zerbricht dagegen die Spindel durch den Drusch nicht, so beweist das, daß uns ein jüngeres Kulturprodukt vorliegt. Nach dem Drusch sitzt beim Spelz an den Spindelstücken das Korn noch fest in den Ährchen. Erst in der Mühle werden auf einem besonderen Gange (dem Gerbegang) die Körner von den Spelzen befreit. Zur Gruppe der Spelzweizen rechnet man den Spelz oder Dinkel (Triticum spelta), den Emmer oder das Zweikorn (Triticum dicoccum), sowie das Einkorn (Triticum monococcum). — Wilder Emmer wurde in Mesopotamien gefunden, neuerdings auch in Palästina durch Aronsohn, den Leiter der 1910 durch amerikanische Israeliten südlich von Haifa begründeten „Jüdischen landwirtschaftlichen Versuchsstation". Die Wildform des Einkorns wurde in Armenien und Mesopotamien beobachtet. — Ich möchte nicht wie Auhagen den Emmer als „den" wilden Weizen ansprechen. Der Emmer ist meines Erachtens nur eine Ahnen-, aber nicht die Urform des Weizens. Die verschiedenen Weizenarten dürften sich über den Emmer hinaus durch Deszendenz auf eine gemeinschaftliche Stammform zurückführen.

[2]) Auch sie wurde mehrfach in wildem Zustande gefunden, so in Mesopotamien, Arabien, Palästina, Syrien.

zwei-, vier- und sechszeilig vor. In Syrien nimmt man da, wo es an Feuchtigkeit für die anspruchsvollere zweizeilige Gerste fehlt, die vierzeilige wegen ihrer kürzeren Vegetationsperiode in Kultur. In Anatolien dagegen baut man nur die zweizeilige. Und wie bei uns, so gibt es auch dort Anbaugebiete, die sich eines besonderen Rufes erfreuen. Beispielsweise erzielen die Gersten von Ihsanie und Deyer (auf der Konialinie) stets höhere Marktpreise. Wegen ihrer Güte ist auch diejenige der Ebene von Erzerum geschätzt. Die anatolischen Gersten sollen überhaupt in den englischen Brauereien beliebt sein und zur Herstellung der schweren dunklen Biere dienen. Auch in Syrien deckt England einen Teil seines Bedarfes.

Im Vergleich zu Weizen und der Gerste nehmen unsere anderen Hauptgetreidearten geringe Anbauflächen ein. — Der Hafer wird — abgesehen von bewässerbaren Wirtschaften deutscher Bauern in Syrien — nur in Paphlagonien gebaut und gelangt auf dem Ausfuhrwege hauptsächlich nach Marseille. Herrmann meint nun, die geringe Verbreitung hänge damit zusammen, „daß die Pferde niemals mit Hafer, sondern mit Gerste gefüttert werden". Ich glaube, daß Herrmann hier Ursache und Wirkung verwechselt. Prägnant möchte ich die Sachlage so formulieren: weil sich die Türkei von Natur aus im allgemeinen nicht für den Haferbau eignet, wird dort kein Hafer kultiviert, kann der Hafer auch nicht, wie bei uns, in geradezu charakteristischer Weise zum Pferdefutter werden. Der Hafer gedeiht am besten in einem feuchten und verhältnismäßig kühlen Klima. Darum bildet er auch die Hauptsommerfrucht der nördlichen Gegenden. Deshalb bedeutet es auch keinen Zufall, daß seine Kultur vornehmlich im paphlagonischen Küstengebiet betrieben wird. Dort ist das Klima relativ kühler. „Die sommerliche Trockenzeit tritt — durch die vorherrschenden Nordwinde vom Schwarzen Meer her — schon so zurück, daß man bereits von Regen zu allen Jahreszeiten sprechen kann" (Philippson). Weiter nach dem Innern zu rückt aber die Gerste wieder an die Stelle der Hafers, da sie die kontinentale Hitze und Trockenheit besser verträgt und außerdem ihre Vegetationszeit kürzer ist. Von diesem Gesichtspunkte aus dünkt mir die so allgemein gehaltene

Hoffnung Herrmans, „daß viele Felder, die eine mangelhafte Gerstenernte bringen, noch einen zufriedenstellenden Hafterertrag liefern würden", nicht einwandfrei. — Außer in Paphlagonien können wir, wie schon erwähnt, Haferbau heute auch in Syrien feststellen. Schwäbische Bauern säen dort Winterhafer gemischt mit Gerste. Der Körnerertrag wird vorzugsweise an Pferde verfüttert. Dieselben Kolonisten bestellen des weiteren im November auch Äcker mit Wickhafer; die Mengsaat wird im April gedürrt und als Heuersatz verwendet.

Ich komme zum Roggen. Für seine Wildform wird Secale montanum, der Bergroggen, erklärt, dem sich als Spielart das in den vorderasiatischen Gebirgen wachsende Secale anatolicum anreiht. Obwohl nun die Stammformen fast durchweg in wärmeren Ländern — Südspanien, Marokko, Griechenland, Vorder- und Zentralasien — heimaten, ist der Roggen heute die typische Getreidepflanze eines kälteren Klimas. In der Türkei wird er im Berglande von Jemen, in den Gauen um den Wansee, in Mittelsyrien gebaut. In Anatolien sät man ihn meistens nicht rein, sondern — wie in Rumänien und Griechenland — im Gemenge mit Weizen. Sein Anbau ist also verbreiteter als der des Hafers, aber an den Weizen, die Gerste oder auch den Mais reicht er bei weitem nicht heran.

Aus dem tropischen Amerika stammend, stellt der Mais, namentlich wenn die Körner gewonnen werden sollen, hohe Anforderungen an Wärme und Wasser. Wo ausreichende Niederschläge fehlen, muß das Bedürfnis künstlich befriedigt werden. Und das geschieht in der Türkei häufig. Mit der Kultur des Maises befassen sich in Arabien die Bergbauern des tropischen Jemen und (bei künstlicher Berieselung) die in das Hochland aufsteigenden Täler der Küstenebene von Asir. Außerdem gedeiht der Mais in Mesopotamien. In Syrien reift er in der Damaskusebene, an den quellenreichen Westhängen des Haurangebirges — in der Hauranebene wird er sogar zu einer Hauptkulturpflanze, deren Verfrachtungshafen Haifa ist — in der Bekaa, der Hochebene zwischen Libanon und Antilibanon; im Libanon selbst steigt er im Verein mit Weizen und Gerste bis 1900 m empor. Um Hama und Homs wächst er und weiter im Orontes-Tal und Nordsyrien.

In Kleinasien läuft seine Anbauzone, bald breiter, bald schmäler werdend, wie ein Saum um den ganzen vorspringenden Kopf, von Cilicien über die fruchtbaren Niederungen des Marmarameeres bis nach Lazistan. Von den Küstenlandschaften aus dringt er durch die Flußtäler bis ins Hochland hinauf. Die Qualität des Maises wird sehr gelobt. Er dient zur Ernährung von Mensch und Tier. Ein wichtiges menschliches Nahrungsmittel wird er namentlich in Nordkleinasien. Am bithynischen Olymp soll sogar ein leichtes, dem Lichtenhainer ähnliches Maisbier gebraut werden.

Gleich dem Mais wurde früher auch der Reis viel kultiviert. Seine Qualität war vorzüglich. Nichtsdestoweniger hat die Kultur wegen der damit verbundenen Fiebergefahr namentlich in Anatolien sehr nachgelassen. Entsprechend seiner Natur als Sumpflanze wird nämlich der Reis bis kurz vor die Ernte unter Wasser gesetzt. Bei Tossia soll man diese Reisfelder acht Stunden flußaufwärts noch riechen! In Anatolien wird nun der meiste Reis im Hochlande bezw. auf dessen Talböden gebaut. Größere Reispflanzungen liegen im Pursaktale und am Unterlauf des Gök Irmak, durchziehen das Gelände des Devrez Tschai und versumpfen zum Teil die Ebene von Niksar. Selbst Armenien produziert in seinen südlicheren Talgründen Reis. Das südöstliche Kleinasien verfügt über die Reisenklaven der Adanaebene und der Gegend um Marasch am Kara Su, Syrien über die vom Jordan durchflossene Sumpfebene von Ard el Hule. Mesopotamien endlich weist selbst im Norden ansehnliche Reisgebiete auf, so am Belich und Chabur; im Süden, in den Sümpfen des Irak, steigert sich sein Reisbau (naturgemäß) sogar zur hauptsächlichsten Landnutzung.

Die dem Reis verwandte Hirse (Panicum) ist seit uralten Zeiten in der Türkei eingebürgert. Ihre Bedeutung bleibt heute hinter den bisher erwähnten Zerealien gewiß sehr zurück, aber man darf sie doch auch nicht allzusehr verkleinern. Die östliche Sardesebene bringt beträchtliche Hirseerträge. Im Südosten Lydiens, im Tal des Ak Tschai, in der cilicischen Küstenzone, in der Senke zwischen Küre Dagh und Elma Dagh wie in Paphlagonien tragen die Äcker Hirse. Hirse bildet neben Weizen und

Gerste ein Hauptprodukt der Ebene von Erzerum. Im armenischen und kommagenischen Taurus finden wir sie noch bei den höher gelegenen Weilern (in letzterem stellenweise in 1800 m Höhe). Im Irak wird sie über Winter kultiviert; im Frühjahr erfolgt die Ernte, und bis zum Herbst reift dann auf dem gleichen Stück Land eine zweite Ernte heran, bestehend aus Reis, Mais oder Baumwolle. In Arabien führt Hodeida in guten Jahren etwas Hirse aus.

Seltener als Panicum treffen wir eine andere Hirseart Sorghum vulgare an, die Mohrhirse, arabisch Durrha. Mancherorts wird sie mit Mais, dem sie in Wuchs und Fruchtbildung ähnelt [1]), in einem gebaut. In Kleinasien bringt die Mäanderebene bemerkenswerte und Adabazar zunehmende Sorghumernten. Nur bescheidene Anbauflächen hat der armenische Taurus und Mittelmesopotamien. Dafür folgt aber die Durrha in Syrien hinsichtlich ihrer Verbreitung unmittelbar hinter Weizen und Gerste. Sie wird dortzulande, rein oder gemischt mit Weizen, das Brot der Armen und Kleinbauern, die den Feldbau ohne die Möglichkeit einer Bewässerung durchführen müssen. Die Durrha verträgt nämlich Dürre sehr gut; Ende April mit Hilfe eines Saattrichters in das bereits einige Zeit früher gepflügte Erdreich gebracht, wächst sie ohne jeden Regen heran. Aus diesem Grunde bedeutet sie auch für die beschränkte Anbaufähigkeit von Hedjaz und Asir (Arabien) ein wertvolles Geschenk der Natur.

Soviel über die Halmfrüchte. Beachten wir nun noch kurz die Hülsenfrüchte, die Ölfrüchte, die Gespinstpflanzen, die Hackfrüchte.

An Hülsenfrüchten gibt es Bohnen, Erbsen — in trockenen Lagen zumal die Kichererbse, die durch Dürre weniger leidet — dann Linsen und Lupinen. Als Grüngemüse vervollständigen sie den vegetabilischen Tisch des Orientalen; gedörrt dienen sie teils Mensch und Tier als Nahrung — in Syrien wird die Lupine von den Fellachen nach vorheriger Entbitterung in geröstetem Zustande verspeist — teils kommen sie aber auch nur als tierische Futtermittel in Betracht, wie z. B. die Kamellinse in Syrien. Wir begegnen daher den Hülsenfrüchten

[1]) Die Sorghumkörner sind jedoch kleiner.

in allen Landesteilen der Türkei. Vielerorts werden sie nur nach Maßgabe des Lokalkonsums gebaut, fleckenweise jedoch auch darüber hinaus für den Export. In der alten Kulturebene des sprichwörtlich reichen Lydiens liefert die Saubohne neben der Rosinen- und Gerstenernte „Erträge für die Ausfuhr, wie sie in den türkischen Einnahmelisten nicht oft zu finden sind“ (Banse, Die Türkei). Im propontischen Panderma bilden speziell Bohnen, im arabischen Jemen Hülsenfrüchte überhaupt neben Kaffee und Korn einen hauptsächlichen Ausfuhrartikel. In Syrien erfolgt ihre Verfrachtung namentlich von Haifa und Akka aus. Die Lupinen nimmt größtenteils Italien ab. In großen Schlägen blühen sie auf dem Sandboden der Ebene von Saron und Schephela.

Von Ölfrüchten werden in der Türkei Mohn und Sesam gepflanzt. Der Mohn liefert ein zweifaches Produkt: einmal die reifen Samen, aus denen Öl gepreßt wird, und sodann das Opium. Zur Opiumgewinnung werden die Fruchtkapseln vor ihrer Reife kreisförmig angeritzt. Der herausfließende Milchsaft verdickt, bräunt und erhärtet sich, und das fertige Opium wird nach ein oder dem anderen Tage abgekratzt. Da nun Opium ein hochwertiges Produkt ist und in bezug auf Raum und Gewicht wenig Beförderungsschwierigkeiten verursacht, widmen sich seiner Herstellung Gegenden, die so abgelegen und abgeschlossen, daß die Ausfuhr anderer Erzeugnisse des Ackerbaues wegen der Teuerkeit des Transportes unterbleiben muß. So bringen in Ostmysien die Flußgebiete des Adranas, Alava, Simav und die Ebene von Balat nur Opium in den Handel. Hauptopiummarkt ist Smyrna, das nach Kannenberg jährlich 2—10 000 Kisten im Durchschnittswerte von je 3200 M. ausführt. Das besagt im Höchstfalle einen wirtschaftlichen Erfolg von 32 Millionen Mark [1]). Das Wilayet Smyrna gilt neben Brussa als bedeutendstes Produktionsgebiet. Altberühmt ist die Opiumkultur von Afiun-Karahissar (= Opium-Schwarzschloß). Weiter südlich liegt dann das Städtchen Diner inmitten eines opiumreichen Bezirkes. In Zentral-Anatolien ragen Konia, Malatia, Josgad als Opium-

[1]) Deutschland importierte 1912 und 1913 für je 2,5 Millionen türkisches Opium.

zentren hervor. Der Ertrag des ostpontischen Hinterlandes gelangt über Samsun in den Weltverkehr. Weiter als der Opiummohnbau, reicht der Mohnsamenbau. Im Tale des Bohtan-Su leuchten um Kurden-Gebirgsdörfer noch Mohnfelder. Die Samen werden teils im Lande selbst zur Ölbereitung benutzt [1]), teils zur Ausfuhr gebracht. Den überwiegenden Teil davon zieht Frankreich an sich. Deutschland kamen 1912 2183 und 1913 2428 Tonnen im Werte von 851 000 bezw. 947 000 M. zugute.

Wie die Mohn-, so gelangt auch die Sesamausfuhr hauptsächlich nach Frankreich, und zwar in die großen Marseiller Ölfabriken [2]). In Anatolien beschränkt sich Sesam, der zu seinem Gedeihen recht hoher Sommertemperaturen bedarf, im wesentlichen auf den Westen und den Südrand. Mit seiner Ausfuhr befaßt sich Panderma, Dikeli und vor allem Smyrna, dessen Hinterland Baindyr, Ödemisch, Aidin mit Sesam reich bestanden, dann Makri und Mersina. In Syrien wird Sesam in allen Ebenen und Talsohlen ziemlich regelmäßig kultiviert und über Ladikije, Beirut, Akka, Haifa dem Handel zugeführt. Jaffas durchschnittliche Jahresausfuhr summiert sich auf eine Million Mark. In den armenischen Ebenen reift Sesam bei künstlicher Bewässerung ebensowohl wie in Mesopotamien. Auch Jemen beschäftigt sich mit seinem Anbau. — Was an Sesam im Lande zurückbleibt, wird zu Öl, großenteils aber auch zu einer teigartigen Zuckerspeise (halwa oder halaue) verarbeitet. Außerdem wird mancherlei Backwerk mit Sesamkörnern bestreut.

Ich gehe zu den Gespinstpflanzen Lein (Flachs) und Hanf über [3]). Die größere Verbreitung besitzt der Lein. Er

[1]) „Das Mohnöl wird nicht nur als Schmier- und Leucht-, sondern auch als Speiseöl benutzt, und namentlich im Innern des Landes soll es Dörfer geben, in denen alle Speisen mit Mohnöl zubereitet werden" (Kaerger).

[2]) Deutschlands Sesameinfuhr betrug

1912 99 282 Tonnen = 35 522 000 M.

1913 116 039 Tonnen = 43 711 000 M.

Unsere Gesamteinfuhr an Ölfrüchten bezifferte sich in dem gleichen Jahre auf über 400 Millionen Mark. Zweifellos könnte die Türkei zur Deckung dieses Rohstoffbedarfes nicht unbeträchtlich in Anspruch genommen werden. Bis jetzt ist sie unserer Industrie nur mit Mohnsendungen zu Hilfe gekommen. Einfuhrwert 1912 und 1913 je 900 000 M.

[3]) Eine Abart des gewöhnlichen Hanfes ist der chinesische Hanf, der einen größeren Gehalt an narkotischen Bestandteilen besitzt. Infolgedessen gewinnt

liefert wie der Hanf zwei Produkte: die Bastfaser des Stengels und die ölhaltigen Samen. Leinsamen führt Ismid, Adabazar, Panderma aus. Die Hanffaser ist gröber und nicht so elastisch wie die Leinfaser; sie wird daher zu Seilen, Säcken und Tauen verarbeitet. Auch in den Wachstumsbedingungen unterscheiden sich die beiden. Der Hanf verträgt selbst ein trockenheißes Klima; darum finden wir ihn noch bei Malatia, im armenischen Taurus, in der Aleppo-Ebene. Der Lein dagegen beansprucht ein mehr mäßig warmes Klima mit großer Luftfeuchtigkeit. Hitze und Trockenheit schaden ihm. Aus diesem Grunde erstreckt sich sein Anbau in der Hauptsache auf das anatolische Tiefland und milde Gebirgslagen. Ein ganz vorzüglicher Flachs gedeiht im Becken des Abulliondsees im westlichen Kleinasien sowie im ostpontischen Gebiet. Die Leinwand von Rize errang auf der Pariser Weltausstellung 1855 einen ersten Preis. Und die Leinwand von Trapezunt war ehemals im ganzen Orient berühmt. Heute fertigt Trapezunt mehr Hanffabrikate an, Seile und Taue für die türkischen Schiffswerften. Auch das Städtchen Sile ist durch seine Hanfindustrie bekannt.

Der Anbau von Hackfrüchten spielt in der Türkei bis jetzt eine ganz unbedeutende Rolle. Es wäre jedoch unangebracht, daraus zu folgern, daß sie dortzulande kein gutes Gedeihen fänden. Zunächst einmal wüchse die Runkelrübe. Sie ist überall, wo Wintergetreide durch seine Erträge befriedigt, anpflanzbar und in ihrer Stammform ohnehin mediterranen Ursprungs. Heute kennen sie in der Türkei vor allem die nach Palästina ausgewanderten schwäbischen Bauern. Sodann soll die Ebene von Erzerum noch „Runkelrüben von vorzüglichem Zuckergehalt" produzieren[1]). Sonst aber wird die Runkel, soviel ich feststellen konnte, nirgendwo gebaut. Und doch wäre sie für die erforderliche Bessergestaltung der Winterfütterung von grundlegender Bedeutung; sie sorgt auf den Winter hinaus mit ihrer fleischig

man aus ihm ein Berauschungsmittel, den Haschisch. Haschisch wird in der Türkei, wie Endres glaubt, gar nicht gepflanzt. Er wird „schon präpariert eingeführt. Sein Verkauf ist verboten. Trotzdem blüht ein geheimer Kleinhandel".

[1]) Runkel- und Zuckerrübe sind ursprünglich ein und dasselbe. Durch planmäßige Zuchtwahl ist aus der gemeinen Runkel unsere heutige Zuckerrübe hervorgegangen.

verdickten Wurzel nicht nur für reichliche, sondern auch vorzügliche Futtermengen, für „das Wintergemüse der Tiere“.

Auch die Zuckerrübe gediehe, denn sie stellt sogar geringere Feuchtigkeitsansprüche als die Futterrübe. Zuckerrübenanbauversuche bei Eskischehir ergaben nach Grunzel Rüben, die „die gewöhnliche Größe zeigten, aber einen abnorm hohen Zuckergehalt“; eine Mitteilung, die den Pflanzenzüchter ja nicht wundernimmt, er weiß, daß Zuckerbildung und Sommerwärme zueinander in ursächlichem Verhältnis stehen. Ohne Frage winken hier Erfolge [1]). Es unterliegt daher wohl keinem Zweifel, daß die Türkei, die heute auf Zuckereinfuhr angewiesen ist, — den Bedarf deckt vorherrschend Österreich [2]) —, in dem Maße, wie sie wirtschaftlicher denken lernt, auch die Zuckererzeugung selbst in die Hände nimmt; um so mehr als sie mit der ungemein vorteilhaften Aussicht rechnen kann, unter Umständen jährlich zwei Kampagnen zu haben, eine mit Rüben- und eine andere mit Rohrzucker. Bei Tarsus gibt es viel Zuckerrohr. Im pamphylischen Tiefland, in den Gärten der Küstensiedelungen Mittelsyriens, in dem schwülen Klima des „Chor“ ist es bodenständig.

Endlich würde auch die Kartoffel sichere und ausgiebige Erträge gewähren. Man sollte es nicht für möglich halten, aber es ist Tatsache, daß der Türke, der mehr vegetarisch als animalisch lebt und keine Mühe für die Erzielung schönen Gemüses scheut, heute die Kartoffel kaum baut. In vielen Gegenden dürfte man sie sogar nicht einmal dem Namen nach kennen. Leonhard hält es für bemerkenswert, daß er in der „Landstadt“ Zafaranboli „zu Mittag .... als Delikatesse kleine Kartoffeln“ hatte! Zu den — sage und schreibe —: 55275 dz. Kartoffeln, welche die Bewohner der Hauptstadt Konstantinopel jährlich verzehren, steuert Anatolien nur 3,5 % bei; die übrigen kommen aus Malta, Frankreich und Rußland. Demgegenüber dürfen wir nun nicht außer acht lassen, daß die Kartoffel in der Türkei erstmals 1869 in der Ebene von Erzerum angebaut wurde. Vergleichen wir damit die Zeit und die Maßregeln, deren es bedurft hat, um sie in Deutschland „popu-

[1]) Freilich sind auch hier durch die Natur wieder Grenzen gezogen.

[2]) Deutschland führte nach der Türkei Rübenzucker aus in Millionen Mark: 1910: 0,3, 1911: 0,7, 1912: 0,8, 1913: 1,8.

lär" zu machen! Friedrich der Große hat sie in Schlesien und Pommern nur mit Gewalt einführen können. Auch die türkische Regierung hat den Kartoffelbau anzuregen versucht, freilich etwas weniger wohlfahrtspolizeimäßig; sie lieferte das Saatgut und befreite „die Frucht für einen längeren Zeitraum von der Abgabe des Zehnten" (v. d. Goltz). In den neunziger Jahren hat sich dann die Kulturabteilung der anatolischen Eisenbahn ihrer besonders angenommen; sie bewerkstelligte größere Anbauversuche, die recht ermutigende Resultate ergaben. Neuerdings werden Kartoffeln auch viel in Palästina angepflanzt.

An dieser Stelle möchte ich auf ein der Kartoffel ähnelndes Knollengewächs noch hinweisen, das nach dem 30 jährigen Kriege nach Deutschland kam, anfangs häufig als Viehfutter kultiviert, später jedoch von der Kartoffel fast ganz verdrängt wurde. Ich meine die Topinambur (Helianthus tuberosus). Sie paßt allerdings als ausdauernde Pflanze in keine geregelte Fruchtfolge, denn ihre höckerigen Knollen vermögen, im Boden zurückgeblieben, den Winter zu überstehen, ohne zu erfrieren, treiben im Frühjahr neue Stengel und verunkrauten so fast unausrottbar die Nachfrucht. Man baut daher die Topinambur zweckmäßig auf einen Außenschlag. Hier tut sie oft 20 Jahre lang ihre Schuldigkeit: sie liefert pro ha 100—200 dz Knollen, unter günstigen Verhältnissen aber auch 300—480, dazu pro ha 40—160 dz Blätter, die, grün oder getrocknet verfüttert, mittlerem Wiesenheu im Nährwerte nicht nachstehen; die entlaubten Stengel endlich ergeben getrocknet pro Hektar noch etwa 60 dz Brennmaterial [1]). Die Topinambur verdient also, zumal da sie selbst Dürre verträgt, für die Türkei wohl ernste Beachtung.

Man darf überhaupt die Bestrebungen, den Anbau von Hackfrüchten einzuleiten und auszubreiten, durchaus nicht gering anschlagen. Seine Einführung würde den Boden zweckmäßiger ausnützen, eine bessere Arbeitsverteilung bringen, Rohmaterial für technische Gewerbe abgeben, eine gesichertere Ernährung von Volk und Vieh gewährleisten. Der Anbau von Hackfrüchten neben Halmfrüchten bedeutete bei der Verschiedenartigkeit

[1]) Die Stengel sind so kräftig, daß sie mit starken Sicheln oder mit Beilen abgehackt werden müssen.

ihrer Kulturbedingungen geradezu eine Bürgschaft gegen Notstand und Teuerung, eine Versicherung gegenüber Getreidefehljahren. Und Getreidefehljahre sind in der Türkei nicht allzuselten. Das liegt nun einmal an den klimatischen Verhältnissen, an der Wald- und Regenarmut und sodann an der patriarchalischen Bewirtschaftungsweise. —

Wenn man von der Waldlosigkeit der Türkei hört und liest, so darf man sich nicht gleich der trostlosen Vorstellung einer extremen Baumlosigkeit hingeben. Gewiß, Mesopotamien und Arabien sind wohl völlig waldlos und sehr baumarm, und in Syrien dürfte sich der Waldbestand unter 5% halten; hingegen gehören „sowohl die Landschaften am Schwarzen Meer, Pontus und Paphlagonien, als auch die Südabhänge des ziliziſchen Taurus zu den prachtvollsten und reichsten Waldlandschaften der Erde" (Rohrbach.) Die Türkei hat also neben waldarmen besser bewaldete Gebiete; der Gesamtdurchschnitt ergibt jedoch ein Bild außerordentlicher Waldarmut. Dadurch aber ist für den Landbau die Ungunst der Wachstumsbedingungen unverkennbar vermehrt. Die Türkei gehört zu den beklagenswerten Beispielen einer durch Waldzerstörung verschlechterten Natur. Besonders im Übergangsgebiet vom anatolischen Tieflande zum Hochland machen sich nach Kaerger die Folgen der Waldentblößung „mit gesteigerter Wucht geltend". Auf dem Hochlande selbst verhindert die Regenlosigkeit des Sommers das normale Wachsen und Ausreifen; wohl ergrünt, hervorgelockt durch Winterfeuchtigkeit und Lenzregen, eine üppige Vegetation, aber die Gluthitze eines wolkenlosen Sommerhimmels versengt dann Gras und Kraut. Nur künstliche Bewässerung kann hier die Ernte sichern, wie in

[1]) Nach der im Frühjahr 1914 veröffentlichten Forststatistik des türk. Ackerbauministeriums für das Jahr 1909/10 gehören zu den waldreicheren Gebieten der Sandschak Boli (20 000 qkm mit 33% Forst), der Sandschak Ismid (12 050 qkm mit 27,78% Forst), das Wilajet Aidin (57 000 qkm mit 16,30% Forst) und sodann noch die Sandschaks Kastamuni und Karassi sowie die Wilajets Trapezunt, Brussa und Adana; waldärmer d. h. mit bis zu 5% Wald bestanden sind die Wilajets Erzerum, Sivas, Angora, Konia. Die Aufforstung großer Strecken allerorts ist geplant. Auch hat das Ministerium das Land in Forstinspektionszonen eingeteilt, die alljährlich durch einen von ihm ernannten Inspektor bereist werden, und Vorschriften für den Forstinspektionsdienst ausgearbeitet. Bei Konstantinopel wurde sogar eine Forstschule errichtet.

Mesopotamien. So sind um Konia mit guten Resultaten Bewässerungswerke für 50 000 Hektar besten Weizenbodens bereits beendet. Und, um das nebenbei zu bemerken, in Adana, das allerdings gegen die Küste zu gelegen und daher klimatisch auch weniger extrem als Binnen-Anatolien ist, sollen sogar 500 000 ha bewässert werden.

In Mesopotamien vollends liegt die Zukunft, um ein bekanntes Wort zu variieren, überhaupt im Wasser. In alten Zeiten hatte dieses Land bereits eine glanzvolle Kultur und märchenhafte Fruchtbarkeit; der assyrische Feldherr konnte den Juden sein Heimatland mit vollem Recht als „ein Land reich an Getreide und ergiebig an Wein" schildern, als „ein Land des Brotes und der Weinberge, ein Land der Oliven und des Öls und des Honigs"[1]). Damals war Mesopotamien wohlbewässert. Ein unübersehbares Aderwerk leitete hier in breiteren und tieferen, ja sogar schiffbaren Kanälen, dort in schmäleren und seichteren Gräben und engsten Rinnen das fehlende Wasser landein. Heute ist dieses Kanalsystem versandet und zerfallen. Das Land ist entvölkert, die Todeinsamkeit der Wüste breitet sich über die üppige Pracht der versunkenen Städte und Reiche. Nur die Ufer des Euphrat und Tigris entlang zieht sich noch ein schmaler Saum von Fruchtgärten und Saatfeldern, weil dort eben die künstliche Bewässerung für die Vorbedingung der Produktion sorgt. „Eine Ernte folgt auf die andere, Ernten von Weizen, Reis und Sesam. Die vegetative Kraft des Bodens ruht niemals, selbst im Kernteil des Winters nicht; selbst dann produziert sie noch verschiedene Gemüsearten." (Sachau.) Es ist wie ein unerschöpfliches Niesichgenugtunkönnen. Daraus gewinnen wir die Erkenntnis, welcher ganz ungewöhnlichen Entwicklung Mesopotamien entgegengeht, wenn einmal eine geordnete Wasserwirtschaft geschaffen. Bereits hat ja der englische Ingenieur Willcocks, der Erbauer der großen Nilsperre von Assuan, einen Bewässerungsplan ausgearbeitet, der vorläufig ein Gebiet von 2 800 000 Hektar umfaßt, wovon 300 000 Hektar auf das Flußgebiet des Dijala und Adhen entfallen, 1 100 000 ha auf den Tigris, 1 200 000 ha auf den Euphrat und 200 000 ha auf den Schat-el-Arab, den vereinigten Unterlauf von Euphrat und Tigris. Zur Ausführung dieses gigantischen

[1]) 4 Kön. 18, 32; Js. 36, 17.

Werkes hielt Willcocks acht Jahre für nötig. Von da ab erhoffte er einen jährlichen Ernteertrag von 10 Millionen dz Weizen und 2 Mill. Ztr. Baumwolle. Daneben sollte das Neuland noch Millionen von Schafen und Hunderttausenden von Rindern Raum und Weide gewähren. Das sind kolossale Zahlen, ungeheure Zukunftsmöglichkeiten. Sollte ihnen für die Versorgung Europas und angesichts der gegenwärtigen Lage nicht eine besonders glückverheißende Bedeutung für Deutschland zukommen? — Man braucht mit seinen Kalkulationen nicht gerade wie mit Knallerbsen um sich zu werfen; mag die Fertigstellung auch länger als acht Jahre auf sich warten lassen; mag an der Ertragsberechnung und mutmaßlichen Entwicklung neben dem Tatsachenwissen auch die Phantasie ihren Anteil haben, immerhin kann so viel gesagt und erwartet werden, daß Mesopotamien und Kleinasien Kornkammern der Zukunft sind.

Kleinasien genoß diesen Ruf übrigens schon vor Christi Geburt. Der römische Redner Cicero hat es bereits in einem Bericht an den Senat als „die reichste Quelle für den römischen Fiskus" gerühmt. Und „heute noch muß das Land der Zusammensetzung seines Bodens nach als ein Getreideland ersten Ranges bezeichnet werden". So urteilt Herrmann auf Grund sechsjähriger Erfahrung. Damit wollte er natürlich nicht sagen, daß ganz Anatolien wirtschaftlich so wertvoll sei. Das kann schon nicht sein, weil 3 Klimaten an ihm teilhaben. Im Westen und Süden ist das Land in der Nähe des Mittelmeeres mit mediterranem Klima beschenkt. Der Sommer ist heiß und regenlos. Der Herbst bringt die ersten Regen, der Winter trotz aller Milde gelegentlich leichte Nachtfröste. Das ist das wertvollste Kleinasien. Ihm (sozusagen) parallel läuft im Norden über die Küstenländer des Schwarzen Meeres ein anderer Klimastrich. Wir sprachen von ihm anläßlich des Haferbaues. Das Klima ist relativ kühl, d. h. schon mehr mitteleuropäisch, ostwärts wärmer werdend. Die Niederschläge fallen reichlich und auch zeitlich gut verteilt; sie steigern sich gen Osten. Die Wohltat eines Sommerregens gelangt jedoch wegen der Randketten nicht ins Binnenland. Den Niederschlägen des kalten Winters und des Frühlings folgt dort ein wüstenhaft trockener Sommer. Die Mitte Anatoliens ist also steppenhaft. Ein alpines Trockenland. Von wenigen Flüssen durchzogen, auf deren Talböden sich die ackerbauliche Benutzung beschränkt. Teilweise wegen der Bewässerung, vielfach aber auch weil von den entwaldeten Hängen und Höhen Regengüsse das fruchtbare Erdreich herabgeschwemmt. Nun stehen die Berge trauernd und schweigsam. Unheimlich nackt. So erscheint Armenien. Eisig und schneeüberstürmt im Winter, kalt im Frühjahr, gequält von einer durch keinen Regen gemilderten Sommerhitze. In dieses unwirtliche Bergland ist oasenhaft die Vegetation der Täler und Beckenlandschaften hineingebettet. Den Eindruck, den auf Grund einer Durchwanderung Armeniens ein deutscher Forscher, Hugo Grothe, gewann, schildert er folgendermaßen:

„Der Hauptreichtum des Landes ruht in den weiten, von Bergen umschlossenen, von wassergewaltigen Flüssen durchstrichenen Ebenen, in den Hunderten von Talmulden, die von den vielen, aus bedeutender Höhe niederrieselnden, mehr oder minder reichen Wasseradern gespeist werden. Als teilweise unter dem Pflug stehende, zukunftssichere Bebauungsflächen treten die Ufer der drei mächtigen Flüsse auf, die des Tschoruk, des Kara-su (westlich Euphrat) und des Araxes. Wohlgepflegte, trefflich mit Rinnsalen überzogene Felder traf ich in dem Tale des Balachor, nördlich von Baiburt, sowie in dem am Tschoruk gelegenen handelseifrigen Städtchen selbst an. Reiche Ernte versprachen die Pflanzungen in der Ilidja-Ebene, wenige Kilometer von Erserum. Schwere Weizenähren wogten im Passimgebiet im Bereiche der Wasserspende des Araxes, an den spärlichen Stellen, wo eine Hand das Pflugholz in den schwarzen humushaltigen Boden gedrückt hatte. Als totenstarres Wüstenland, von keiner Ackerfurche durchzogen, von keiner Herde durchwandert, keinem Dorfe, keiner Hütte belebt, sah ich tagelang weite, von den Euphratwassern zu Fruchtflächen bestimmte Strecken, als ich von den Schneefeldern des Kopdagh zu Tal stieg. Kaum ein Zehntel des anbaufähigen Bodens untersteht heute der Ausbeutung. Rechnen wir nur ein Fünftel des Gesamtareals des Wilajets als kulturfähig (nach Cuinet 76 720 qkm), so haben wir immerhin mit 15 000 qkm brauchbaren Landes zu rechnen, das ist ungefähr der gleiche Flächenraum, den das Königreich Sachsen einnimmt!

Gerste, Weizen, Hanf, Kartoffeln, Bohnen, Mais sind die Hauptprodukte des unter Kultur liegenden Landes. Seiner Qualität wegen berühmt sind Gerste und Weizen der Ebene von Erserum. Und auf ungedüngtem, nur jedes dritte Jahr brachliegendem Boden bringt jedes gesäte Korn nicht weniger als 15, bei vorzüglicher Ernte 20 Körner und mehr."

Einst galt dieses Land als eine der fruchtbarsten Provinzen des Khalifenreiches.

Gleich Armenien hat auch Arabien bessere Zeiten gesehen. Bei dem Klang des Wortes Arabien denkt heute die landläufige Vorstellung vielleicht zunächst an ein Märchenland des Südens, an edle Pferde, an Weihrauch und all die Wohlgerüche Arabiens, an das „glückliche Arabien". Dann aber an Leere und Weiträumigkeit und Wasserarmut, an die Wüste oder doch wüstenhafte Gebiete mit verschwindenden Oasen. Indessen, ungeheure anbaufähige Flächen liegen noch brach, wie Roloff mitteilt. „Kaum 70000 qkm sind in den arabischen Provinzen der Türkei angebaut, weitere 150 000 qkm ließen sich mit Leichtigkeit erschließen. Das Innere Arabiens ist keine Wüste, wie man oft glaubt; Oasen mit 100 000 Dattelpalmen sind wohl heute eine Seltenheit, aber in früheren Jahren war dies anders; und was gewesen ist, kann wieder werden, wenn man nur in Geduld und mit Einsetzung aller Kräfte daran arbeitet. Selbst die Steppe läßt sich von Viehzüchtern besiedeln, wenn nur die alten Zisternen gereinigt und neue Quellbrunnen gegraben werden; nach jedem Regen sind diese Steppen üppige Weideplätze." Der heute wichtige, weil mehr bewirtschaftete Teil ist das breite Randgebirge, das sich mit der vorgelagerten Küstenebene das Rote Meer entlang zieht. Im Süden liegt Jemen, „ein Land von tropischer Üppigkeit und bedeutenden Möglichkeiten" (Banse, Die Türkei). Sein Bergland ist fruchtbar und hinreichend feucht. Ärmer als Jemen, aber reicher als Hedjaz ist das Bergland von Asir. In Hedjaz wird die Gebirgszone bereits ein steppenhaftes Gebiet, das einige anbaufähige Täler und zahlreiche Oasen einschließt. Der beste Bezirk ist Taif. Weiter nordwärts machen sich die Steppen und Halbwüsten noch breiter. Der Anbau vereinzelt und kümmert sich immer mehr durch.

Ein verheißungsvolles Ackerland ist hingegen wieder Syrien. Die jährlichen Regenfälle — sie beschränken sich freilich auf den Winter und Frühling — sind bedeutend. Die sommerliche Trockenheit währt von Mai bis Mitte Oktober. Wüsteneien und wenig fruchtbare Ländereien gibt es natürlich, aber ihnen stehen herrliche Ackerlandschaften gegenüber. „In Nord-Syrien ... ist der Boden (stellenweise) ein schwerer Weizenboden. Soweit das Auge schweift, sieht man eine Dorfmark neben der anderen." Der Schienenstrang Aleppo, Hama, Homs „führt so ziemlich auf seiner ganzen Länge durch ein von Natur äußerst fruchtbares, zur Weizenproduktion wie für Öl- und Weinpflanzungen sehr geeignetes Gebiet". Noch weiter südlich liegt Damaskus; meilenweit bedecken da nach Süden Obsthaine und Weingärten die Ebene; der Boden ist kräftig und fruchtbar. Da ist die Hauran-Ebene, „die auch in den schlechtesten Jahren über den eigenen Bedarf hinaus produziert". Gegen 1 600 000 dz Weizen allererster Qualität reifen hier im Jahresdurchschnitt, gegen 1 700 000 dz Gerste und an 1 800 000 dz Mais. Schließlich erstreckt sich von Damaskus aus in nordöstlicher Richtung über die Ruinen der altbekannten Stadt Palmyra gegen Der-ez-Zor am Euphrat ein heute zwar unbesiedeltes, aber keineswegs unbesiedelbares Land. Die Kulturfähigkeit bezeugen die Ruinen von Dörfern und Weilern. Weiterhin zieht sich nach den ausführlichen Mitteilungen Rohrbachs in breiter Ausdehnung ein Landstrich vom unteren Zab über Mossul, Djesireh, Mardin, Urfa, wo infolge ausreichenden Regens der Ackerbau ohne künstliche Bewässerung betrieben werden kann. Heute ist dieses Gebiet in der Hand von Nomaden- und Halbnomadenstämmen, die eine dauernde Ansiedelung und Ackerwirtschaft nicht aufkommen lassen. Sie weiden im Frühling die sprossenden Saaten ab. Sie nehmen den Bauern Leben und Eigentum. Und sie nennen das nicht Diebstahl und Totschlag, sondern Wahrung ihres rechtmäßigen Besitzstandes; denn sie fühlen sich als Herren der Steppe. Wenn es nun dem Staat gelänge, diesen Kampf zwischen Nomadentum und Ackerbau zugunsten des letzteren zu entscheiden, so fänden hier Hunderttausende von Landwirten ein gesichertes Fortkommen und ein einträgliches Schaffensbereich, ein umso einträglicheres, je bewußter sie sich einer modernen Betriebsweise zuwenden würden.

Die heutige Bewirtschaftungsweise der türkischen Landwirtschaft läßt sich in die vier oder fünf Worte zusammenfassen: alte Geräte und alte Methoden. Im wesentlichen so, wie zur Zeit der biblischen Erzväter.

Sehen wir uns zunächst den Pflug an. Urzeitlich ist er, noch ganz aus Holz, ohne Schar, nur eine nach vorn gerichtete Spitze ritzt das Erdreich oberflächlich auf [1]). Dadurch aber werden die Unkräuter nicht nachhaltig genug geschädigt, geschweige denn vertilgt; das Feld bleibt dicht zusammengelagert, es erlangt nicht jenen Kulturzustand, der bei eintretenden Niederschlägen das leichtere Eindringen des Regens und somit dessen bessere Ausnutzung ermöglicht. In einigen Gegenden haben die Bauern allerdings eine Art Schar und ein Streichbrett angebracht, aber die Arbeit bleibt dennoch eine unvollkommene [2]).

In dieses schlecht gepflügte Land wird nun ohne Rücksichtnahme auf einen Fruchtwechsel ein schlecht gereinigtes Saatgut gesät. Derselbe Acker wird dauernd mit der gleichen Frucht bestellt. In der Nähe des Sabandjasees gibt es Felder, die seit 8—10 Jahren nur Mais getragen haben! Die nachteiligen Folgen dieser ganz einseitigen Ausnutzung sucht der Türke dadurch auszugleichen, daß er zwischen zwei Nutzungsjahre meistenteils ein Brachejahr einschiebt, also Zweifelderwirtschaft treibt. Eine Düngung jedoch nimmt er im allgemeinen nicht vor [3]). Der Mist

[1]) Es ist dies der althergebrachte Hakenpflug, nicht Hackpflug, wie Endres das Wort fälschlich abkürzt.

[2]) Das tiefere Pflügen verhindert in Anatolien, wie v. d. Goltz schreibt, auch „die sehr mangelhafte Einspannung der Zugtiere. Das Joch, welches ihm (dem Büffel) der Bauer oberhalb der Schulterblätter um den Hals legt, ist ganz unbrauchbar. Es besteht zu beiden Seiten aus zwei etwa baumdicken Hölzern, die oberhalb und unterhalb des Halses durch Stricke verbunden sind, sodaß, sobald das Tier ziehen will, ihm der Hals zugeschnürt und die Luft benommen wird. Das hindert jede größere Anstrengung und damit die hinreichend tiefe Bodenarbeit".

[3]) Ausnahmen bestätigen die Regel. Beispielsweise findet Leonhard in Paphlagonien in der Kreidezone von Avlubazar bis Eflanibazar durchgängig die Anwendung von Kuhdünger, was er auf die geringere Fruchtbarkeit des Bodens zurückführen möchte. Ferner berichtet Saad, daß in Trapezunt der Fang der Chamsi, einer Art Anchovis, die frisch oder in der Pfanne gebacken zu Brot als Volksgericht gegessen werden, in manchen Jahren so reich ausfällt, daß selbst die Äcker damit gedüngt werden. Ich brauche wohl nicht noch eigens hervorzuheben, daß den schwäbischen Bauern Palästinas, sowie den nach dort eingewanderten israelitischen Kolonisten die Düngung, auch die künstliche, nicht fremd ist.

wird (wegen Holzmangels) wie in Mesopotamien so auch in Kleinasien und im langwährenden Winter Armeniens zur Heizung verwendet. v. Schweinitz sah „die Leute manchmal, als ob sie Pilze suchten, über die Äcker gehen, um selbst den Dung der weidenden Kühe zusammenzutragen". In flache, tellergroße Kuchen geformt, wird er an die Sonnenseite der Häuser angeklatscht und getrocknet. „Holz vom Berge, welcher einen Schwanz hat," nennen sie scherzhaft dieses Brennmaterial.

Ist die Saat nun herangereift, so wird sie mit Sicheln oder Sensen geschnitten, in Garben gebunden und nach dem Dreschplatz geschafft. Dort tritt wieder ein uraltes Gerät in Tätigkeit. Wenn das Getreide nicht wie in der Ebene um Adana durch die Klauen der Ochsen ausgetreten wird, so besorgt der Dreschschlitten das Entkörnen. Er besteht aus einer Holztafel, die etwa 2 m lang und 60 cm breit ist; in ihre Unterseite sind zahlreiche scharfkantige Feuersteine eingefügt. Der Dreschschlitten ist also noch so beschaffen, wie ihn der Prophet Jesaias beschrieben hat. „Siehe", sprach er, „ich habe dich zum scharfen neuen Dreschwagen gemacht, der Zacken hat, daß du sollst Berge zerdreschen und zermalmen und die Hügel wie Spreu machen." Das Bild gibt uns eine treffende Vorstellung davon, wie das Getreide aussieht, auf dem ein Dreschschlitten herumgefahren ist. Durch den Druck wurden die Körner aus der Ähre gepreßt und das Stroh zu einer häckselartigen Masse zerkleinert. Gewöhnlich beschwert der Bauer den Schlitten dadurch, daß er sich darauf setzt. Ein ergötzliches Stilleben sah Herrman: ein Drescher hatte „einen richtigen mit verschossenem roten Rips überzogenen Lehnstuhl" auf den Schlitten gestellt und war darin sanft entschlummert; die Zugtiere, die diese Situation wohl ahnten, gingen immer langsamer, blieben schließlich stehn und schlossen sich der Beschäftigung ihres Führers an!

Ist dann das Getreide gedroschen, so nimmt der Bauer die Wurfschaufel in die Hand und sondert durch Worfeln den Weizen von der Spreu.

So noch ganz nach Urväterweise wirtschaftet der türkische Bauer.

Ein erfreuliches Fortschrittselement bilden neuerdings die

Muhâdjirs, Einwanderer mohammedanischen Glaubens aus den verloren gegangenen kaukasischen und europäischen Provinzen. Da sie der europäischen Kultur näher gewesen, verfügen sie vielfach über höhere Intelligenz und modernere Hilfsmittel. Ihr Beispiel vermag auf das asiatische langsamere Wirtschaftstemperament bessernd einzuwirken[1]).

Es wäre aber übereilt, aus den höchst primitiven Wirtschaftszuständen einen vollgültigen Beweis für die Unfähigkeit und Unkräftigkeit des türkischen Bauerntums ableiten zu wollen. Weil die fördernden Vorbedingungen fehlten, weil dieses Bauerntum durch die Ungunst der politischen, wirtschaftlichen, geistigen Verhältnisse künstlich in Stagnation und Verkümmerung und Armut gehalten wurde, konnten das Menschenmaterial und die Kräfte, die ursprünglich in ihm steckten, nicht zur Entwicklung und Auswirkung gelangen. Sehr richtig weist Jäckh darauf hin, daß der Türke nach seiner Zeitrechnung heute da steht, wo wir im Mittelalter gestanden. „Mittelalter ist", so schreibt er begründend, „— äußerlich betrachtet — die orientalische Stadt mit ihrem Handwerk vor dem Hause auf der Straße, mit ihrem zünftlerischen Beieinander der einzelnen Gewerbe in der Schuster-, Schreiner-, Drechslergasse, mit ihrer Unreinlichkeit der engen Wege und Stege . . . . ." Mittelalter, frühestes Mittelalter sogar, ist auch die Zweifelderwirtschaft, die gleich der unverbesserten Dreifelderwirtschaft für den Durchwinterungsbedarf keinen eigenen Futterbau vorsieht, bei der ein nährstoffarmes Stroh den Hauptteil des Futters ausmacht, bei der die Futterknappheit zur Not wurde, wenn sich das Frühjahr spät einstellte, sodaß vieles Vieh Hungers starb. Jedenfalls aber bedingten die kargen Wintertage einen Kräfteschwund, dessen Folgeerscheinungen uns heute in der Türkei wundernehmen. Wenn sich dort die Ochsen in so kläglicher Ver-

[1]) Durch ihren Zuzug erfährt die menschenarme Türkei zugleich eine Bevölkerungsverstärkung. Die Türkei, die einschließlich des verbliebenen europäischen Restes 1 788 000 qkm, also mehr als dreimal so groß wie das Deutsche Reich ist, beherbergt nur 21,2 Mill. Einwohner (d. h. weniger als den dritten Teil Deutschlands!), was 12 Einw. auf den qkm ergibt. Die Bevölkerungsdichte ist jedoch nicht in allen Landesteilen eine gleichmäßige; während sie in Arabien 2,3 oder in Mesopotamien etwa 4½ beträgt, beläuft sie sich in Armenien auf 13 oder in Nord- und Westanatolien auf 29.

fassung befinden, daß sie zur Frühjahrsbestellung keine tiefergehende Furche zu ziehen vermögen, wenn ihrer 3 Paar die Arbeit nicht bewältigen, die ein Paar deutscher Durchschnittsochsen spielend leistet, so erinnert das daran, daß beispielsweise in Schottland noch zu Anfang des 18. Jahrhunderts 4 Pferde vor den Pflug gehängt werden mußten. — Auch wenn die Menschen der Türkei im Frühjahr vielerorts unter harter Teuerung leiden, geben uns hierfür wiederum die Zustände des Mittelalters den rechten Beurteilungsmaßstab. Der Vergleich mit jener Zeit eröffnet uns ferner das Verständnis für den unermeßlichen Grundbesitz, der sich durch fromme Schenkungen in der Hand religiöser Institutionen angesammelt hat. Nach Endres befinden sich drei Viertel des bebauten anatolischen Bodens in geistlichem Besitz; sie unterstehen der besonderen Verwaltung des Evkafministeriums und werden „Wakuf" genannt. Das Wakufland durfte früher weder hypothekarisch belastet noch veräußert werden. Erst die jungtürkische Gesetzgebung ermöglichte seine Hypothekenbeleihung [1]). Neben den Totenhandgütern gibt es zweitens Staatsländereien, drittens Krongüter [2]) und viertens einen relativ geringen Privatbesitz [3]). Der reichere Privatbesitz, der Großgrundbesitzer wirkt nun nicht als Anreger und Bahnbrecher landwirtschaftlichen Fortschritts; er meidet das Land, er harrt in der Sultanstadt auf Staatsdienst oder lebt als bereits bestallter Beamter in den Provinzhauptstädten. Seine Güter läßt er verwalten oder hat sie verpachtet. Eigene wirtschaftliche Tätigkeit verschmäht er grundsätzlich. Eine Erscheinung, die wiederum auf einen zurückgebliebenen Ackerbau deutet. Endlich tritt uns, um ein Letztes zu er-

[1]) Neuestens hat das Evkafministerium mit einem Stammkapital von über 18 Millionen Mark den Grund zu einer Nationalbank gelegt. Einen weiteren Teil seiner Mittel gedenkt es in Zukunft dem Volksunterricht zuzuwenden. (Tekin Alp: Türkismus und Pantürkismus, Deutsche Orientbücherei 2.)

[2]) Die Krongüter werden, wie ich verschiedenen ehrenden Anerkennungen entnehme, oftmals fortschrittlicher als landesüblich bewirtschaftet. — Welche Rolle übrigens die Krone bei dem bevorstehenden Wirtschaftsaufstieg zu spielen berufen ist, können wir daraus ermessen, daß der Sultan über einen ganz riesigen Landbesitz verfügt.

[3]) Nach Auhagen dürften in Nordsyrien 20—30 %, im Ostjordanland etwa 15 %, in Galiläa ungefähr 20 %, in Judäa noch 50 % des Landes bäuerliches Besitztum sein.

wähnen, in der Form der Besteuerung, im Zehnten, die niedere Entwicklungsstufe der Türkei augenfällig entgegen.

Der Zehnte — der heute übrigens seinem Namen nicht mehr entspricht, denn nicht 10, sondern 12,6% der Erträge fordert der Staat, die Abgabe würde daher bezeichnender „der Achte" heißen — wird noch in natura erhoben, jedoch nicht vom Staate selbst, sondern von einem Steuerpächter, der seinerseits den fälligen Betrag in bar zu entrichten hat. Privatunternehmer, Händler oder Spekulanten treiben also den Zehnten ein. Und sie nehmen diese Gelegenheit zu privaten Profiten wohl wahr.

Aber der Zehnte lastet nicht allein auf der türkischen Landwirtschaft. Außer der Zehntsteuer hat der Bauer noch folgende Abgaben aufzubringen:

1. Die Grundsteuer, die vom Werte landwirtschaftlicher Nutzflächen 4 vom 1000 erhebt.

2. Die Haussteuer, die im allgemeinen 5 vom 1000 ausmacht. Beläuft sich jedoch der Gebäudewert auf mehr als 20 000 Piaster (3600 M.), so sind 8 vom 1000 zu erlegen. Und ist endlich das Gebäude vermietet, so fordert der Staat sogar 10 vom 1000.

3. Die Viehsteuer. Ursprünglich waren nur Hammel, Schafe und Ziegen steuerpflichtig, und zwar in der Art, daß auf den Kopf 2—5 Piaster erhoben wurden, in Anatolien 4½ (81 Pfg.), in Mesopotamien 3 (54 Pfg.). Seit 1903 ist jedoch die Besteuerung auf den Besitz auch aller anderen Tiergattungen ausgedehnt. Pferde, Maultiere, Kamele, Rinder und Schweine sind pro Stück mit 10 Piastern (1,80 M.) veranlagt, Esel mit 3 Piastern (54 Pfg.), mit Ausnahme aller Tiere unter 2 Jahren und eines Paares Arbeitstiere für jeden Bauern.

4. ruht auf der Landwirtschaft, wie Auhagen mitteilt, auch noch eine Einkommensteuer, die aber meines Erachtens richtiger als Kopf- oder Personalsteuer angesehen wird. Sie belegt den Kopf der Landbevölkerung mit 5 Piastern oder 90 Pfg.

5. Jeder Bauer hat vom erreichten 18. bis zum vollendeten 60. Lebensjahre eine Wegesteuer zu entrichten, die nach Auhagen eine Höhe von 10—15 Piastern (1,80—2,70 M.) je nach den örtlichen Arbeitslöhnen, nach Herrmann aber einen Betrag von 16 Piastern (2,84 M.) erreicht. An Stelle des Geldes steht es

ihm jedoch auch frei, 4 Tage in 1 Jahr oder 20 Tage innerhalb 5 Jahren zu fronen.

Alle diese Abgaben sind jährlich zu leisten. Was sie aber so und in ihrer Gesamtheit bedeuten, wird uns vielleicht etwas anschaulicher, wenn wir bedenken, daß der türkische Staatshaushaltsplan für 1911 die Steuersumme der Landbevölkerung mit fast 201 Millionen Mark veranschlagte, während er als Steuerbeitrag der Städter nur rund 30¼ Millionen Mark buchte. Die Landwirtschaft trägt also demnach sechs Siebentel der gesamten Steuern! So ist die Türkei in der Tat, um mit Leonhard zu sprechen, „das klassische Land, wo die eierlegende Henne geschlachtet wird".

Ich bin am Ende meiner Ausführungen angelangt. Der mir zugemessene Raum erlaubte nicht, alles und jedes zu sagen. Die Erörterung verschiedener Fragen [1]) und manche Ratschläge mußten zurückgestellt werden.

[1]) Ich denke beispielsweise an Ertragsberechnungen, an das Problem des tieferen Pflügens, an die Gründe für die Rückständigkeit des Ackerbaues. Das zahlreiche gesammelte Material hoffe ich in einer späteren Verarbeitung vorlegen zu können.

Anmerkungsweise will ich hier vor allem hinsichtlich des tieferen Pflügens einiges skizzenhaft darlegen. Die einen bejahen seine Notwendigkeit, die anderen verneinen sie. Wer hat recht? Unbedingt und überall weder die einen, noch die anderen. Flaches Pflügen kann nur in Betracht kommen:

1. wo der Boden, zumal in tieferen Lagen, stark versalzt ist. Auf Entsalzung hinarbeiten!

2. wo auf eine Ackerkrume von geringer Mächtigkeit ein ungünstiger bzw. schlechter Untergrund folgt,

3. wenn erst im Frühjahr gepflügt wird.

Aber: einen Acker über Winter ungepflügt liegen zu lassen, muß stets — und namentlich in der Türkei! — als ein ernster Fehler gerügt werden. Denn a) trocknen die umgebrochenen Erdballen unverhinderbar aus (mit Rücksicht auf diesen Feuchtigkeitsverlust verlangen wir ja für das Frühjahr gerade das seichtere Pflügen) und b) nimmt der über Winter offene d. h. gepflügte Acker den fallenden Regen vollkommener auf. Diese Wasseraufspeicherung wird durch eine tiefe Pflugfurche noch erhöht. Der flachgelockerte Boden hält zudem das aufgenommene Wasser hauptsächlich in den oberen Schichten fest; es verdunstet daher, wenn trockene Zeiten kommen, auch schneller. Hingegen gibt der tiefer bearbeitete Boden das Wasser, mit dem er sich ohnehin reichlicher vorgesehen hat, langsamer ab. Seine Pflanzen leiden also weniger unter einer eintretenden Dürre.

Nebenbei bemerkt erleichtert eine tiefere Ackerkrume auch das Vordringen der Pflanzenwurzeln, befördert ihr stärkeres Wachstum und damit die Nährstoffaufnahme.

Wenn ich nun zum Schlusse davon reden soll und darf, was ich mir von der Zukunft der türkischen Landwirtschaft verspreche, so muß ich sagen, daß ich die Schwierigkeiten durchaus nicht unterschätze, daß ich aber trotzdem voll guter Zuversicht bin. Mit einem Ruck geht das freilich nicht. Kraftmeierei, Schneidigkeit, Mund-

---

Die Anatolische Eisenbahn erzielte nach einer Notiz R. Zabels auf ihren Musterfeldern allein dadurch, daß sie den unerschöpften Boden aus mehr als 10 cm Tiefe heranzog, dem türkischen Nachbar gegenüber, der sein Land mit dem primitiven Holzpflug weiterhin in der üblichen Weise schürfte, einen um ein Vielfaches gesteigerten Ertrag. Ohne Düngergabenerhöhung!

Nun soll es ja auch nicht an gegenteiligen Erfahrungen fehlen. Es ist selbstverständlich ausgeschlossen, ohne genaueste Kenntnis aller einschlägigen Einzelheiten zu entscheiden, wodurch die Mißerfolge veranlaßt wurden und ob sich schon auf dieser Grundlage für jene Gegend ein bindender Verzicht auf Tiefkultur fundamentieren läßt. Soweit bereits erwähnte Gründe nicht mitsprechen, könnte die Erfolglosigkeit allenfalls auch durch die allgemeine Bodenbeschaffenheit bedingt sein. Die leichteren Sandböden erweisen sich für eine tiefere Bearbeitung nicht in dem hohen Maße dankbar wie die bindigen, schwereren Bodenarten. Ein Fehlschlag könnte endlich noch durch Fehler, die bei der Einführung der Tiefkultur gemacht wurden, verursacht sein. Man darf nicht plötzlich, von heute auf morgen, zur Tiefkultur übergehen. Es wird sonst zuviel roher, „toter" Boden auf einmal heraufgebracht. Auf diese Weise verdürbe man den Acker auf eine Reihe von Jahren hinaus. Man muß allmählich tiefer gehen. Vorteilhaft wird man dabei den Boden, den man nicht heraufholt, mit dem Untergrundpflug durchwühlen und so den Atmosphärilien vorbereitenden Zutritt verschaffen.

Da sich der Untergrundpflug bis zu einem gewissen Grade die vorteilhaften Wirkungen des Tiefpflügens zu eigen macht, ist seine Anwendung auf jenen Böden angezeigt, deren Untergrund eine Mischung mit der Ackerkrume nicht rätlich erscheinen läßt.

Mit der Erkenntnis des Wertes der Tiefkultur ist aber nun keineswegs gesagt, daß ihre Einführung gegebenenorts forciert werden müsse. Man hüte sich vor jedem Überstürzungsfieber! Man bedenke, daß die Tiefkultur stärkere Geräte, stärkere bzw. vermehrte Zugtiere und mit der Zeit erhöhte Düngergaben verlangt, also gesteigerten Arbeits- und Kapitalsaufwand. Intensive Wirtschaft. Die heutige Türkei aber wirtschaftet noch vollständig extensiv.

Mit der tieferen Lockerung allein hat jedoch der Landwirt noch nicht alles und das Letzte zur Erreichung höherer und sicherer Ernten getan. Er muß dem Boden durch geeignete Maßnahmen auch haushalten helfen mit dem aufgespeicherten Wasser. Er muß seine Kulturen hacken. Dadurch hemmt er wirkungsvoll die Verdunstung des kapillar gehobenen Wassers.

Ein weiteres außerordentlich wichtiges Mittel zur gesicherteren Ackerwirtschaft vermag die Pflanzenzüchtung beizusteuern. Sie wird, um das hier bloß anzudeuten, 1. auf Frühreife sehen; die früher reife Pflanze benötigt verhältnismäßig weniger Wasser, und sie beansprucht außerdem das benötigte Wasser auch zeitlich früher. 2. wird sie auf Widerstandsfähigkeit gegen Trockenheit bezw. Dürre besonderen Wert legen.

und Muskelheldentum können nicht aufhelfen, sondern nur weitestes Verstehen, Güte und Energie, geduldig-hartnäckiges Arbeiten. Es wird ein mühsames, schrittweises Vorwärtsbringen. Wer darüber die Geduld verliert, verliert alles! Man vergegenwärtige sich doch einmal vergleichsweise, welcher Zeit und beispiellosen Umformung wir Deutschen bedurften, um zu unserer jetzigen Volkskraft, zu dieser erstaunlichen Größe in Industrie und Landwirtschaft heranzuwachsen; dann wird man auch das mutmaßliche Entwicklungstempo des idyllischen, patriarchalischen Bauernvolkes der Türken klüger und menschlicher einschätzen; dann wird sich des weiteren die Überzeugung Bahn brechen, daß der Aufschwung auch nicht durch Geld allein bewerkstelligt werden kann, daß es sich mehr um eine Erziehungsaufgabe handelt.

Es läßt sich nicht leugnen, daß die neue Zeit bereits auf dem besten Wege war. „Die neue Ära hatte", wie H. Grothe 1913 schrieb[1]), „die Schöpfung von Landwirtschaftskammern vorgesehen. Ein diesbezügliches Gesetz bestimmte solche Kammern für alle größeren Plätze des Landes. Die Provinzialhauptstadt war jeweilig als Bezirksort ausersehen und durch dessen und des Gouverneurs Vermittlung sollten die Kammern einen regelmäßigen Verkehr mit dem Ackerbauministerium pflegen. Die Kammern, so hieß es, hätten sich mit allem zu beschäftigen, was der Landwirtschaft förderlich sei, dies nach dem Beispiel der in Deutschland tätigen landwirtschaftlichen Genossenschaften. Außer mit Zuchtvieh-, Samen-, Be- und Entwässerungsfragen sollten sich die Kammern auch mit der Organisierung der Landwirte beschäftigen, damit diese kreditfähiger würden. Die Regelung des Genossenschaftswesens in seiner vollen Bedeutung, besonders die Ankaufs- und Verkehrsvermittlung, war jenen Kammern zugewiesen. Und noch eine weitere bedeutende Aufgabe wurde ihnen vorgeschrieben: der Ankauf von landwirtschaftlichen Maschinen und Ackerbaugeräten im großen Stil. Man sieht: alles war herrlich gedacht und gab der Intelligenz und dem guten Willen der Reformer das beste Zeugnis. Die Punkte waren glücklich erfaßt, an denen die Hebel zur Hebung der natürlichen Reich-

[1]) Hugo Grothe, „Die asiatische Türkei und die deutschen Interessen" (Der neue Orient, 9. Heft. Halle 1913).

tümer zahlreicher Provinzen angesetzt werden konnten. Aber ein Jahr, ja zwei vergingen, ohne daß auch nur eine Hand sich zur Ausführung dieser Verordnungen rührte."

Jetzt aber muß die Durchführung kommen! Stellt das Volk nach dem reinigenden Gewitter dieses Krieges vor den neuen Anfang, nicht vor einen neuen Anlauf, vor eine Politik des Durchhaltens und der Tat! Vereinigt die Bauern in Genossenschaften aller Art, die nicht nur den Absatz in die Hand nehmen, die nicht nur den Bezug von Vieh, Saatgut, Maschinen [1] u. a. m. erleichtern, die nicht nur den Wucherern entgegenarbeiten, sondern auch in ihren Versammlungen einen erziehenden und aufklärenden Einfluß ausüben. Schließt diese Genossenschaften in einem großen und darum starken Landesverbande zusammen. Veranstaltet Ausstellungen. Errichtet Landwirtschaftskammern. Stellt Landwirtschaftsinspektoren an, die Land und Leute studieren und lieben und vorwärtsbringen wollen, die die gegebenen Bedingungen sorgfältig prüfen und nicht nach einem fertigen Rezept operieren. Und errichtet Landwirtschaftsschulen! Schulen, die nicht zu zahlreiche, lieber wenige, aber vor allem erreichbare Ziele anstreben. Vorderhand etwa solche Schulen, die mit einem Gutsbetriebe verbunden sind, die in zwei mehr theoretischen Wintern und in einem praktischen Sommer eine möglichst tüchtige Berufsbildung geben und dabei eins nicht vergessen: Berufsfreude zu wecken. Auch die Berufsfreude ist ein Mittel, und ein sehr wichtiges Mittel, um Besserung zu schaffen. Was der Tiroler Hans Schrott-Fichtl, der Dichter und Landwirt, in seinem Roman „Der Bauernprofessor" betont, gilt in unverminderter Weise hier. Die Berufsfreude „muß blutwarm und tiefinnerlich sein. Ist sie das aber, so wird gerade sie

[1]) Die Türken klagen, wie mir Dr. Grothe bekannt gab, sehr über zwei Dinge bezüglich der bezogenen landwirtschaftlichen Maschinen: daß sie einmal den dortigen Verhältnissen nicht immer angepaßt sind, und daß es zweitens an Reparaturwerkstätten fehlt. — Ende Februar traf übrigens aus Konstantinopel die Nachricht ein, daß sich mit einem Kapital von 3,6 Millionen Mark eine Gesellschaft gebildet habe, der fast alle Großgrundbesitzer Anatoliens angehören, die den An- und Verkauf anatolischer Landesprodukte bezwecke. Hoffentlich sind nicht nur „Händler"tendenzen in ihr führend!

auch alle Lasten und Qualen, alle Sorg' und Kümmernisse des Berufslebens erleichtern, ja als Lust auffassen lernen. Denn die echte Berufsfreudigkeit macht den größten Stein zum leichtesten Federl". — Schulen und Musteranstalten allein scheinen mir indessen noch nicht genügend ins Weite zu wirken. Im Interesse einer rascheren und allseitigeren Entwicklung möchte ich endlich den landwirtschaftlichen Unterricht im Heere befürworten. Ich habe beileibe nicht einen theoretisierenden und systematischen Unterricht im Auge. Ich denke vielmehr an eine zwanglose Vortragsfolge im Winterhalbjahr: heute einen Vortrag über Viehzucht, das nächste Mal über Ackerbau, das dritte Mal über Milchwirtschaft, das vierte Mal eine Demonstration über Bodenbearbeitung und Bodenbearbeitungsgeräte, das fünfte Mal einen Lichtbildervortrag über die deutsche Landwirtschaft. Das interessiert, weckt Fortschrittsfreude, bringt Anregungen in das weltabgeschiedenste Dorf, wohin kein Landwirtschaftslehrer, woher kein Landwirtschaftsschüler kommt. So wäre die Militärzeit doppelt wertvoll: für die soldatische Ausbildung und die landwirtschaftliche Fortbildung. So erstünde ein Geschlecht, das nicht nur seine Heimaterde mit dem Schwerte zu schützen, sondern auch zu hegen und mit dem Pfluge zu pflügen versteht, das bei aller Kriegstüchtigkeit das schönste Ziel allen Krieges nicht vergäße, die ungestörte starke innere Entwicklung und Machtfülle, das alte friderizianische Wort:

Mehr als ein Feldherr gilt mir der, welcher sorgt, daß dort, wo bisher eine Ähre wuchs, fortan deren zwei gedeihen.

Literatur,

soweit nicht bereits im Werke besonders angegeben.

Statistisches Jahrbuch für das Deutsche Reich, 1914 u. 1915.
H. Auhagen, Beiträge zur Kenntnis der Landesnatur und der Landwirtschaft Syriens. Berlin 1907.
E. Banse, Das Orientbuch. Straßburg/Leipzig 1914.
Derselbe, Die Türkei[1]). Braunschweig 1915.
F. C. Endres, Die Türkei. München 1916.
M. Fesca, Anatolien, über die landwirtschaftlichen Verhältnisse. Beihefte zum Tropenpflanzer, III, 1. 1902.
R. Fitzner, Anatolien, Wirtschaftsgeographie. Berlin 1902.
M. Friedrichsen, Die Grenzmarken des europäischen Rußlands. Hamburg 1915.
C. v. d. Goltz, Anatolische Ausflüge. Berlin 1896/97.
H. Grothe, Meine Studienreise durch Vorderasien. Vorläufiger Bericht. Halle a. S. 1908.
Derselbe, Auf Türkischer Erde. Reisebilder und Studien. 2. Auflage. Berlin 1903.
Derselbe, Meine Vorderasien-Expedition 1906 und 1907, Band II. Leipzig 1912.
Derselbe, Die asiatische Türkei und die deutschen Interessen. Halle a. d. S. 1913.
Derselbe, Türkisch-Asien und seine Wirtschaftswerte. Frankfurt a. M. 1916.
J. Grunzel, Die wirtschaftlichen Verhältnisse Kleinasiens. Wien 1897.
R. Herrmann, Anatolische Landwirtschaft. Leipzig 1900.
E. Jäckh, Der aufsteigende Halbmond. Stuttgart 1915.
K. Kaerger, Kleinasien, ein deutsches Kolonisationsfeld. Berlin 1892.
R. Kannenberg, Kleinasiens Naturschätze. Berlin 1897.
F. Langenegger, Durch verlorene Lande, von Bagdad nach Damaskus. Berlin 1911.
R. Leonhard, Paphlagonia. Berlin 1915.
E. v. Nolde, Reise nach Innerarabien, Kurdistan, Armenien. Braunschweig 1895.
M. v. Oppenheim, Vom Mittelmeer zum Persischen Golf, Bd. II. Berlin 1900.
A. Philippson, Das türkische Reich, eine geographische Übersicht. Deutsche Orient-Bücherei 12. Weimar 1915.
P. Rohrbach, Die wirtschaftliche Bedeutung Westasiens. Frankfurt a. M. 1908.
M. Roloff, Arabien und seine Bedeutung für die Erstarkung des Osmanenreiches. Schriftensammlung der Deutschen Vorderasien-Gesellschaft 5. Leipzig 1915.
K. Roth, Armenien und Deutschland. Schriftensammlung der Deutschen Vorderasien-Gesellschaft 10. Leipzig 1915.
L. Saab, Sechzehn Jahre als Quarantänearzt in der Türkei. Berlin 1913.

[1]) Banses „Türkei" kam mir erst nach Fertigstellung und Drucklegung des Kapitels über die Tierzucht zur Kenntnis.

E. Sachau, Vom asiatischen Reich der Türkei. Deutsche Orientbücherei 3. Weimar 1915.
C. A. Schäfer, Ziele und Wege für die jungtürkische Wirtschaftspolitik. Karlsruhe 1913.
Derselbe, Deutsch-türkische Freundschaft. Der deutsche Krieg. Politische Flugschriften 13. Stuttgart 1914.
C. v. Scherzer, Smyrna. Wien 1873.
H. v. Schweinitz, In Kleinasien. Berlin 1906.
E. Serman, Mit den Türken an der Front. Berlin 1915.
D. Trietsch, Palästina-Handbuch. Berlin 1912.
Derselbe, Die Juden in der Türkei. Schriftensammlung der Deutschen Vorderasien-Gesellschaft 8. Leipzig 1915.
O. Warburg, Syrien als Wirtschafts- und Kolonisationsgebiet. Berlin 1907.
R. Zabel, Im Kampf um Konstantinopel. Leipzig 1916.

26
28
30
42
BULGARIEN
SCH
ADRIANOPEL
Midia
KONSTANTINOPEL
Bosporus
Rodosto
SKUTARI
Marmara Meer
Ismid
Adabasar
Gallipoli
Imbros
Enos
Kale Sultanie
Bigha
Panderma
Mudania
BRUSSA
Biledschik
Sabandja
Söğüd
Eskischehir
Balikesri
Aivali
Bergama
Mytilini
Kirkagatsch
Akhissar
Kutahia
Sirrihi
A N A
Chios
Kastron
MANISA
Kassaba
Alaschehir
Uschak
AFIUN KARAHISAR
SMYRNA
Ödemisch
Tire
Samos
Nikaria
AIDIN
Nasilli
Günei
Tschivril
Denishi
Burdur
Isparta
Egerdir
Milas
Mughla
Budrum
Kos
Adalia
Makri
Kalamuk
Rhodos
Karpathos
Pb Zn
Fe
Mn
Cr
Pb
Pand
Zn
Cr
Sb
Hg
Sm
Cu

34
36
38
A R Z E S
M
Sinob
C
Gök Irmak
Kastamuni
Kisil Irmak
Ulu Tschai
Samsun
Tscharschembe
Ordu
Gümüsch Maden
Iskelib
Mersivan
Tschangri
Na Cl
Tschorum
Tschajankoi
Amasia
Jeschil Irmak
Kelkit Irmak
Tokat
Angora
Tschekerek Su
Fe C
Sekilo
Josgad
SIVAS
Delidje Irmak
O L I E N
Kotsch hissar
Tus Tschölü
Tossun
Hadji Bektasch
Kisil Irmak
KAISARIE
Nerschehir
Tochma Su
Albistan
Hg
Konia
Nigde
Samanti Su
Hadjin
Fe
MARASCH
Ag
Ak Göl
Eregli
Pb
Bulgar Maden
Sis
Karaman
Gülek Bazar
ADANA
Mamure
Islahje
AINTAB
Bire
Tarsus
Jarpus
Mersina
Mn
Cr
Lamas
Iskenderun
(Alexandretta)
Beilan
Killiz
Gök Su
Selefke
Fe
Cr
HALEB
Antakije
Antiochia

40
42
44
E E R
Kutais
Tkwibuli
Tschiatury
Poti
Batum
Achalzich
Bakurjani
Tschobi
R U S
Kura
Tirebolu
Cu
TRAPEZUNT
Rize
Alexand
Cu
Cu
Kars
Tschoruk
Sarikamisch
Karahisar
PbZn
Gümüsch Hane
A R M E N I E N
C
Aras
Karakilissa
ERZERUM
Ersingjan
Bajasid
Kara Su (westl. Euphrat)
Fe
Kigi
Melasgirt
Chosat
Gernik
Tscheweli
Musch
Wan-See
WAN
Charput
Murad Su (östl. Euphrat)
Bitlis
K U R D I S T
Fe
Cu
Arghana Maden
Sert
Baschkala
DIARBEKR
Bohtan Tschai
Sewerek
Tigris
Djesiret ibn Omar
Mardin
URFA
Amadia
Nesibin
Harran
Ras el Ain
Djaghdjagh
M E S O P
Chabur
MOSUL
Nahr Belich
Zab Kebir
Ragga
Tell Kaiara

Zu Prof. Dr. Frech: Mineralschätze und Bergbau in der asiatischen Türkei.

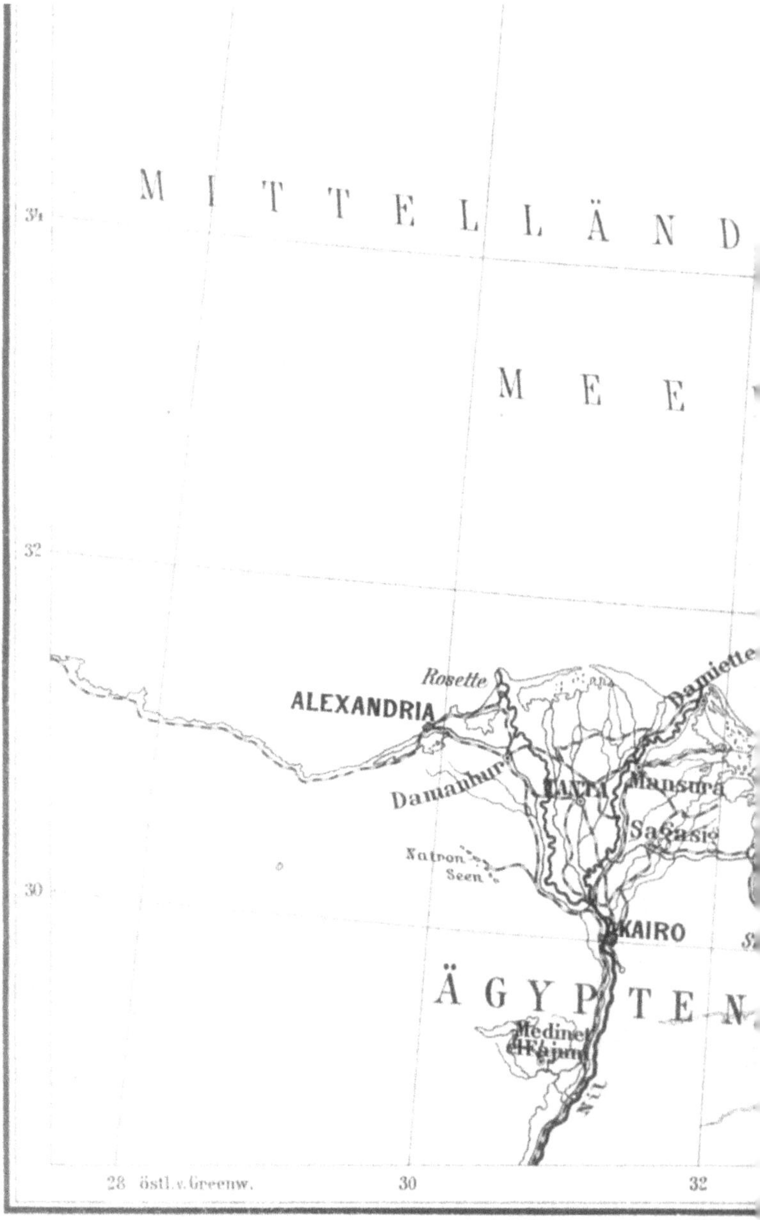

M I T T E L L Ä N D
M E E
ALEXANDRIA
Rosette
Damiette
Damanhur
Mansura
Natron Seen
KAIRO
Ä G Y P T E N
Nil
34
32
30
28 östl. v. Greenw.
30
32

Ladikije
Morphu
Nikosia
Famagusta
HAMA
Cypern
HOMS
Tarabulus
(Tripolis)
Fe
S C H E S
Maamilten
Baalbek
BEIRUT
Sahle
Fe C
DAMASKUS
Meschgara
Hasbeja
C
Akka
Scheck Sa'd
Haifa
Derat
Bostra
Sebastije
Nabulus
JAFA
Es Salt
Amman
JERUSALEM
Ghazze
Totes
Meer
El Kerak
El Arisch
Palästina
S Y R I E N
A
Maan
Akaba
Sinai-
Halbinsel
34
36
38
Maßstab 1 : 5000000

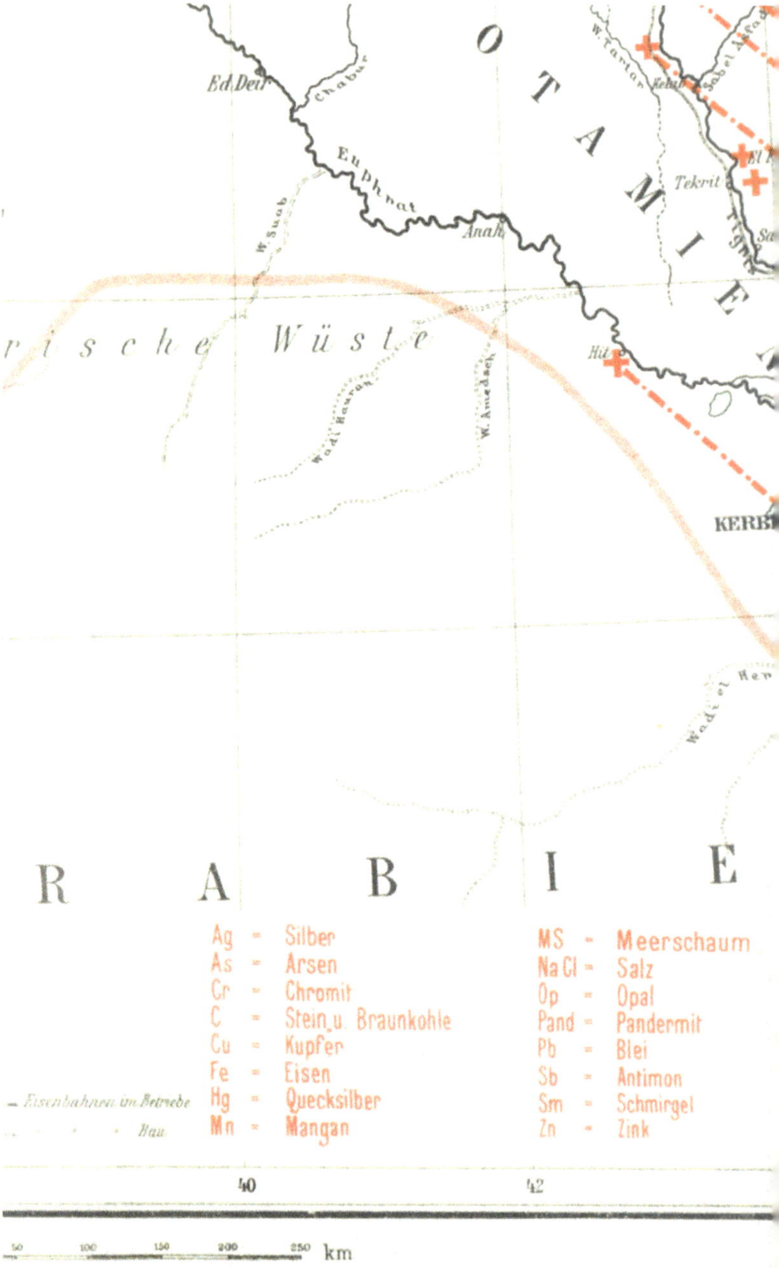
Ed Deir
Chabur
Euphrat
W. Suab
Anah
Tekrit
Hit
W. Tartar
Wadi Hauran
Wüste
R A B I E
Ag = Silber
As = Arsen
Cr = Chromit
C = Stein u. Braunkohle
Cu = Kupfer
Fe = Eisen
Hg = Quecksilber
Mn = Mangan
MS = Meerschaum
Na Cl = Salz
Op = Opal
Pand = Pandermit
Pb = Blei
Sb = Antimon
Sm = Schmirgel
Zn = Zink
Eisenbahnen im Betriebe
Bau
40
42
50
100
150
200
250
km

Šuleimanie
Hamadan
Kermanschah
Chanikin
BAGDAD
Disful
Hilleh
Schuschter
Amara
BASRA
Nasrije
Suk esch Schejuch
Kowet
Ram Hormuz
Erdölfunde
Erdöl-Linien
(n. Hoefer)
PERS. MEERB
46
48
Ed. Gaebler's geograph. Inst. Leipzig

Kolibri 360 GmbH
Ferdinand-Jühlke-Straße 7
99095 Erfurt, Deutschland
produktsicherheit@kolibri360.de